对话，绽放园本教研的生命之花

中山市小榄镇（明德）中心幼儿园教研实录

主　编／伍春虹

副主编／陈　湛

东北师范大学出版社

长　春

图书在版编目（CIP）数据

对话，绽放园本教研的生命之花：中山市小榄镇（明德）中心幼儿园教研实录 / 伍春虹主编. — 长春：东北师范大学出版社，2021.8
ISBN 978-7-5681-8308-6

Ⅰ.①对… Ⅱ.①伍… Ⅲ.①学前教育—教学研究
Ⅳ.①G612

中国版本图书馆CIP数据核字（2021）第170356号

□责任编辑：石　斌　　　　　□封面设计：言之凿
□责任校对：刘彦妮　张小娅　□责任印制：许　冰

东北师范大学出版社出版发行
长春净月经济开发区金宝街118号（邮政编码：130117）
电话：0431-84568115
网址：http：//www.nenup.com
北京言之凿文化发展有限公司设计部制版
北京政采印刷服务有限公司印装
北京市中关村科技园区通州园金桥科技产业基地环科中路17号（邮编：101102）
2022年4月第1版　2022年4月第1次印刷
幅面尺寸：170mm×240mm　印张：22　字数：380千

定价：45.00元

编 委 会

"对话"的魅力

（代序一）

伍春虹园长是我省园长工作室的学员之一，她虽年轻，却有着丰富的阅历。她热情上进，对待工作认真负责，这些都让我尤为欣赏。在她的园长工作室成立之际，我有幸亲临。看到她及其所带领的明德团队做事优质高效、注重细节、追求完美，作为导师的我也深感欣慰。

伍春虹园长在科研方面有着孜孜不倦的追求精神。通过细读她带领明德团队所编写的《对话，绽放园本教研的生命之花》一书，我仿佛能看到她们走过的路上所留下的一串串或深或浅的脚印，还有沿途那一路的芳香。我想，这本书正是园本教研一个最美的缩影，它抓住了园本教研最核心、最本质的特点——对话，多方对话，让"园本教研"绽放新的生命。对于本书，我有以下几点感受：

第一，科研之路是幸福的。

教育家苏霍姆林斯基说过："如果你想让教师的劳动能够给教师带来乐趣，使天天上课不至于变成一种单调乏味的义务，那你就应当引导每一位教师走上从事教育科研的幸福道路上来。"科研之路是加速幼儿园发展、提升幼儿园办园质量、促进教师专业成长的重要途径。从事教研工作是幸福的，同时是艰辛的。看到走在科研道路上的明德团队人的一份份详细的活动方案，以及一次次翔实的活动对话实录，我仿佛置身对话现场，聆听到了教师们的声音。这是理论与实践的碰撞，这是传承与发展的碰撞，这是思想与思想的碰撞。在科研的道路上，有志同道合的伙伴们并肩前行、同舟共济，再多的艰辛也会化

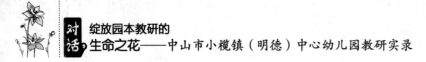

作幸福的笑声。

第二，园本教研是重要的。

教师专业成长的三大法宝是专家引领、同伴互助和自我反思，而利用好这三大法宝的重要阵地就是"园本教研"。伍春虹园长紧紧地把握住这些法宝，让"园本教研"成了教师获得成长的重要舞台。"园本教研"形式多样，精彩纷呈。我们能看到，级组教研让每位教师都有机会成为舞台上的主角，在不停的角色轮换当中，教师们越来越懂得换位思考和尊重别人。名师工作室中骨干教师成为最耀眼的"一抹红"，引领着具有共同研究兴趣的教师走向更加深入的教学研究。"园本教研"是重要且繁杂的，由伍春虹园长所带领的明德团队就是用无尽的爱和耐心完成了这些琐碎又繁杂的工作，让这些在"园本教研"中所取得的成果回归教育实践，让更多的孩子在更加优质的环境中成长。

第三，教师成长是快乐的。

幼教工作者既是陪伴幼儿成长的重要启蒙者，也是引领家长学会科学育儿的专业引领者。幼儿教师需要时刻保持着学习和进步的状态。然而成长是需要付出时间和努力的，虽然这个过程经历了蜕变的痛苦，但是体验着成长的快乐。作为幼儿园的管理者和领航人，伍春虹园长引领着她的明德团队一直前进，从未停歇学习的脚步，她们在用自己的努力诠释着幼教人执着的追求！

"对话"连接着过去与未来。明德的"园本教研"在对话中已逐步形成了自己的特色，我们期待这朵"花"绽放出不一样的光芒，照亮小榄学子的成长之路，同时引领教师们走向更加美好的未来！

刘凌

2019年10月

"对话"让教育回归生命的本真

（代序二）

理想中的幼儿教育应该是回归儿童生命本真的教育，是尊重教师生命尊严的教育。教育的目的在于用知识启迪智慧，将智慧融入生命。

儿童的生命是完整的、富有个性的；儿童的生命更是自由的、具有创造性的。

如何通过"园本教研"提升幼儿教师的专业素养，以更加科学的教育理念和态度，以及更加适宜的教育模式和方法，呵护儿童的生命之花，唤醒儿童的成长之力，开启儿童的创造之源，是广东省中山市小榄镇（明德）中心幼儿园教师们一直追求的目标。现在，教师们找到了解决问题的"法宝"，那就是"对话"。

对话是探索真理与提高自我认识的途径。

对话的类型多种多样：以苏格拉底为代表的思想助产式的对话模式能够帮助我们澄清彼此的理念和想法，使我们对事物的认识更清晰，实现寻找真理的目标；以德国研究型大学为代表的学术共同体的对话模式将教师与学生都作为学术共同体中的成员，让教师和学生在学术研究中通过对话实现发展；以杜威为代表的反思实践式对话模式要求学生在真实经验的情境中产生真实的问题，通过必要的观察，运用已有知识，展开解决问题、验证问题的对话。

无论哪种对话，都是自由的对话。这种自由主要体现为去除权威，敢于表达自己的观念想法，能引发"一石激起千层浪"的头脑风暴。同时，对话也是具有创造性的，它不在乎接受已有的知识，而注重以探究的心态发现未知。当然，对话还须是互动的，具有极高的参与性，参与者与自身、与他人、与环境的互动都可以贯串在对话的整个过程中。对话既是目的，又是方式，它强调对

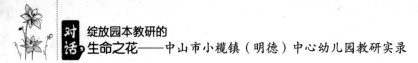

话参与者的投入，没有使对话参与者产生变化的交谈不能称之为对话。

广东省中山市小榄镇（明德）中心幼儿园在"园本教研"过程中，开展的教师之间，以及教师与幼儿、与课程、与环境、与家长、与成果之间的多元化主体，多向互动式对话，既发挥了教师的群体智慧，获得了使教师增智、增能的效果，又发展了教师个体的主观能动性，激发了教师专业发展的责任感和成就感。

努力创设宽松、自由的对话环境是幼儿园精神文化之远见，允许并推崇平等、多元的对话模式是幼儿园管理文化之气度。

愿明德幼儿园的教师和孩子们在充满着平等、民主、尊重、信任的对话氛围中，共享经验，催发意义，提升智慧，共同成长。

中山市教育和体育局学前教育管理科　魏　娴

2019年10月

在"对话"中走向专业成长

（代序三）

2014—2017年是广东省中山市小榄镇（明德）中心幼儿园［以下简称"（明德）中心幼儿园"］开展课题研究和课程改革的重要时期，也是我国幼儿园实践领域发生巨大变革的时期。

一方面，人们在重新审视——在幼儿园里，孩子应该学什么？孩子最佳的学习方式是什么？最适合孩子的教育方法有哪些？"游戏是幼儿园的基本活动"这一点日益成为幼教研究者们的共识；另一方面，在互联网和自媒体的支持下，家长、幼教产品相关的行业人士等都对幼儿教育有自身的诉求和观点。各种教育思想、教学方法，玩、教具类产品极为丰富，没有绝对的权威和统一严明的标准，虽缤纷多元，却十分混乱。

在这种环境下，幼儿园该如何取舍、如何选择、如何坚守专业化教育道路呢？幼儿教师们每天该用什么方法来引导这些活泼可爱、个性迥异的孩子呢？最重要的是，幼儿教师自己该怎样看待这些问题呢？园长了解教师们的想法吗？在开展"园本教研"的时候，业务园长要把教师们往哪里引导，引导得动吗？……幼儿园教育需要采用更有效的方式引领幼儿教师更专业的成长。

苏格拉底认为，一切知识均从疑难中产生，愈求进步疑难愈多，疑难愈多进步愈大。这些知识并不是由他人灌输给自己的，而是人原本已经具有的。教育的作用就是帮助学生把内在的这些知识生产出来。这个帮助的过程就是"对话"的过程。巴西著名教育家保罗·弗莱雷说："没有对话，就没有了交流，没有了交流，也就没有真正的教育。"

对话不仅是一种信息的交换，更是一种生命的内在诉求。教育是相通的，我们在尊重幼儿自主性、个性教育的同时，也需要尊重教师自主性、个性的教

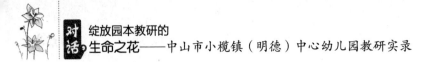

师教研方式。

在"对话"式的"园本教研"中，对话双方不仅要各自陈述自己的观点和见解，而且需要互相倾听和诉说，彼此敞开自己的内在世界，在"对话"中实现精神的交流和意义的分享。这种"对话"的本质不是用一种观点来反对另一种观点，也不是将一种观点强加于另一观点之上，而是一种知识、经验、智慧、人生的意义与价值等的共享。

这种教研方式对（明德）中心幼儿园来说尤为重要。

（明德）中心幼儿园是一所老资历幼儿园，其园长和行政人员都很年轻。在幼儿园里，40岁以下教师约占90%，具有10年以上工作经验的教师占61%。他们经验丰富，同时年富力强、思想活跃，正处于专业发展道路上求变、求新的创造期。每位教师都带着满腔的工作热情，带着他们各自的问题、思考参与到幼儿园课程改革中，这本身就是一笔巨大的资源和财富，这也正是（明德）中心幼儿园教育质量再上新台阶的不竭动力。

本书原汁原味地记录了教师们在课程改革中的大量对话与思考。从一个个原始的方案记录中，我们看到了教师的学习内容、心路历程和思想境界，看到了教师们从模仿到创造的蜕变：从被动地跟随伍春虹园长学习《3—6岁儿童学习与发展指南》（以下简称《指南》）等基础性文件到主动地研究只能意会、无法言传的"图式"心理学；从单一地听大会报告学习到逐渐活跃于各种组合的主题式教研小组；从生涩地大段引用文件原文表达一定正确的理论到用各种形式（文字、PPT、图片）口语化地表达自己的思想；从研究幼儿园保教技能逐渐扩展到探索游戏观察方法、环境创设技巧、专项的领域研究……孩子应该学什么？孩子最佳的学习方式是什么？最适合孩子的教育方法有哪些？最终，教师们在"对话"中有了坚定的答案！

"对话"在重建思想和课程变革中还具有不可估量的团队凝练力量。在这里，园长执着地研究着人本化的管理思路；业务园长痴迷观察、反思教师的行为与思想；教师真正当家作主，敢说，敢想，敢做，敢担当；幼儿园的孩子们逐渐从统一的集体化教学活动中解放出来，过上了被理解、有游戏、可自主选择、可肆意表达的好日子。幼儿园里的每个人都越来越深地加入到了这场"对话"中，也越来越踏实地做自己的本职工作了。

　　本书是一本越读越有价值的书，一本可以从中观察教师成长过程的书，一本值得再思考、再斟酌、再研究采撷的书。

　　本书照鉴了（明德）中心幼儿园教师和幼儿园丰富多彩的精神世界。

中山市教师进修学院教育科学教研部　李姝静

2019年10月

多元对话，搭起教研的桥梁

（代序四）

目前，我国的幼儿园教育正处在抓内涵、促发展的关键时期。幼儿园要从根本上提高幼教质量，其面临的核心任务之一就是要加强"园本教研"，为幼儿园教师提供更多的专业发展机会。正是在这样的大环境下，（明德）中心幼儿园伍春虹园长主持的"基于对话的园本教研策略研究"课题也就更显得难能可贵了。对于一个幼儿园来讲，基于对话的教研形式是一件很有难度的事情，它关系着与多个方面的协调和对话。那么，如何"对话"才是最好的、最适宜的呢？我相信读完这本"园本教研"实录，对幼儿园教育一定有所助益。

本书中的每一章、每一节、每一个例子都是（明德）中心幼儿园"园本教研"的真实记录。本书从对话共同体的建立、教师与教师的对话、教师与孩子的对话、教师与环境的对话、教师与家长的对话、教师与成果的对话等方面展示了基于对话的幼儿园"园本教研"的形式与内容，过程扎实，步骤详尽。我印象中最深刻的是教师与课程对话这一部分。教师利用创设的环境、提供的材料让幼儿进行自主游戏，通过游戏的形式，与幼儿之间展开间接的对话。这个过程充分体现了幼儿的主体地位、师幼关系的平等性以及教师以儿童为本位的观念，为幼儿个别化学习提供了有效支持。最难能可贵之处是，本书客观地呈现了（明德）中心幼儿园教研中的活动情况，具有真实性、可操作性和借鉴意义。建议读者在阅读本书时，不要一气呵成，在读完某章节后，可以偶尔停顿一下，进行理论上和实践上的思辨，再继续阅读和思考，这样才能真正与本书"对话"，才能真正从中受益。

幼儿园教育没有花团锦簇、姹紫嫣红的喧嚣，也没有桂子飘香、硕果累累的夺目，有的只是幼教人员用他们无私奉献、润物细无声的独特魅力默默滋养着孩子们的心灵的事迹，为他们未来长成参天大树提供的能量支持和动力源泉。这就是我们的幼儿园教育，这就是我们的幼教人。愿我们共同努力，继续为幼教事业贡献自己的力量。

中山市教育教学研究室　陈思慧

2019年10月

对话旅程，如花绽放

（自序）

　　2012年出台的《幼儿园教师专业标准（试行）》明确指出，幼儿园要开展"园本教研"，促进教师专业发展。"园本教研"这一概念的本意就是要改变传统教研统一、权威控制、终结性评估和形式化的自上而下的管理体系，构建具有多样化、平等性、批判性和境遇性的对话文化，把教师的创造潜能诱导出来，将教师的生命感、价值感从沉睡的心灵中"唤醒"，增强其自我意识和问题意识。

　　为更好地促进教师的专业发展，本园一直在教研的前进道路上不断探索。在传统的教研活动中，我们切身感受到自上而下的"刚"性规定和教研任务的"硬"性指派，这让教师始终处于被动与服从的状态，如同一潭死水，也使得教研活动缺乏生命力。在寻找改变的过程中，经过多方调研，我们务求找到适宜的方式来改变这种现状。然后，我们惊喜地发现，"众里寻他千百度，蓦然回首，那人却在灯火阑珊处"。原来，我们日夜思索、苦苦冥想的就是它——对话！

　　对话，是指两个或两个以上的人之间的谈话，也指两方或多方之间的接触或会谈，对话意味着平等主体之间以语言为媒介的沟通。其下层是语言的交流，中层是思维上的对接，上层是平等人性的交流。而园本教研就是以教师为主体的研究，就是以教师在幼儿教育教学实践中遇到的真实问题为研究对象的研究。"园本教研"的根本目的在于使幼儿园获得自我创生和不断自我发展与提高的能力，从而有效地促进幼儿和教师的共同发展。"园本教研"是教师内在需要的自主教研，是教师自主学习和自我发展的教研，是引领、提升教师自主学习和自我发展的愿望与能力的教研，是为提高教学质量、改进教育教学实践而主动进行的教学研究。在园本教研中，教师与教师、教师与专家、教师与幼儿园管理者之间的对话多是通过语言进行的交流；教师与环境、材料之间的对话多是教师内部的思维过程。理想的对话状态是平等人性的交流。我们只有通过不断地创设平等对话的环境，保障教师专业成长中的话语权，才能激发教师参与对话的兴趣，才能逐步实现平等人性的交流。

2014年，本园课题"基于对话的园本教研策略研究"正式成为广东省中山市教育科研立项课题。在为期三年的研究历程中，我园努力创设平等对话的环境，探索有利于对话开展的形式、方法和策略，通过建立不同的对话共同体，在与教师对话、与幼儿对话、与课程对话、与环境对话、与家长对话的多个维度中，促进幼儿与教师共同发展。

感谢各位专家教师一直以来的帮助与指导，引领我们在教育科研的道路上不断前行。感谢广东省中山市小榄镇（明德）中心幼儿园所有教职工们的积极参与和支持。

"园本教研"是一场没有起点，也没有终点的对话旅程，如同那绽放的花，携着对根的希冀、对叶的情义、对果的追随，永远前进在路上。对话，绽放出园本教研的生命之花！

谨以此书，献给所有可爱的幼教同人！

伍春虹

2019年8月

目 录

CONTENTS

第一章　花团锦簇
　　　——对话共同体的建立

第二章　花间细语
　　　——对话教师的专业成长

第三章　花间采蜜
　　　——对话儿童的学习与发展

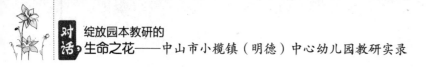

第四章　姹紫嫣红
——对话课程园本建构

第五章　争妍斗艳
——对话儿童视角环境创设

第六章　共赏花苞
——对话家园共育新观念

第七章　花之绽放
——对话经验，提炼成果

第一章

花团锦簇

——对话共同体的建立

　　美丽的菊城久负盛名，每年菊花飘香的季节都是菊城喜迎四方宾客的时刻。在菊花盛会上，每一株菊花都在努力绽放着自己的娇艳，但在"满园尽是黄金甲"的菊花园中，最能吸引人眼球的还是那些造型独特、形态丰富的大立菊。大立菊是依靠着团队的力量创造着一个又一个奇迹，并载入吉尼斯世界纪录的。而在（明德）中心幼儿园的教研团队中，每一位教师都像是那一棵棵散发着独特魅力的大立菊，或孤傲，或娇艳，或宁静，或摇曳。对话共同体的建立，让"大立菊"们变得花团锦簇。在这里，每一位教师都保持着各自的独立，各教师之间又组成了各种不同的对话共同体，如大教研组、级组教研、小教研组、园名师工作室、各类研讨小组等，她们用各自的"颜色"和"芬芳"记录着各自的成长历程。

　　大教研组：大教研组由幼儿园全体教师组成。大家针对幼儿园的发展需求或存在的共性问题展开研究，以便更好地进行课程改革。大教研组各成员本着共同学习、领会课程的理念和精神，交流和共享各个班级、级组中的优秀资源，统一基本的保教要求和经验。大教研组一般两周开展一次教研活动，以理论学习为主，以解决共性问题为出发点，引导教师把握教研的总体方向。

　　级组教研：级组教研是所教年龄段教师组成的基本教研组，每周定期开展教研活动。通过集体备课，教师研究在教育实践中遇到的级组内的共性问题，或根据大教研组中的学习内容，进行进一步的细化，搭建以理论到实践的桥梁。

　　小教研组：每周开展一次教研活动，以教育实践中的问题为研究对象，分为常规教研和专题教研两种类型。

　　园名师工作室：园名师工作室是幼儿园骨干教师通过自荐和推荐的方式成立的保教研修组织，目的在于充分发挥名师的专业引领作用，让名师真正有用武之地，从而更好地促进教师的专业成长。本园名师工作室一般每两周举行一次教研活动。

　　各类研讨小组：最常见的研讨小组是三人合作学习小组。三人合作学习小组是将老、中、青三个不同年龄段的教师组合在一起，在教研的过程中，充分发挥三类教师不同的优势和特点，使研讨活动的对话质量更高，让每位教师都在对话过程中获得发展。在此基础上，我们还会根据教研的需求，临时成立各种不同的研讨小组。

　　在成立各种对话共同体的基础上，本园还搭建了不同的对话平台，创设了对话的多维空间。这些来自不同组合的搭配纵横交错，既有交集，又各自彰显着不同的特色和魅力，让教师在教育教学实践过程中进行的对话变得更加多元化，更加深入，更加生动。

第 二 章

花间细语

——对话教师的专业成长

在大自然中，花开花落，每一朵花都有各自的花期，或在明媚的春天，或在艳丽的夏天，或在深幽的秋天，或在寒冷的冬天。四季交错轮回，而花却从不曾缺席。无论是花枝招展的迎春花，还是傲骨耐寒的蜡梅；无论是持久的芳香，还是昙花一现，每一次绽放都是力量的爆发，都有别样的精彩。作为幼儿园保教工作、课程落实、家园共育等具体工作的实施者，幼儿教师如同繁花，其默默地绽放着，为大自然添上了亮丽的色彩。我们要用睿智、欣赏的态度，耐心静待花开，与"花朵"们温暖对话，聆听"花"开的声音，走进"花"的世界；我们要用阳光和雨露滋养"花"的成长，帮助"花儿"找准"花期"，绚丽绽放；我们要创设更好的展示平台，让"花"的娇美与坚韧为更多人所知；我们要如同那一抹和煦的阳光，照进"花"间，如同那一滴晶莹的"雨露"，落在"花"间。这是一场温馨的"花"间细语，只有用心感受，才能感悟无限精彩！

第一节　聆听花开的声音

——教师调查问卷表

第一部分：我们的做法

我们只有仔细聆听"花开"的声音，才能真正了解"花"的想法，走进"花"的世界。为此，我们在课题开展前期，进行了全面的问卷调查。

以下是我园对教师问卷情况的总体分析。

1. 教师的年龄层次

年龄	30岁以下	31~40岁	41~50岁	51岁
人数	14	23	3	1
百分比（%）	34	56	7	2

2. 教师的教龄

教龄	20年以上	16~20年	11~15年	5~10年	5年以下
人数	3	20	5	7	6
百分比（%）	7	49	12	17	15

3. 教师的专业技术资格

职称	幼教高级	幼教一级	幼教二级	未定级
人数	14	16	1	10
百分比（%）	34	39	2	25

4. 教师的学历

学历	本科	大专	中专
人数	29	8	4
百分比（%）	68	20	10

与此同时，我们还向每一位教师发放了《我园教师在"园本教研"中对话

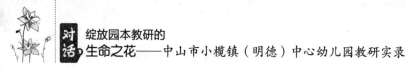
现状情况调查表》，对"园本教研"（包括业务学习、级组教研、科组教研、三人合作小组、青年教师培训等）几个方面的安排是否合理，教师在不同形式的研讨活动中的发言现状、原因进行详细的了解，并请教师对我园"园本教研"提出具体的建议，同时请教师们表达了自己在个人专业发展方面的规划以及希望园方能提供的支持和帮助。

第二部分： 对话实录

以下是《我园教师在"园本教研"中对话现状情况调查表》的部分内容，包括教师对我园"园本教研"现状的感受与看法，主要选择了业务学习和级组教研两个方面的内容。

1. 业务学习周期

我园业务学习基本上为两周一次，级组教研为每周一次，科组教研为两周一次，青年教师培训活动为不定期举行，三人合作小组为不定期完成教研任务。您认为这样的安排是否合理？

A. 非常合理□（11人）

B. 比较合理□（30人）

C. 不合理□

D. 很不合理□

您的建议：

胡惠琳：非常合理，特别是对于我们青年教师来讲，能学到很多东西，真是受益匪浅！

余嘉敏："园本教研"形式多种多样，非常好！

陈倩蔚：能否统筹每种教研的时间，有些内容可以让科组长或级组长在业务学习上进行，可以优化次数与内容。

蒲　凡：希望时间能控制在40分钟以内，再精简一些。

黄晓红：业务学习安排较合理，我们既有学习的机会，也有消化的时间。

张丽媚：我园的"园本教研"安排还是挺合理的，既不妨碍教师午休，也能让我们有所收获。

2. 关于业务学习

（1）您在业务学习中的发言情况：

A. 从来没有□

B. 很少，只有一两次□（10人）

C. 偶尔有几次□（17人）

D. 经常发言□（14人）

您的建议：

陈倩蔚：围绕实际的工作状况展开讨论与发言，或通过看录像、找问题进行总结，有利于教师积累经验。

陆　春：业务学习能否针对一个大主题，然后细化为小的支干开展具体讨论。

黄春燕：发言的方式可为：①鼓励；②抽签；③班级合作；④三人合作小组。

黄桂枝：由于本人工作资历较浅，因此在业务学习中更多的是认真听取别人的意见，倾听别人的想法和主意，在分享中不断自我反思，提升自我。

谢　峰：业务学习都是以互动的形式、小组讨论的形式进行，我们在小组讨论中会积极发表意见，然后选出组长来做总结，这种形式较好。

董　敏：挺好的，既有骨干教师的发言（类似经验传授），又有青年教师的发言（能促进思考），可以多提问，多联系实际进行反思。

（2）如很少发言，您觉得具体原因是：

A. 没机会说□

B. 有机会，但不想说□

C. 担心自己的表达能力不够强□（15人）

D. 担心自己的观点不够成熟□（26人）

您的建议：

胡惠琳：可以鼓励大家积极发言，但最好不要随机点名。有时我们也想听一听其他有经验的教师的意见，再发言。

陈倩蔚：发言少是因为人数较多，所以业务学习应与科组教研、级组教研整合进行。

柳懿君：平时很少发言，主要原因是觉得自己的某些观点和想法不够成熟，更多的是想以倾听的方式去学习别人的精华，这也是一种学习方式。

黄春燕：观点不够成熟，怕说得不够好，个人还要多看书，多学习。

黎倩仪：在业务学习之前，可提前下发内容预习，也可采取不记名论述观点的方式。

（3）您对业务学习的看法（可以从内容、形式、效果等方面展开阐述）：

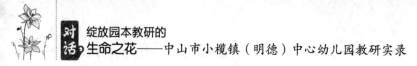
您的建议：

刘建琴：教研活动形式较好，在学习内容上能有效地推动教师专业成长，以及帮助教师有效地进行学习（《指南》）。

柳懿君：内容、形式等都挺不错，但整体效果还有不足，原因可能和教师队伍的水平参差不齐有关。教师本身也需主动去学习，并落实到日常教育教学实践当中，这样才能学以致用。

周圣丹：形式可稍做轮换，如这周学习理论知识，下周可针对学习开展讨论或竞赛，若每周都只学理论知识，会比较枯燥。

石泽满：业务学习是提升教师业务能力的重要途径。我觉得内容方面很好，较为贴近我们的日常工作，每次学习都有所收获。我个人觉得一定要学以致用，这样才能发挥学习的最佳成效。

冯雄建：业务学习的内容让我看到了教育的无限可能性，我要不断用自身的教育实践去剖析每一条《指南》里的要求，并将其运用到教学中。

张雪媚：可尝试让一个级组承担一次教研学习的培训任务，每个级组轮流；也可以让某些专业知识较强的教师来完成培训任务。

黄晓红：希望多用案例分析和实际操作的形式来开展教学，这样更易吸收和消化。

董　敏：对于本学期开展的业务学习，从内容、形式、效果上来看，都是不错的，只是有些教师的主动性、积极性还未能完全激发出来。若是增加一些游戏元素，可能会更有趣味性，教师们也会感觉轻松一些，没那么大的压力。

3. 关于级组教研

（1）您是否在级组教研中担任过主持人？

A. 是□（23人）　　　　　　　　B. 否□（18人）

（2）每学期您在级组教研中担任主持人的次数是多少次？

A. 4次□（4人）　　　　　　　　B. 3次□（10人）

C. 1~2次□（18人）　　　　　　D. 没有□（9人）

您的建议：

刘建琴：希望人人都能在教研中担任主持人的角色。

焦淑燕：建议常规教研和专题教研隔周进行。

余嘉敏：可针对教研主题来分配这次谁当主持人，在准备阶段，级组长和主持人需充分商讨教研的主题。

刘健敏：能让教师互相学习，共同成长，并能及时解决级组存在的问题。

最好以级组长主持为主，毕竟级组长经验丰富，能引领年轻教师成长。

陈秀全：为每位教师设定好适合自己的话题，这样才能发挥教师的特长。

钟小英：如果级组人员比较成熟或者骨干教师所占比例较多，可以轮流主持，既达到了锻炼的目的，也给青年教师提供了一个榜样示范作用。

（3）您在级组教研中发言的情况是？

A. 从来没有□　　　　　　B. 很少，只有一两次□（4人）

C. 偶尔有几次□（19人）　　D. 经常发言□（18人）

邓尔珍：希望大家都可以把自己的教学思路、方法和技巧分享给别人，在分享中不仅可以得到别人的建议，也可以让别人在你的分享中反思自我，提升自我。

陈秀全：对于每次的教研，多跟大家交流自己的观点，同时也学习别人的优点。

叶穗明：提倡在级组教研中多发言，因为只有进行交流，才能使思想有所碰撞，才能了解各班存在的问题或闪光点。

黄晓红：各抒己见会得到更多的收获。

（4）如很少发言，您觉得原因是：

A. 没机会说□

B. 有机会，但不想说□

C. 担心自己的表达能力不够强□（19人）

D. 担心自己的观点不够成熟□（22人）

您的建议：

冯敏姗：也许是没有被好好地引导说出来。不过也不是每人都要发言，听也是吸收经验、学习理论的有效途径。

石泽满：说明自己的理论知识还是很欠缺，在平时的工作中没有进行深入的研究、分析和反思。

张雪媚：主持人要能调动气氛，形式要多样化。

（5）您对级组教研的看法（可以从内容、形式、效果等方面展开阐述）：

您的建议：

李甫易：级组教研对班级中主题的商讨非常重要，形式可以多样化一些，如班级对班级辩论赛、PPT形式、轮流主持等，不要局限于单一的形式。

陈倩蔚：没必要的级组教研可以删减，级组教研必须对整个月的主题内容进行深入研讨，这样才有利于教师们展开学习内容。

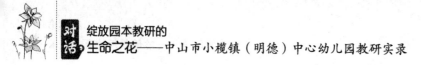
陈　微：有时级组教研内容会和业务学习内容重复。

黄春燕：①针对幼儿不同年龄段的问题进行探讨；②针对级组发现的共性问题进行探讨；③涵盖主题课程、大型活动等。

石泽满：从内容的选择上要仔细思考它的价值，这样教研才会更有意义，教师才能更好地得到提升。

冯雄建：建议级组教研拿出各班出现的共性问题展开讨论，教师可根据本班实际情况适当采用。

张丽媚：现在，级组教研的内容基本都会围绕下周的课程内容进行讨论、分析，这样我们展开课程会更加顺利。

周圣丹：在级组教研中，希望在业务学习的指导下，级组能让教师们的学习和操作结合起来，以发挥业务学习的实效性。

第三部分： 总结与分析

通过梳理教师们的意见和想法，我们做出以下几个方面的总结：

（1）大部分教师觉得我园"园本教研"的内容、形式丰富多样，比较合理，教研的方向也逐步从理论学习走向教育实践。但在教研过程中，教师参与的积极性普遍不高，个别教研活动存在类型相似、重复的现象，需进一步优化整合。

（2）在业务学习方面，教师们觉得理论性较强，建议更多地联系教育实践；在级组教研方面，教师们希望能有更多的机会轮流担任教研的主持人，开展专题教研；在科组教研方面，教师们希望科组教研的重点能更突出，内容形式能更多样化；对于三人合作小组，主要是时间上较难统一，导致效果不明显；在青年教师培训方面，青年教师认为内容和形式都不错，建议为青年教师搭建更多展示的平台。

（3）在对话现状方面，因业务学习时人数较多，常会采用分组讨论，然后请代表发言的方式，故教师在业务学习时发言的机会和时间都不算多。而另外一个重要的原因是教师们都担心自己的观点不够成熟，在全园教师面前发言，担心自己说得不够好。在级组教研方面，教师们发言的机会较多，内容主要是以各班的教育实践工作为主，大家都认为应该更加积极地把自己的想法表达出来。在科组教研和三人合作小组中，教师们更多地想聆听经验丰富的教师的意见。

（4）在教师的个人发展规划方面，大部分教师都觉得自己要多学习，以提升自己的理论水平、专业能力、写作能力、教科研能力、反思能力和总结能力，等等。青年教师们则更希望在组织活动及家长工作方面得到更大的提升。在希望得到幼儿园的支持与帮助方面，教师们都希望能有更多外出学习的机会，通过"走出去，请进来"的方式获得成长。

总结教师们在调查问卷表中的意见和想法，结合我园在"园本教研"过程中的实际问题，我们对"园本教研"做出了一些调整：①取消科研教研，将科组教研的内容整合到级组教研当中。我园的科组教研从无到有，从开始到结束，经历了多次的调整。在科组人员的选择上，从教师自选科组到保证每班都有一名教师在不同的科组；在科组教研的内容方面，从以听课、评课为主到增加了理论的学习；在时间安排上，从原来的每两周一次调整为每三周一次，直到随着课程的不断变化，以及分科概念的淡化，科组教研也慢慢地淡出了我园"园本教研"的舞台。②将原来的三人合作小组形式改成根据研讨任务提前或随机形成各类人数不同、结构不一的研讨小组的形式。鉴于教师们在调查表中表达的对三人合作小组的意见和想法，我们决定在继承的基础上进行完善和发扬，使对话得以延续，并确保充足的对话时间。③根据教师们对我园各类不同的教研活动所提出的意见和建议做出具体的改变。如在业务学习方面仍需加强理论知识的学习；在内容方面需要增强其系统性，方便教师们更好地吸收与理解；在形式方面需要更加多元化，以调动教师参与的积极性，搭建从理论到实践的桥梁，让理论真正落实到教育实践中去；在级组教研方面增加专题教研的分量，让更多的教师都有机会主持教研活动。专题教研的内容要来自教育实践，让专题教研真正实现它的价值和意义。

另外，在"园本教研"中，教研的主题基本上是由业务园长或级组长提前制定好的。教师根据既定主题开展教研活动，缺乏自觉思考的能力和对问题的敏感度，研究的主题往往来自外部，或来自一些共性问题的理论思考，脱离具体的教学情境。在专题教研中，主持人未能在适当的时候介入并给予引导，梳理总结的能力也比较欠缺，未能凸显出讨论过程中的关键信息等，这些都有待于在以后的"园本教研"活动中通过不断的对话与反思而逐步改善。

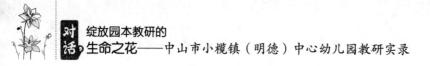

第四部分：温馨小策略

（1）聆听花开的声音，我们需要营造良好温馨的对话环境，让教师们放下心理负担，真正畅所欲言；我们反复跟教师们说的一句话是"每一个声音都是有价值的，每一个声音都是应该被尊重的"。

（2）只有管理者放下上位者的心态，才能真正用心聆听和感悟教师的声音，我们只有以海纳百川的心态去面对和接纳不同的声音，常怀感恩之心，才能让这些不同的声音更好地促进幼儿园管理水平的提升。

（3）及时表扬和鼓励能提出有质量问题的教师，欣赏他们这种爱思考的行为和习惯，让更多的教师学会用专业的、批判的眼光去看待问题。

第二节　我的花期我做主
——教师成长规划

第一部分：**我们的做法**

　　每朵花都有各自的花期，花朵开放的时间与种子本身、土壤的质量、适宜的温度、充足的阳光等都有着密切的联系。有的花一开始就灿烂，而有的花需要经过漫长的等待。我们要像陪伴孩子成长一样，用足够的耐心和专业的引领陪伴教师们沐浴阳光风雨，静待"花"开！

　　为了帮助教师们找准自己的"花期"，把握自我成长的速度，我们让教师们根据自己的实际情况制定出自我成长的三年规划。通过制定规划的方式，帮助教师描绘蓝图，展望未来，用目标引领其在专业方面获得更好的成长。

第二部分：**对话实录**

　　以下是我园部分教师个人成长规划。从分析个人情况到制定目标，再到具体计划措施与对策，她们都做了详细的规划。

　　每个幼儿园中都有骨干教师，（明德）中心幼儿园也不例外，她们毕业后就来到（明德）中心幼儿园，陪伴（明德）中心幼儿园走过了20年的风风雨雨。她们对自己都有着详细的个人规划，也清晰认识到只有她们不断地成长，才能更好地促进幼儿园的发展。以下是我园三名不同教龄教师的三年成长规划。

个人三年成长规划（实例一）

陈倩蔚　教龄：19年

随着幼儿教育的发展，在今后的工作岗位上，作为教师更需要的是多一份责任，多一份爱心，多一分耐心。陶行知说过："教育即生活，生活即教育。"作为教育工作者的我们应该爱岗敬业，把教育运用于生活中，把生活落实于教育上。结合我园的教育理念及对教师提出的希望和要求，以及针对自身情况，现制定个人三年成长规划如下：

1. 自身条件分析

优势：我工作至今已有19年，从某种意义上也可以说是"元老"级的人物了。多年的历练让我从一名幼教"新兵"成长为一名幼教战线上的"老兵"。我对工作充满热情，特别喜欢孩子，并且能从孩子身上感受到一种独特的气息。通过不断的学习以及向别的教师讨教经验，现在，我有了一套自己的管理班级的经验。这些经验能较好地发掘孩子的特长，发展他们的个性。另外，在与家长沟通方面，我也有自己处理问题的方式。

弱势：虽然我取得了一些成绩，但开展课题研究和撰写论文却成为制约我发展的瓶颈，让我觉得很难突破。我在策划亲子活动以及利用班级家长义工方面也不得要领，这些难题都需要我努力去一一解决。但我有信心，让自己在学习中成长，在工作中成熟。我相信勤能补拙！

2. 个人发展目标

由于教师的专业发展最终是促进儿童的发展。因此，教师必须做一个有心人，能根据幼儿教育的发展，根据社会对幼儿教师的要求，不断地完善自己。在今后的三年中，我想做到以下几点：①进一步强化专业意识，学习先进的教育教学理论，转变教育教学观念；②准确定位，用先进的理论充实自己，武装自己，提高自己；③向身边的新教师和老教师学习他们的长处、吸取她们的宝贵经验；④提高教学水平，形成自己的风格和特色，并努力将工作经验整理成为经验论文，慢慢提升自己的总结和写作能力。

通过这三年的磨炼，让自己能够积累一定的经验，成为一名"骨干型"教师。

3. 措施与对策

（1）阅读好书，厚实底蕴，一本好书可以让人受益匪浅。在这三年里，我要求自己每学期至少读一本以上与专业有关的书籍，认真做好读书摘录、写下读书随感，还要随时关注上海学前教育网、幼师口袋网等幼教网站，了解最新幼教信息，开阔眼界。

（2）勤写日志，积累素材。做一个勤快的人，将每个学期举行过的活动进行有序的整理，形成自己的资料库。用"学习故事"的形式把日常工作中有价值的点滴以日志的形式记录下来，用一根"思想的线"把这些零碎的精彩片段穿成一部有意义的作品。另外，我也将积极投稿，争取在这三年里能有论文发表。

（3）积极参加各类评比活动。一是积极参加上级业务部门组织的各级各类业务竞赛活动，如论文、随笔、案例等评比活动，每学期至少参加一次；二是认真帮助园内教师参加上级业务部门组织的各级各类业务竞赛活动，争取获得好成绩。

（4）提高课题研究能力。结合幼儿园的课题，认真做好课题研究工作。注重研究的实效性、资料的规范性、过程的扎实性、成果的有效性，以课题研究促进业务能力的提高。结合级组教研内容，积极做好专题教研的准备，提高自身教研能力。

4. 阶段目标

2014—2015学年度的目标如下：

（1）熟读《指南》，结合《指南》熟练掌握各年龄阶段各领域的发展目标、内容要求及指导要点。

（2）多听课，多认真评课，多学习各位新、老教师先进的教学方法与经验，积极吸取他人的长处，多请教级组内的优秀教师，以使自己在教学领域上有所建树。

（3）重温备课、讲课、评课等专业知识，积极参与园内的课例观摩及教

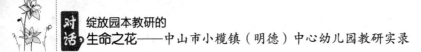

研活动，多给自己创设锻炼的机会，力争使自己的教学质量达到良好以上的水平。

（4）认真准备好每一项活动，准备好教学具，做好课后反思。

（5）结合平时的教育教学反思，撰写论文与案例分析，不断提高论文质量。

（6）每学期完成教师继续教育学习，为提升自己业务能力储备足够的理论知识。

2015—2016学年度的目标如下：

（1）深入学习《指南》，熟练掌握各年龄阶段各领域的发展目标、内容要求及指导要点。

（2）探索"学习故事"的方法，辩证思考"学习故事"的运用，尝试运用"学习故事"来记录个案。

（3）向级组教师学习组织班级亲子活动的策略与方案，积极交流活动心得与经验；尝试盘活班级家长资源，增强家长参与班级事务的积极性。

（4）学习美术教学方法，向专职美术教师请教，提高自己的绘画水平；同时多问、多动脑，为班级制订好幼儿美术课程计划。

2016—2017学年度的目标如下：

（1）利用业余时间向电脑能手学习，以提高自己的计算机水平和运用软件的能力。

（2）认真学习"自主游戏"的相关理论，通过观察与记录，从而提高自身的观察能力与经验总结能力。学习在观察中找出问题，并在游戏中找出解决问题的方法。

（3）积极参加教育部门组织的继续教育学习和培训，以自学的形式完成有关教育理论方面的学习。多读理论书籍，保证每天有半小时的读书时间并做好读书笔记。

（4）努力撰写教科研论文，争取获奖和发表；积极参加各种教研活动和课题研究，在活动中提升自己。

（5）提高自己的教学水平，不断反思自己的教学行为；及时记录自己的反思、体会，多观摩优秀课例，多学习现代教育理论，以改进自己的教学方式，提高自己的教研能力。

从2014年至2017年，希望我摒弃的是不足，收获的是思想的成熟、业务的进步。

个人三年成长规划（实例二）

刘建琴　教龄：11年

作为一名在幼儿园工作了11年的教师，我深深地体会到，随着社会的发展，特别是科学技术与信息技术的迅猛发展，教师职业将会处于不断变化和发展之中，那种一旦成为教师就可以一劳永逸的思想与时代的发展越来越不能吻合。教师职业将成为终身发展的职业，制定个人成长规划也将成为教师个人成长的指南。有了规划，心中就有了目标；有了目标，就要付诸行动。

为了让自己更好地在学习和工作中不断成长，特制定个人三年成长规划，希望自己在规划实施中不断修正自己，完善自己。计划如下：

1. 自我分析

本人今年33岁，从毕业后踏入幼儿教育行业至今已经有11个年头。众所周知，基础教育课程改革将教师专业发展的问题提到了前所未有的高度，教师的培训、学习显得比以往任何时候都重要。一名教师只有经常进行学习、研究，才能从平凡的、司空见惯的事物中看出新的方向、新的特征、新的细节。这既是教师形成创造性教学风格的重要条件，也是教师产生工作兴趣、灵感的源泉。自2002年踏上工作岗位以来，在新理念的充实和老教师的帮助下，经过幼儿园多层次、多样化的培训，我在工作中取得了一些成绩。当然，我还有很多的不足之处，比如在教学上，怎样培养幼儿的兴趣、怎样发展幼儿的创造性思维、怎样与幼儿沟通交流等，在这些方面，我还需要不断地学习和提高。

2. 发展方向

（1）成为一位"自信"的教师。要有专业的自信和积极的工作状态，带着学习的心去认真听课、评课、反思、总结。

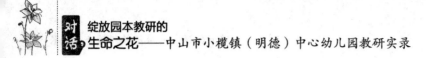

（2）成为一位有"感觉"的教师。能全方位地去感受幼儿，同时还能向组内教师学习新的教育理念与教育方法。

（3）成为一位"会学习"的教师。提升多种能力，如选取教育资源、运用教育资源的能力，以及教育科研能力等。

3. 主要措施

（1）强化教师职业道德，提高自己的政治思想素质。一位优秀的教师要有高尚的师德。"学高为师，德高为范。"这既是社会对教师的赞美，也是社会对教师的期望和要求。在这几年的实践工作中，我爱幼儿教育事业、热爱幼儿，具有高度的集体主义精神、责任感及主人翁意识。在教育教学中，教师给予幼儿的不仅仅是粗浅的知识，还要培养他们良好的个人品质、积极的心境，以及学会以积极的人生态度去对待生活。我要不断提高自己的个人修养、知识底蕴，用高尚的人格魅力去熏陶孩子、用良好的职业道德去感染家长，使自己早日成为一名优秀的幼儿教师。

（2）掌握丰富的科学文化知识，增加自己的通识面。常言说："要给孩子一碗水，教师先要有一桶水。"如今，随着社会的不断进步，以及知识的不断更新与发展，要求我们教师也应该是"一条流动的小溪"。虽然幼儿教师教给孩子的只是粗浅的知识，但一定要是正确的、合乎时代节拍的。我要根据社会和科技的发展，不断更新自己的知识面，完善自己的知识结构。

（3）不断提高自身的教育教学专业水平。一名优秀的幼儿教师仅有良好的品德修养和专业知识素质是不够的。幼儿教育的特点决定了对幼儿教师要有不同的要求，幼儿教师必须是一专多能的。从给予孩子美的享受和情趣培养这个角度来看，我必须要加强自身基本功的训练，尤其是促进自己绘画、手工制作等教学技能、技巧的提高。

（4）促幼儿成长，为家长服务。为了让每个孩子都能长好、学好、玩好，并在原有能力和发展的基础上有所提高，我根据班级情况，并且以《指南》为准则，制订了班级日、周、月等各类计划。在半日活动中以游戏贯穿各科教学，并积极使用肯定、鼓励等方法，使幼儿身心愉快地学习，让每个幼儿都能在原有的基础上有所提高。未来，我要不断加强自身对幼儿的观察和指导能力，特别是对个别化学习以及户外自主游戏中的观察和指导。

在家长工作方面，我要多阅读有关家教方面的书籍和文章，了解家长的需求，做好家园共育工作，努力使自己在家长工作方面更加具有经验，成为令家长放心的好教师。

4. 目标达成

（1）通过多种学习机会与渠道，选择和运用适合自己的学习方式，不断提升自身的专业化水准。多翻阅有关幼儿教育的书籍，提升自身的教育内涵；多学习应用多媒体教学手段来丰富课堂教学。

（2）加强日常工作中对幼儿的观察与反思，培养自己对教育的敏感性，力求能敏锐地感受孩子的需要。

（3）积极借助各种交流与展示的平台促进自己业务能力的提高，积累丰富的经验。认真组织好每一项活动，把教学能力的提高落实到每一天的日常教学中。积极参加各种技能、技巧比赛，优质课评比，教育教学观摩，上研究课、公开课、示范课，参加论文、教科研及教案评比等，只有使自己的综合素质始终处于动态的发展中，才能自如应对蓬勃发展的教育改革大潮。

（4）认真对待每一个幼儿，认真处理每一件事情，认真组织每一次班级活动，把班级管理能力的提高落实在每一天的班级管理中。

十三年多的积累让我学到很多，也受益很多，相信在领导的关心和组内教师的帮助下，我会成长得更快。我将以此为新的起点，背上行囊，重新上路，一路奔跑向前！

个人三年成长规划（案例三）

张丽娟　教龄：4年

转眼间，我在幼教这块土地上已默默耕耘四年多了。在这四年多里，我付出了不少，也收获了不少，同样更成长了不少。为了使自己尽快行动起来，更好地促进自身专业水平的提高，做到愉快、轻松地学习，热心、全身心地投入教育，特制定以下个人成长规划：

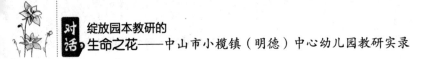
1. 情况分析

记得刚刚从江门幼师毕业，年轻的我便来到了（明德）中心幼儿园。在大班跟班两年后，和胡老师接了小四班。刚好去年送走了自己的第一批学生，特别有感触。看着孩子们一天天地长大，想起自己三年来陪伴着他们，觉得自己也像他们一样，成长了不少。虽然刚开始工作的我对幼教还没有什么经验，但我有上进心，而且我认为经验是要靠自己慢慢积累的，我有信心能克服一切困难。今年，我新接手了小二班，并担任了小二班的班主任。同年，我还拿到了小榄镇优秀教师奖，这是大家和园长对我工作的肯定。这一切会让我更有信心地去对待我的工作，并相信自己能做得更好。

目前，我的不足之处有两方面：一是课堂教学能力有待提高；二是各项教学基本功还不是很扎实。

2. 成长规划

（1）多学习、多实践。对幼儿的观察指导不是通过理论或者多看就能够做好的，而是需要自己不断地实践才能慢慢有所进步。幼儿年龄小，情绪比较外显，这需要我们不断加强积累和学习。只有多观察幼儿的语言、动作，才能正确揣摩幼儿的想法和需求，才能有针对性地对其进行指导。

（2）组织活动要做好细致准备，认真开展，善于反思。作为教师，教学是我们必须的工作。我会从备课开始，在教学中一步步地学习，稳扎稳打。在教学活动结束后进行反思，如哪里做得好，应该继续保持；哪里做得不够，应该不断改进。每一项活动，从教案到材料的准备都要做到全面细致。在进行反思时，也要做到全方位，不仅要反思自己的教学，还要对比其他教师的教学，看看他们哪里做得比我好，认真学习、借鉴。

（3）注重幼儿的安全和健康。因为幼儿年龄比较小，很多时候，他们不知道什么是危险的，所以我首先要做的就是搞好幼儿安全保育工作，关注每个幼儿，保证他们的安全健康。另外，作为大班教师，要做好幼小衔接，落实好幼儿园对幼小衔接具有发展作用的措施。

（4）认真阅读相关幼教书籍，提高自己的理论水平，不断更新教育观念。做到边学习、边实践、边交流、边反思，及时总结每个阶段工作的成绩、存在的问题、解决的方法方式，以反省自己的教育观念，更好地开展工作。

（5）家园共育。我们的工作对象不仅是幼儿，还有家长。我们要多与家长进行交流、沟通，让家长及时了解幼儿的在园情况。同样，这也可以让我们了解幼儿在家的表现。只有认真听取家长的建议和意见，满足家长的合理要求，缩短家长与幼儿园之间的距离，与家长做好配合，才能与家长一起共同促进幼儿成长。

（6）做好班主任的工作，和其他教师配合好。作为年轻教师，我要学习的方面很多。我要经常向老教师请教，养成多学、多问的习惯，树立起"一切为了孩子"的崇高思想，关心和热爱每一个幼儿，关注每一个孩子的点滴成长，尽自己最大的努力满足孩子成长发展的各种需求。

另外，为人师表，在日常生活中，我要时刻提醒自己，加强自身修养，为孩子做表率，进一步提高自己为人处世的能力，做到关心集体、关心他人、团结协作。

第三部分： 总结与分析

通过梳理所有教师的三年成长规划，包括上面节选的三篇不同教龄教师所写的个人三年成长规划，现总结如下：

1. 大部分教师都能客观分析自己的优势和劣势

人要学会自我认识，对自己有一个清楚的了解，这样才能制定出适合自己的成长规划。刚工作5年以内的教师都会谈到自己教学实践经验不足、课堂教学能力有待提高，但学习能力强，年轻有活力，与时代发展靠得比较近，愿意接受新的教育观念和理念。已经工作了5～15年的教师，教学水平日渐成熟，能够很好地处理幼儿园的日常工作，但同时也容易出现职业倦怠。如何才能从平凡的、司空见惯的事物中寻找出新的方向是此阶段教师们想要解决的主要问题。工作了15～20年的骨干型教师，她们的教学实践经验丰富，已经形成了一套属于她们自己的教学和管理的模式，同时也积累了不少教学上的素材。但骨干型教师也普遍反映科研和论文发表成为她们发展的瓶颈，她们在撰写论文、课题方面还是很薄弱。

2. 大部分教师都在分析自己优势和劣势的基础上，为自己制定了一个三年发展目标

工作5年以内的教师关注课堂教学和家园共育方面的工作，并希望多向其他教师学习，以充实饱满的精神状态对待幼教工作。工作5～15年的教师希望通过不断学习来提升自身综合能力，特别是在因材施教方面，希望自己能善于发现幼儿的个性特征并给予指导，也期待能在三年中总结出属于自己的教学经

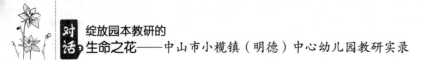
验和班级管理方法。工作15年以上的骨干型教师则会更多关注教科研水平的提升，希望通过深入学习理论知识，把自己的经验转化成可推广的教学方法。

3. 主要措施

有了目标就要有行动，根据我国大部分教师的规划，现将主要措施分成以下两类：

（1）概括性的内容和措施。

①提高思想品德和自身素质。

②不断提高自己的教学水平，扎实学好专业知识。

③积极参加各级各类的学习，提高自学能力，学习吸收新的教学理念。

④拥有健康的身体及心理，以积极饱满的状态对待工作，战胜职业倦怠。

（2）详细的措施和做法，这需要教师们持之以恒地坚持才有成效。比如每个月坚持看一本专业书籍，并做好读书笔记；在每次的教学活动后及时进行反思，并长期坚持写教育随笔，这些措施都是教师们自己提到的。年轻教师可根据自己的实际工作情况提出一些规划，如想要提高课堂教学能力，要多实践、多观察幼儿的语言、动作；上课前做好备课，组织活动时心中有目标，课后及时反思；做好家长工作，多与家长交流和沟通，共同促进幼儿成长，等等。

许多教师还制定了阶段性目标，如第一年主要做好哪几方面的工作，第二年要提升哪些能力，第三年要尽量达成哪些目标，对于这些，她们都有自己详细的规划。比如陈倩蔚老师制定的年度规划，每一年都有其侧重点：第一年重温备课、讲课、评课等专业内容，做到温故而知新，结合平时的教育教学反思，撰写论文与案例分析；第二年探索"学习故事"的方法，尝试运用学习故事来记录幼儿案例；第三年提高计算机水平，用自学的形式完成教育理论方面的学习，争取撰写的论文能够发表和获奖。虽然陈老师每年的规划内容都有所不同，可她没有忘记自己的目标，那就是不断提高自己的科研能力，突破科研方面的瓶颈。

从我园教师成长规划中的个人优势与劣势分析发展目标、措施和规划三个方面会发现，虽然年轻教师、中年教师、年长教师的关注点是不一样的，但她们都能根据自身的特点和教育教学经验，制定不同的成长规划。而共同点就是所有的教师都意识到社会的日新月异对自己的要求不断提高，都一致认同只有不断地学习，接受新的教育观念和理念，重视自我学习，不管是通过书籍，还是各类的讲座，学会不断吸收新的教学方法，才能形成自己独特的教学方法，成为一名优秀的幼儿教师。

另外，教师们对自己的工作充满了热情，都很用心地做好日常工作的方方面面，却忽略了个人的成长。不仅仅是专业方面的成长，还有生活和家庭。其中有几位教师提到自己生活方面的规划，如锻炼身体、拥有强健的体魄。家庭方面计划生二胎也是一个规划。很多时候，若是把工作当成事业来做，会忽略了生活和家庭，建议教师们要学会享受工作，以做到工作和生活之间的平衡。

第四部分： 温馨小策略

（1）每位教师就像一朵花。每朵花都有各自的花期，影响花朵开放的因素有很多，而幼儿园就是土壤。我们需要营造适合花朵生长的环境，提供足够多的支架给教师，让教师们不断提升自身的专业水平。

（2）幼儿园应创设条件，多组织教师们到省内外的名园进行学习。只有"走出去"了，教师们的眼界才会开阔，才能把更多好的经验和做法带回来实施，才能更快地成长。

（3）鼓励教师们多参与课题研究，逐步使自己成为一名"研究型"教师。

第三节　对话《幼儿园教师专业标准》，
　　　　找到花丛中的自己

第一部分：我们的做法

　　《幼儿园教师专业标准》（以下简称《标准》）是国家对幼儿园教师专业素质提出的基本要求，是幼儿园教师实施教育教学行为的基本规范，是引领幼儿园教师专业发展的基本准则，也是幼儿园对教师进行培养、准入、培训、考核等工作的重要依据。为此，作为一名在职的幼儿园教师，有必要认真学习《标准》，对照标准，找出自己的长处和弱项，在花丛中找准自己的位置。只有明确自己要努力的方向，自己才能更好地成长。

　　为此，我们利用业务学习时间组织教师对《标准》进行学习，从《标准》的提出背景、制定意义、思想理念、内容特点、实施要求等方面与教师们进行一一剖析，让大家对《标准》有了初步的了解。同时，我们还制定了《标准》内容自查表，将《标准》中的62项基本要求罗列出来，以10分为满分，让教师们通过给自己打分的方式，找出自己在专业发展方面的长处与不足。

第二部分： 对话实录

以下是我园部分教师对照《标准》自查的结果。

1. 根据《标准》的基本要求进行自我评价

《标准》的基本内容可分为维度、领域、基本要求三个层面。其中，维度层面又可细分为专业理念与师德、专业知识、专业能力3项，领域层面可细分为14项，基本要求层面可细分为62项。

专业理念与师德在《标准》的结构框架中居于首要位置，包括职业理解与认识、对幼儿的态度与行为、幼儿保育和教育的态度与行为、个人修养与行为四个领域。专业理念与师德是教师从事保育和教育实践工作的情感与动力基础。拥有不同专业理念与师德的教师会以不同的热情与态度对待幼儿和日常各项工作，其自我发展的意识、积极性以及工作的创造性也会有所不同。

在对专业理念与师德基本内容的评价中，教师普遍对自身的职业理解方面评分较高，对幼儿的态度与行为以及对幼儿保育和教育的态度及行为方面也能平均达到9分。这表明教师们对于自身职业的理解与认识比较清晰，对幼儿的态度及行为认识比较正确。在对"重视幼儿园、家庭和社区的合作，综合利用各种资源"这一内容进行评价时，教师普遍评分较低。这可能是因为部分教师在这方面的经验较少，还未能懂得如何充分利用家庭与社区的各种资源进行分享学习。在评价个人修养与行为领域方面，有个别教师对"善于自我调节情绪，保持平和心态"这一项内容评分较低。从中可以看出个别教师对于自我情绪调节还需继续努力。由于幼儿情绪受到教师情绪的影响较大，因此保持良好的情绪态度也是教师们的必修课之一。

专业知识维度层面包括幼儿发展知识、幼儿保育和教育知识、通识性知识三个领域。专业知识是基本内容三个维度中内容最少的部分，但这并不意味着专业知识不重要，而是因为幼儿园聘用的教师或者身在职场的教师都是通过教师资格考试并取得教师资格证的。所以这些教师必然已经具备了基本的、全面系统的专业知识。《标准》强调的是教师要有与保育教育工作实践密切相关的专业知识。教师在提升自己的专业知识时，应重点考量这些要求所涉及的内容，但不能局限于此。在专业知识方面，还要求教师熟悉和掌握幼儿发展、幼儿保育和教育以及通识性的知识。经过了学校教育以及幼儿园业务学习的教师已掌握基本的知识体系，但对于部分知识还不能完全掌握。例如，还不能"掌

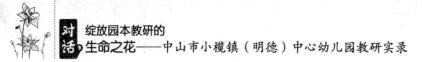

握关于幼儿生存、发展和保护的有关法律法规及政策规定"，还不能"了解有特殊需要幼儿的身心发展特点及教育策略与方法"，还不能"熟知幼儿园的安全应急预案，掌握意外事故和危险情况下幼儿安全防护与救助的基本方法"。这说明教师们还需继续学习。每个人都有自身的长处与短处，只有勇于发现并正确认识自身存在的短处，并努力克服，才能最终得到进步。

专业能力包括环境的创设与利用、一日生活的组织与保育、游戏活动的支持与引导、教育活动的计划与实施、激励与评价、沟通与合作、反思与发展七个领域。《标准》对教师的专业能力高度重视，专业能力是教师专业化发展在教育实践中的集中体现，它直接影响着幼儿园的保教质量和幼儿的发展。《标准》对教师的专业能力提出了全方位、综合性的要求。在七项要求中，前六项是教师实施保育教育工作的能力，第七项是教师自我发展的能力。教师只有深入理解和领会《标准》对教师的能力要求并付诸实践，才能促使自己的专业化水平得到进一步提高，才能促使幼儿园保教质量全面改善乃至大幅度提高。

在专业能力方面，教师们需要拥有幼儿园一日生活与教育以及自我发展等各方面的能力，这对于教师们而言是不容易的，却是尤为重要的。在这一方面的内容中，教师们都能真实地进行自我评价。评分表中显示，在幼儿园环境创设与利用方面，教师对"合理利用资源，为幼儿提供和制作适合的玩教具和学习材料，引发和支持幼儿的主动活动"的评分较低，这项指标需要教师充分利用各种资源，收集与制作适合不同年龄阶段幼儿操作的教玩具，考验的是教师的思考、收集和动手能力。教师们表示还需多学习、多练习。在一日生活的组织与保育领域，教师对"有效保护幼儿，及时处理幼儿的常见事故，危险情况优先救护幼儿"这项评分也相对较低。在幼儿园中，由于幼儿身体动作的发展还处于初级阶段，部分幼儿还未能掌握自我保护的能力，这就需要教师们眼观六路、耳听八方，能在幼儿受伤后的第一时间进行恰当的处理。幼儿园对幼儿保健与受伤处理方面要增加实况模拟活动，以提高教师们保育方面的能力。此外，除了以上方面，教师对"制订阶段性的教育活动计划和具体活动方案""针对保教工作中的现实需要与问题，进行探索和研究"以及"制定专业发展规划，不断提高自身专业素质"等内容的评分都不高。这些能力都要求教师在完成对幼儿的保育教育任务外，还能制定教育活动计划以及自身专业发展规划，并能针对保教工作中出现的问题进行反思及研究。教师具备自我规划与自我探索研究的能力是我园一直努力的方向，但这方面的进步不是一蹴而就的，而是需要我们在实践中不断学习、反思、改进，这也是我们坚持园本培训的目标与动力。

2. 根据《标准》中的要求，您认为自己在哪些方面亟须提高

董　敏：了解幼儿发展中容易出现的问题并采取适宜的对策；掌握不同年龄段幼儿身心发展的特点、规律以及促进幼儿全面发展的策略与方法；多观察、了解与评价幼儿。

朱　欣：关注如何让幼儿从他律过渡为自律；如何调整活动，提供支持和促进幼儿主动学习；合理设计游戏活动空间，提供丰富、适宜的材料。

叶穗明、胡惠琳：学习现代信息技术知识，以及相应的艺术欣赏与表现知识；与社区建立合作互助的良好关系。

陈　微：我认为我们亟须制定幼儿园的应急安全防护及救助预案，因为孩子的安全是我们幼儿教师带班的重要注意事项，对特殊儿童户外活动需注意的事项也是我们必须掌握的。

陆　春：我认为自己在专业学习上投入的时间不够，对于理论的学习还要加强，如《标准》的理念，包括其基本内容。另外，我对教育法律法规了解得也不够，还有待提高。

冯雄建：学习现代信息技术，有效运用观察法了解和评价幼儿，提高主动收集、分析相关信息的能力。

刘建琴：制定专业发展规划，不断提高自身专业素质。

焦淑燕：了解幼儿生存、发展、保护的有关法律法规和政策。

蒲　凡：加强自身关于幼儿体能健康方面的学习。

钟小英：给幼儿提供更多操作、探索、合作、表达的机会，支持和促进幼儿主动学习。

余嘉敏：多观察、了解及评价幼儿；学习幼儿园各领域教育的特点与基本知识；了解特殊幼儿的身心发展特点及教育策略与方法。

石泽满：学会观察幼儿每一个行为背后所反映的问题的本质。

3. 您希望幼儿园在园本培训或其他方面提供哪些支持以促进教师的专业发展（包括内容、形式、方法、途径等）

李甫易：在进行园本培训时可以让我们先学习、后提问；多增加互动式的学习。

周圣丹：作为新教师，我认为做家长工作及组织教学活动的技巧是我们比较缺失的一部分，希望幼儿园能采取以老带新及组织培训等多种形式给我们新教师提供一些学习的机会及建议。

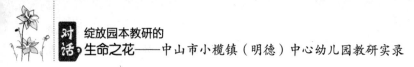

张雪媚：幼儿园应多提供教师之间交流的平台，如沙龙形式的交流，既能让人感觉轻松，又能让大家畅所欲言。

谢　峰：幼儿园应多开展模拟操作练习，如学习突发事件的处理方法和幼儿受伤的应急处理方法。

刘健敏：幼儿园应多提供制作动画等课程，加强教师对现代化信息技术的掌握。

冯雄建：希望幼儿园适当对新教师增加基本技能的培训，如书法、简笔画、家长会PPT制作等，由教师根据自己的兴趣选择参与。

焦淑燕：组织学习相关政策法规知识，树立正确的儿童观、教师观等观念。

石泽满：多介绍一些教育案例、教育故事或影片，让教师进行观后分享。

第三部分：总结与分析

通过梳理教师们的意见和想法，我们得出了以下结论：

（1）大部分教师都能根据《标准》进行准确的自我评价。通过对教师们的自我评价分析可以看出，教师们对自身的专业理念与师德评价较高，在专业知识与专业能力方面能正确认识自身的长处与不足。另外，教师们还对自身需要提高的方面进行了具体阐述。

（2）在对话中，教师们表达了自身迫切需要提高的方面。如专业知识方面的意外事故和危险情况下幼儿安全防护与救助的基本方法；现代信息技术知识以及关于幼儿生存发展和保护的有关法律法规及政策规定；在专业能力方面，关于环境创设和材料制作，以及观察、了解和评价儿童的相关能力。此外，教师们认为自身的理论知识还有待积累和提高。

（3）在教师的专业发展方面，教师们各抒己见，对幼儿园业务培训方面提出建议。在业务培训形式上，教师们提出希望幼儿园可以多增加让教师外出学习的机会，因为亲自参观感受的学习会更有效果；幼儿园还可以尝试其他的形式，如请专家来开展讲座活动、采取互动式的学习形式、举办交流分享的沙龙活动以及开展野外训练和团队协作式的活动等。

（4）在业务培训的方法方面，教师们认为可以采用以老带新的方法，让老教师与新教师进行经验分享，以解决新教师经验缺乏、具体情况无从应对的问题；教师们还提出了可以强化三人小组和级组教研队伍，运用团队的力量进行深入的探索研讨。

（5）在业务培训的内容方面，教师们希望多增加对现代信息技术知识，班级环境创设，幼儿心理专业知识与幼儿相关的法律法规，幼儿受伤、突发状况的应急处理以及教师专业技能成长等方面的培训，这些都是教师们结合自身对《标准》中具体内容的理解，以及根据园所的实际条件提出的可行性建议。

对话《标准》的目的是让教师们通过专业自查，发现自己的长处和不足之处，以便更好地认识自己。更重要的是，要让教师们了解自己在专业发展中仍需提高的地方，为接下来的业务培训提出可行性建议，以提高业务培训的针对性和有效性。

幼儿教师作为教育活动的倾听者和观察者、幼儿学习的支持者与合作者以及幼儿教育的学习者与实践者，身上肩负的是幼儿的希望和家长的期待，而教师得到专业发展更是幼儿园一直努力的方向，对此我们从未停步。相信通过一次次的对话、一次次的思想碰撞，教师终会穿越障碍，拨开迷雾，找到那花丛中最美的自己。

第四部分： 温馨小策略

（1）对话《标准》，可以让幼儿教师通过自查，找准自己的长处和弱项，明确自己成长的方向。虽然这一举措只是帮助教师提升自身最基本的一步，但是通过这样的对话，能够为后续园本培训内容的规划奠定坚实的基础。

（2）在实践中，我们发现，幼儿教师的专业成长并不是一朝一夕的事情，而是需要我们长期将此放在心中，作为我们追求的目标。只有在园本培训以及各类教育实践活动中践行，才能真正促进教师的专业成长。

第四节　让《指南》精神之花开遍每一个角落

第一部分

我们的做法

2012年《指南》出台以后，其如同一盏明灯，为幼教工作者照亮了前进的方向，成为支持和引领幼教工作者进步的重要文件。为了更好地学习《指南》，我园利用多种途径、多种方式开展《指南》的学习活动，分别经历了以下几个对话历程：

1. 教师与《指南》文本的对话

（1）教师自学《指南》，以解读《指南》为支持，尝试理解《指南》概况。

（2）分领域通过讲座解读《指南》，让教师在学习中加深对《指南》各个领域的了解。

（3）以提纲加测试式复习的方式帮助教师们掌握《指南》中的重点内容。

2. 教师与《指南》找差距的对话

（1）采用检核表法，让教师们对照《指南》找差距，明晰自己努力的方向。

（2）采用小组讨论的方式，让教师提出我园在教育实践中存在的共性问题，将用经验讨论解决问题的方法与用《指南》来解决问题的方法进行对比找出差异。

3. 教育实践与《指南》的对话

（1）采用案例分析方法，将平时巡查时发现的问题通过录像及照片的形式记录下来，让教师们去讨论，并运用《指南》去分析案例，寻找解决的策略。

（2）根据《指南》指导一日活动的开展，优化一日活动的时间安排及流程。

（3）根据《指南》指导区域活动的开展，如美工区开展的四次教研活动。

第二部分： 对话实录

以下是我园学习《指南》的一些内容节选。

《指南》健康领域的第一次学习——理论回顾

以下是《指南》健康领域的解读（PPT）：

《3—6岁儿童学习与发展指南》 健康领域解读

小榄镇（明德）中心幼儿园

2014年9月9日

（1）对健康的理解

世界卫生组织关于健康的定义

　　健康乃是一种在身体上、精神上的完满状态，以及良好的适应力，而不仅仅是没有疾病和衰弱的状态。

《幼儿园教育指导纲要》

　　幼儿园必须把保护幼儿的生命和促进幼儿的健康放在工作的首位，树立正确的健康观念，在重视幼儿身体健康的同时，高度重视幼儿的心理健康。

《指南》

　　健康是指人在身体、身体、社会适应方面有良好状态。

《指南》健康领域

（一）身心状况	（二）动作发展	（三）生活习惯与生活能力
目标1：	目标1：	目标1：
具有健康的体态	具有一定的平衡能力，动作协调、灵敏	具有良好的生活与学习习惯
目标2：	目标2：	目标2：
情绪的安定愉快	具有一定的力量和耐力	具有基本的生活自理能力
目标3：	目标3：	目标3：
具有一定的适应能力	手的动作灵活协调	具有基本的安全知识和自我保护能力

（2）《指南》健康领域的核心价值

树立正确的健康观念

- 健康，包括身体健康和心理健康。
- 重视幼儿情绪的健康——安定愉快。
- 重视幼儿适应能力的发展。

★《指南》健康领域的核心价值

1. 重视幼儿身体素质的培养

● 目标是从提高幼儿身体素质的角度来提出的

幼儿需要逐步发展的最基本的身体素质就是增强体质。

（a）

★《指南》健康领域的核心价值

2. 重视幼儿身体素质的培养

● 目标是一种方向上的引领
——体现在幼儿身体素质的多种表现。
（生活中、不同运动中的表现、量化目标。）
——对幼儿的发展建立合理的期望。
◆ 不是达标，不能作为评价工具。
◆ 不要求幼儿都能达到，活动是可以替代的。
◆ 可以通过多种途径促进幼儿身体素质的发展。

（b）

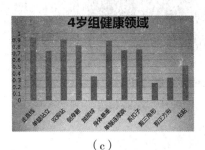

4岁组健康领域

（c）

★《指南》健康领域的核心价值

3. 重视幼儿生活习惯和生活能力的培养
● 生活习惯应从小养成
——生活有规律。
——有良好的饮食习惯。
——有良好的卫生习惯。
● 幼儿喜欢参加或主动参加体育活动
● 教师重视幼儿生活能力的获得
——基本的生活自理能力。
——自我保护能力。

（d）

★概括

　　幼儿阶段是儿童身体发育和技能发展极为迅速的时期，也是形成安全感和乐观态度的重要阶段。发育良好的身体、愉快的情绪、强健的体质、协调的动作、良好的生活习惯和基本的生活能力是幼儿心健康的重要标志，也是幼儿在其他领域学习和发展的基础。

（e）

《指南》健康领域的第二次学习——复习讨论

《指南》健康领域的复习提纲

姓名：_____ 日期：_____

（一）	（二）	（三）
目标1：	目标1：	目标1：
目标2：	目标2：	目标2：
目标3：	目标3：	目标3：

一、《指南》健康领域的一个子目标举例说明

(一)健康的身心状况

目标：具有健康的体态。

各年龄段典型表现：

3～4岁	4～5岁	5～6岁
1. 2.	1. 2.	1. 2.

(二)教育建议：

1.

2.

3.

4.

二、《指南》健康领域的复习内容。

(一)复习健康领域的内容（PPT）

(二)小组讨论

1. 请结合健康领域中"动作发展"子领域中的"目标1""目标2"，设计六个体育游戏，并结合我园实际情况，举例说明在开展体育游戏的过程中应怎样有效利用我园现有的场地及器械。

参考答案：

（1）首先要了解"动作发展"子领域中在"目标2""目标3"中包括的一些动作。例如：

走（包括走地面直线、低矮物体、上下楼梯、斜坡、荡桥等）。

跑（包括躲闪他人的碰撞、追逐滚过来的球、扔过来的沙包等）。

钻爬（包括匍匐钻爬、膝盖悬空钻爬、攀登架、网攀爬等）。

跳（包括双脚连续向前跳、助跑跨跳、跳绳等）。

抛接（包括双手向上抛球、自抛自接球、连续拍球等）。

投掷（包括2米投沙包、4米投沙包、5米投沙包等）。

在力量和耐力方面包括：

双手抓杠悬空吊起（10秒、15秒、20秒）。

走（1公里、1.5公里、1.5公里以上）。

跑（15米快跑、20米快跑、25米快跑）（注：省一级幼儿园跑道的设置为

30米。）

跳（单脚连续向前跳2米、5米、8米）。

（2）结合我园的实际情况开展的游戏活动如下：

走（包括走轮胎，在小公园里走平衡木、荡桥、木桥、小山坡，走路边的水泥围栏，走线，走小迷宫等）。

投掷（包括投篮、投沙包、粘贴球）。

跳（包括小兔采蘑菇、栏栅障碍、平衡板、球棒、绳子、圈等）。

钻爬（包括钻爬课桌底，攀爬架、网，攀爬小公园中的吊环）。

2. 请结合健康领域中"动作发展"子领域中的"目标3"，说说在各个区域活动中应提供的不同的操作材料。

参考答案：

（1）小肌肉动作包括以下内容：

五指抓（抓球、抓米、抓水晶粒、抓豆子、海绵吸水等）。

三指抓（抓小木块、抓豆、抓跳棋等）。

二指捏（捏钱币、捏豆、捏星星、捏牙签等）。

一指按（按图钉、按牙签筒、按印章、按电话数字键等）。

倒（倒水、倒米、倒沙、倒茶等）。

舀（舀水晶粒、舀豆子、舀樱桃、舀米、舀色砂、舀水、舀糖果等）。

夹（食品夹，奶瓶夹夹乒乓球，大夹子夹毛球，金属夹分珠子，眉夹夹铃铛、天平码，衣夹晾衣服，筷子夹花生，水中夹物等）。

挤［挤滴管、大（小）针筒移水、挤海绵等］。

敲（打桩台、打饼、敲钉子等）。

折（折毛巾、折衣服、折裤子、折纸、折布等）。

旋转（转瓶盖、转螺丝、发条玩具、开锁、拧螺丝等）。

绕（绕丝带、绕毛线、绕鞋绳、绕相框等）。

剪（一刀剪、剪直线、连续剪、剪图形、花边剪、剪指甲等）。

粘贴（贴图形、构图练习等）。

穿（穿珠子、穿通心粉、穿纽扣、穿塑料管、衣架穿衣服等）。

缝（缝纸碟、缝纽扣、刺绣等）。

编织（编织纸条、织布机等）。

扣（扣毛粘扣、纽扣、按扣、盘扣，拉链，衣饰袋等）。

扫（扫纸团、扫豆、扫米、扫地等）。

切（用餐刀切香肠、木刀切水果、切面包、切泥胶等）。

剥（剥花生、剥瓜子、剥香蕉等）。

分类（豆子分类、图形分类等）。

（2）根据相应的动作发展提供相应的材料。

美工区：

提供画笔、剪刀、纸张、泥团等工具和材料，或充分利用各种自然、废旧材料和常见物品，让幼儿进行画、剪、折、粘等美工活动。

生活区：

提供杯子、牙签盒、小碗、小球，以及颗粒较大的豆类、塑料粒、勺子、镊子等。

益智区：

提供拼图等。

娃娃家：

提供娃娃、衣服、鞋子、奶瓶等。

3. 请结合健康领域中"生活习惯与生活能力"中的"目标3"及我园的实际情况，列举对幼儿进行安全教育的四种或四种以上的方式方法，并做简单说明。

参考答案：

（1）环境暗示。

在地面上、墙面上粘贴标志线。

使用安全标识（如"紧急出口"等）。

（2）在日常生活中渗透。

（3）利用节庆活动（放假前）进行安全教育。内容包括：

教导幼儿不跟陌生人走，不吃陌生人给的东西，不在河边和马路边玩耍，遵守交通规则。

帮助幼儿了解周围环境中不安全的事物。

帮助幼儿认识常见的安全标识。

告诉幼儿不许他人触摸自己的隐私部位。

（4）落实到课程，设计安全教育活动。

（5）幼儿园每学期会开展安全疏散演练活动。

（6）利用图书、音像等对幼儿进行逃生和求救方面的教育，并让幼儿在游戏中进行练习。

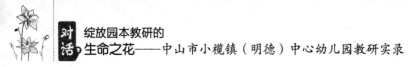

4. 请结合健康领域中"身心状况"子领域中的"目标2"，列出四种或四种以上对待犯错幼儿的方法以及三个以上教师控制自己情绪的方法。

参考答案：

（1）对待犯错孩子的方法包括：

冷静处理。

听一听孩子的说法。

不埋怨孩子。

教育孩子要就事论事。

尊重孩子，给孩子留面子。

（2）教师控制情绪的方法包括：

宽容。

深呼吸，冷静。

转移注意力。

了解孩子的年龄特点，知道犯错是孩子成长的必经之路。

提升自己的专业水平。

（三）抢答题

1. 5～6岁男孩的身高为100.7～119.2厘米。（错）

2. 应帮助幼儿养成定点、定时、定量进餐的习惯。（对）

3. 幼儿吃饭时不过分催促；提醒幼儿细嚼慢咽，不要边吃边玩。（对）

4. 让幼儿在看电视时与电视保持1.5米左右的距离。（错）

5. 5岁的幼儿连续看电视不能超过30分钟。（错）

（四）分析题

1. 今年小兰4岁了，身高101厘米，妈妈总是担心她个子长得矮。如果您是小兰的班主任，您会怎样开导她，您会给她提出怎样的建议？

参考答案：

根据"身心状况——目标1"的"具有健康的体态"，4岁的女孩子身高一般在99.9～118.9厘米，小兰在正常范围内，不必担心。我会与小兰的家长进行沟通，了解小兰在饮食、睡眠、体态、运动等方面的情况，给予其具体的指导。

2. 小强上中班的下学期，刚开学，因幼儿园工作安排，班上换了另外一位教师。对此，他的妈妈意见很大，请您从幼儿适应能力的发展方面向小强的妈妈做出解释。

参考答案：

根据"身心状况——目标3"的"具有一定的适应能力"，回答的重点可放在应让幼儿适应人际环境的变化方面。

《指南》健康领域的第三次学习——进餐环节

聪明的大脑、健康的身体是吃出来的！

You are what you eat!

一、幼儿园进餐的现状

进餐无序，环境嘈杂。

有的教师会催促幼儿吃饭，使原本轻松愉快的进餐过程变得紧张起来。

有的教师会强迫孩子吃饭，使孩子感到焦虑不安，降低食欲。

有的教师对偏食、挑食的幼儿缺少关注和引导，忽视了对幼儿良好进餐行为和习惯的培养。

二、进餐活动的内容

让幼儿在餐前有心理准备，盥洗。

让幼儿在进餐中掌握技能，养成好习惯。

让幼儿在进餐后进行整理、盥洗。

三、将进餐环节的教育价值定位为温馨

主要包括四个方面的含义：

幼儿喜欢在洁净、安全的环境中进餐，能维护进餐环境的安静、有序。

幼儿在进餐时具有愉快的进餐心境，以及独立进餐的意识和能力。

幼儿喜欢吃多种食物，饭量适中，营养均衡。

幼儿逐步建立起安静进餐、细嚼慢咽、餐后有序整理等良好的进餐行为。

四、进餐环节的常规要求

幼儿懂得进餐时情绪愉快对身体健康有益，能安静愉快地进餐，乐意自己吃饭。

知道进餐前要洗干净双手。

了解各种食物的营养知识，知道均衡膳食对身体有益；能根据需要适量进食，爱吃各种食物，不挑食，不偏食，吃饱吃好。

有良好的进餐习惯。细嚼慢咽，吃饭时不发出较大声音，不掉饭菜；能保持桌面、地面干净。

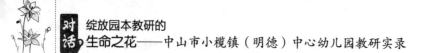
餐后能有序整理餐具，收拾食物残渣；能做到餐后擦嘴、洗手以及漱口。

五、进餐环节的教师指导要点

1. 进餐前

（1）托、小班幼儿：

保育员（或教师）戴上口罩、餐帽，洗干净双手。

营造宽松、温馨的进餐氛围，安抚幼儿情绪，让幼儿为愉快进餐做好心理准备。

餐前15分钟做好桌面消毒工作。

帮助幼儿有序做好餐前如厕和洗手活动。

用形象有趣的语言向幼儿介绍饭菜营养，激发幼儿进餐的欲望。

注意夏季散热，冬季保温，保证幼儿食物温度适中；饭菜要放在安全的地方，避免发生烫伤。

（2）中、大班幼儿：

保育员（或教师）戴上口罩、餐帽，洗干净双手。

引导幼儿学会餐前保持愉悦的心情。

指导幼儿自主有序地做好餐前如厕和洗手活动。

指导值日生分发餐具，要摆放整齐，轻拿轻放。

鼓励幼儿用自己喜欢的方式向同伴介绍饭菜营养，激发进餐的欲望。

注意夏季散热，冬季保温，保证幼儿食物温度适中；饭菜要放在安全的地方，让幼儿懂得不靠近，避免发生烫伤。

2. 进餐中

（1）托、小班幼儿：

教师盛饭菜时动作要轻，要能根据幼儿的进食量为幼儿盛饭，应少盛勤添。

帮助幼儿尝试自己取饭，提醒幼儿端平、慢走，轻拿轻放。

鼓励幼儿吃各种食物；在教师的帮助下，幼儿能吃完属于自己的那份饭菜。

指导幼儿学习使用小勺进餐，提醒幼儿喝汤时两手要端平饭碗，避免撒饭。

引导幼儿了解主食和菜、干饭和稀饭要搭配着吃。

关注个别咀嚼、吞咽有困难的幼儿，及时给予指导和帮助。

帮助、指导幼儿尝试吃带壳、带皮、带核的食物。

带着亲切的口吻帮助吃饭慢、胃口不好、身体不适的幼儿吃饱、吃好；纠正个别幼儿不良的吃饭习惯。

引导幼儿懂得不把饭菜放在别人的碗里。

关注生病、有食物过敏史、平时体弱和吃饭慢幼儿的进餐，适当调整食物搭配。

（2）中、大班幼儿：

教师盛饭菜时动作要轻，应根据幼儿的进食量分配适量饭菜。

提醒幼儿有序端取饭菜，安静进餐；对挑食、偏食以及暴食的个别幼儿给予及时的指导和帮助。

鼓励幼儿身体不适时应主动告诉教师；教师应根据实际情况及时调整幼儿进餐量。

指导幼儿吃带骨头的肉类的正确方法。

指导幼儿正确使用筷子。

引导幼儿养成细嚼慢咽、吃饭安静、不剩饭、不暴饮暴食的良好进餐习惯。

——与家长协调一致，帮助肥胖幼儿适当控制进食量，并调整食物结构。

3. 进餐后

（1）托、小班幼儿：

教师帮助、指导幼儿学习并掌握饭后擦嘴、洗手、漱口的正确方法。

指导幼儿学会将餐具分类放在固定的容器里。

组织幼儿餐后进行安静的区域活动。

等待幼儿进餐结束后进行湿性扫除。

有计划地组织幼儿进行餐后散步、户外观察等安静活动。

新生入园初期要详细向家长反馈幼儿进餐情况，并提出有针对性的意见和建议。

（2）中、大班幼儿：

鼓励幼儿主动整理餐具，收拾食物残渣。

提醒幼儿餐后自主选择安静的区域活动。

引导幼儿饭后有序地擦嘴、洗手、漱口。

指导值日生进行桌面、地面的卫生清理工作。

组织幼儿餐后散步、进行户外观察和自由活动。

六、进餐环节中的问题诊断与应对

家长事事包办的教养方式使得幼儿的进餐技能、进餐习惯没有得到很好的培养。当幼儿从家庭来到幼儿园后，面对进餐环境、进餐要求的变化，没有了饭来张口的支持，又缺乏独立进餐的技能，于是进餐时就会出现诸多问题。作为教师，我们应如何针对不同阶段幼儿存在的问题，实施有针对性的帮助，指

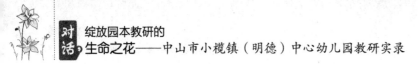

导、提高幼儿的进餐技能，帮助其养成良好的进餐习惯呢？

1. 托、小班幼儿的问题诊断

（1）心理焦虑，不愿吃饭。

幼儿哭闹不止，吵着让妈妈喂饭。

幼儿抱着自己的物品呆坐着不吃饭。

幼儿拒绝教师喂饭。

诊断结果：情感和心理问题。

分析原因：环境陌生，幼儿与教师的依恋感、信任感尚未建立；幼儿缺乏安全感，心理焦虑，不愿吃饭。

（2）独立进餐有困难。

幼儿等待教师喂饭。

幼儿不会拿勺子，把饭菜洒到桌面上或洒到身上。

幼儿把饭含在嘴里不会咀嚼，或不会吞咽。

幼儿在吃鸡蛋、鹌鹑蛋等带皮的食物时不会剥皮。

诊断结果：技能、技巧问题。

分析原因：成人教育方式不当，认为幼儿年龄小，可以什么都不会；父母工作忙，没有时间和耐心帮助幼儿学习进餐技能；进餐活动完全由成人包办，造成幼儿强烈的依赖性和进餐技能的严重缺失，等等。

（3）部分幼儿偏食、挑食。

幼儿遇到黑黑的食物，或香菇、洋葱、香菜等具有特殊味道的食物时，会不想吃。

幼儿吃粗纤维的食物会嚼嚼就吐出来。

诊断结果：教育问题。

分析原因：家长从未提供或很少提供某种食物，家长的饮食习惯直接影响幼儿，让幼儿对带有特殊味道、颜色发黑的食物总有一种排斥心理；幼儿从小吃较软的食物，牙齿发育不好，对粗纤维的食物不能充分咀嚼；幼儿脾胃不适、疲惫、情绪不稳定、运动过度、睡眠不足等也会导致暂时性的偏食、挑食。

（4）基本进餐习惯尚未养成。

幼儿吃完一种食物，再吃另一种，不会搭配着吃。

诊断结果：习惯问题。

分析原因：家长缺少科学的饮食观念，让幼儿以流食为主，习惯吸食而不会张嘴咀嚼饭；家长顺从幼儿的食欲，幼儿喜欢吃什么，家长就一味地喂他什么，忽视了科学进餐习惯的培养。

2. 托、小班幼儿问题的应对

针对幼儿的年龄特点、心理及学习特点，教师可通过环境暗示、说做一体、情景模拟等策略帮助幼儿摆脱焦虑情绪，产生愿意在幼儿园进餐的情感，不断习得进餐的技能，解决挑食、偏食的问题，逐渐养成良好的进餐习惯。

（1）环境暗示，指导帮助。

设置半封闭，有幼儿家人照片、放置幼儿依恋物的进餐环境。

喊幼儿的乳名，帮助幼儿进餐，让幼儿感受到像妈妈一样的温暖。

（2）说做一体，游戏激趣。

运用短小有趣、朗朗上口的儿歌，以及趣味十足的游戏，并配以形象化的语言，引导幼儿边说边做，在真实的情境中不断习得进餐技能。

（3）趣味引导，操作体验。

自己动手做一做、玩一玩，不但能愉悦幼儿身心、满足幼儿爱动的特点，而且会让幼儿产生对这些食物的兴趣。

开设小厨房区，带领幼儿亲自参与制作食物的活动，改善幼儿偏食、挑食的不良习惯。

（4）故事引入，巩固练习。

通过有趣的小故事、形象的图片以及进餐时的不断提醒，帮助幼儿知道饭前要喝汤，吃饭、吃菜有先后。

让幼儿知道上午吃水果。

3. 中、大班幼儿问题的诊断

（1）安静进餐、细嚼慢咽、餐后收拾整理等习惯尚未形成。

有的幼儿吃饭速度快，希望自己是第一名吃完的。

有的幼儿饭后整理匆忙，手一湿就算洗手了。

有的幼儿不漱口就急于去玩。

有的幼儿话特别多，吃饭时说个没完。

分析原因：幼儿进餐能力加强，有意行为开始发展，事事不想落在他人后面。他们虽懂得良好进餐习惯对身体的好处，但兴趣点更多地会聚焦在玩游戏上，自控能力、整理餐后环境的意识也比较差。

（2）部分进餐技能欠缺。

使用筷子的能力比较弱。

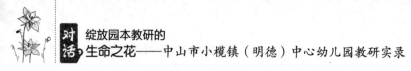

分析原因：幼儿手部肌肉动作水平比较低，手眼协调能力较差，家长缺乏耐心，包办代替较多。

（3）对食物营养的搭配理解有偏误。

以为只有蛋白质类的食物有营养，只吃肉类，不吃蔬菜、面食。

以为吃得越多越好，多吃饭才能使身体好，头脑才聪明。

分析原因：家长、教师对膳食营养的常识了解比较欠缺，对幼儿的教育引导简单粗浅，说教成分较多。

4. 中、大班幼儿问题的应对

（1）自定规则，强化巩固。

教师通过自主协商、共同讨论等方式聚焦大家的意见以达成共识，建立规则。

（2）试练结合，鼓励引导。

教幼儿学习使用筷子等的进餐技能。

教师适时运用谜语、儿歌、讨论等方式激发幼儿的兴趣；通过试一试、练一练，让幼儿学习正确使用筷子等餐具的方法。

教师在区域活动中投放各种材料，让幼儿反复练习。

（3）尝试操作，自主选择。

设置情境，让幼儿尝试配餐。

开展自助餐活动，引导幼儿了解食物营养，学习营养配餐。

在进餐活动中，教师要抓住"温馨"二字，以及幼儿的年龄、心理特点，营造宽松、舒适的氛围，使幼儿如同在家一般的温馨中习得进餐的各种技能，逐渐喜欢吃饭、学会吃饭，吃饱吃好，养成文明进餐的习惯，最终使得进餐的活动温馨有序、其乐融融。

健康领域学习心得体会（摘录）

读《指南》健康领域的心得体会

——石泽满

《指南》在健康领域中明确指出："健康是指人在身体、心理和社会适应方面的良好状态。幼儿在健康领域学习与发展的主要内容就是围绕幼儿身体的健康和心理的健康而展开的。"

下面我就先从幼儿的身体健康发展方面谈谈我的一些看法。作为一名幼儿教育工作者，在工作中必须要把幼儿的身体健康放在首位，这是因为0~6岁的幼儿身体各个组织、器官和系统的正常发育与机能还不完善。比如，自我保护能力较弱，动作、身体不协调，经常容易摔倒，抵抗力差、容易生病，等等。这时，幼儿的身体又正处在迅速发育与发展的重要时期，关注和促进幼儿的身体健康是这个阶段保育与教育工作的首要任务，尤其是在小班阶段特别重要。

记得每到小班的时候，我们几位教师、阿姨会很关注孩子的健康发展。如鼓励孩子按时上学，引导他们积极参加晨练，做早操；培养幼儿的生活自理能力和良好的卫生习惯，教会孩子正确洗手、擦屁股、穿（脱）衣服和鞋袜、折叠被子的方法；落实一日三检工作（预防传染病），每天坚持带孩子到户外进行一个小时的锻炼、餐后散步，等等。另外，对于课室的消毒工作，即便保育阿姨做到了极致，也还是难免会出现孩子生病的情况，每天都会有一到两个发烧的或者咳嗽的，对此有个别家长不理解。记得有一段时间是流行性感冒的高发期，班里有个别孩子染上了流感，好了之后就回幼儿园上学了，但他体内的流感病毒还没有完全清除，于是就传染给了一些抵抗力差的孩子。因为交叉传染，导致有七八个孩子生病不能上学，家长心情非常焦虑，我们教师、阿姨也格外担心。

对于这件事，我及时召集家长开会，把孩子的健康问题拿出来跟大家一起探讨，希望得到家长们的高度重视并配合我们做好相关的保健工作。这件事情也让我深深地明白孩子的健康是相当重要的。孩子只有拥有了健康的身体，才能开心地生活和学习，否则一切都是空谈。我们班的大部分家长们都很积极配合，但也有个别家长无动于衷的。

另外一个典型的例子是，我们班的思思和蓝蓝是表姐妹，两人都属于起床困难户，每天上学几乎都迟到，一个学期下来，她们从未参加过晨练和早操；再加上吃东西过分讲究，父母过度保护，每天都向教师、阿姨千叮咛万嘱咐："今天她们不可以吃这个，不可以吃那个……"天气稍有变化，家长就马上叫我们给她们增添衣服等。虽然每次我们都会很有耐心地跟家长反馈她们在园的情况，针对她们过度保护的问题，我们也进行过多次的沟通和交流，但成效并不显著。这导致思思和蓝蓝经常生病，长得黑黑、瘦瘦的，脸上没有血色，午睡怎么鼓励、引导都不睡。

有一天下午，思思的妈妈接到思思后，在回家的路上，思思就已经呼呼大睡了。于是，思思妈妈很生气，立即发送朋友圈，晚上还打电话跟我说了这件事情，从她的语气中我听到了不满。针对这个问题，我觉得很有必要找她好好

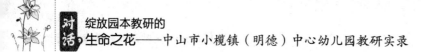
聊一聊。于是第二天下午，我们谈了有一个多小时，一起分析原因，寻找问题的解决方法，并请她和思思的爸爸配合好。

我们一起找到并分析问题的根源：

第一，在上幼儿园之前，家里给思思安排午睡的时间跟幼儿园不吻合，你们都是下午3点以后才入睡，而幼儿园则是中午12点准时入睡，孩子一旦形成了生物钟就很难更改和调整。

第二，虽然思思睡得早，但是起得晚，每天都迟到，有时候会闹情绪不肯上学。这样导致她没有任何时间概念，做事情很随意。因为不能按时参加早练，所以身体就得不到锻炼，运动量就不够，食欲就会下降，体质自然比别人差。

第三，因为她晚起，再加上没有足够的运动量，体能没有得到消耗，所以到午睡的时候，她的精神饱满，而别的孩子运动过后已经很累，于是很快会入睡。

第四，因为午睡没有睡觉，所以等您下午接她的时候，她一天的体力将近消耗完，坐上车自然就开始呼呼大睡，这也是很正常的。

随后我提出解决意见：

第一，周末在家里午睡的时间要调整成跟幼儿园一样。同时给她制定一份科学合理的作息时间表，并坚决执行；早上避免迟到，鼓励她按时上学、积极参加晨练和做早操。

第二，平时可适当增加她的运动量，晚饭后可以到小区进行适当的运动，周末多带她出去参加户外活动。

第三，在饮食这一方面不要让孩子养成挑食的习惯，什么食物都要让她尝试，并且让她多吃水果和蔬菜。这样时间久了，她自然而然什么食物都能适应了。

第四，在行为习惯方面，要教会她自己的事情自己做，养成自觉喝水、饭前洗手、饭后漱口的好习惯。

最重要的是贵在坚持和落实。

通过这次与思思家长深入地沟通，思思的情况明显好转了，虽然有时还是会出现迟到的现象，但比以前有了很大的进步；孩子生病的次数在慢慢减少，特别是午睡的问题，得到了很大的改善；在饮食方面也没有以前那么挑食了，父母看到孩子的改变也很开心。

这些事也让我更加明确，孩子的健康固然很重要，但做好家长的思想工作也同样重要，切莫忽视。我们教师一定要把健康育儿的知识传递给每一个家长，并引起他们的高度重视，尤其要告诉他们不能过度地保护孩子，不要让孩子如同养在温室里的花朵一样，经不起风吹雨打。我们要学会放手，让他们学会坚强勇敢地去生活。

我根据自己所学到的《指南》健康领域的精神，与家长进行心灵的沟通，使家园共育达到更好的效果，这才是真正意义上的学以致用。同时，我也发现，只有不断在实践中学习、反思，才能促进工作的进步，孩子们也才会更加健康地成长！

《指南》知识竞赛

——《指南》知识竞赛（内容包括健康、语言、社会领域）

按形式分为小小班、小班、中班、大班四组进行。

一、必答题

第一轮：

（1）为什么叫作《指南》，而不叫作《标准》？

（2）请简单说说《指南》的内容结构。

（3）如何正确理解"目标"与"各年龄典型表现"的关系？

（4）实施《指南》应把握哪四个基本原则？

第二轮：

（1）请说出健康的定义。

（2）健康领域包括哪三个子领域？

（3）三个子领域下面又包括哪三个目标？

（4）幼儿身心健康的重要标志是什么？

第三轮：

（1）请说说语言领域对其他领域的作用？

（2）请说说语言包括哪两个子领域？

（3）请说说语言的两个子领域分别包含了哪三个目标？

（4）请说说幼儿语言学习的特点。

第四轮：

（1）社会领域的学习与发展的实质是什么？

（2）社会领域所包含的子领域是什么？

（3）子领域下面分别有哪些目标？

（4）幼儿社会领域学习的特点有哪些？

二、抢答题（判断题）

（1）幼儿桌子的高度以写画时身体能坐直、不驼背、不耸肩为宜。

（2）幼儿每天的户外活动时间一般不少于两小时。

（3）为发展幼儿的平衡能力，可以经常与幼儿玩拉手转圈、荡秋千、转椅等游戏活动。

（4）幼儿每天的睡眠时间应保证8～9小时。

（5）应该为幼儿提供一些比较软的床，让幼儿睡得舒服一些。

（6）4～5岁的幼儿能在较热或较冷的户外环境中连续活动半小时以上。

（7）3～4岁的幼儿换新环境时，情绪能较快稳定下来，睡眠、饮食基本正常。

（8）应该每两年为幼儿进行健康体检。

（9）平时应多提供画笔、剪刀、纸张、泥团等工具给幼儿进行手工活动。

（10）在日常生活中应鼓励幼儿多走路，少坐车。

（11）5～6岁的幼儿能使用简单的劳动工具或用具。

（12）4～5岁的幼儿能以匍匐、膝盖悬空等多种方式钻爬。

（13）3～4岁的幼儿能连续跳绳。

（14）对于拍球、跳绳等技能型活动，应该使幼儿多加训练，达到一定的数量。

（15）平时要提醒幼儿不要拿剪刀等锋利工具玩耍。

（16）5～6岁的幼儿能根据需要画出图形，线条基本平滑。

三、情境表演题

请各小组通过抽签的方式决定选取领域，并从该领域中选取一个理论点，设计一个情境并表演。然后请组内的一名成员用《指南》中的理论和大家分析情境中存在的问题。

在实施《指南》过程中，对活动区游戏存在的问题及困惑的调查

一、阅读"《指南》解读"中的P242～P250（实施《指南》当以游戏为基本活动），提出您的问题及困惑

刘建琴：游戏中如何指导幼儿？如何在游戏中关注幼儿并反思我们的教育

行为？

陈秀全：幼儿在游戏中的学习效应如何？

蒲　凡：在游戏活动中，怎样能让幼儿既能遵守规则，又能开心地游戏？

焦淑燕：当幼儿在活动区中出现重复行为时，教师是继续遵循他的意愿、还是引导他尝试新材料？如何把握尺度？

张丽媚：游戏中的学习对幼儿具有哪些长远的效应？

陆　春：游戏的含义、分类是什么？

余嘉敏：教师如何落实以游戏为基本活动？

冯敏姗：若幼儿的尝试性行为与教师提出的要求相矛盾时，是否放任幼儿继续尝试？

叶穗明：如何提高教师对儿童游戏的把握，即如何指导儿童游戏的专业技能？

董　敏：如何才能真正做到以游戏为基本活动？

栾　阔：虽然游戏中的学习对幼儿的发展具有长远效应，但应该和集体教学活动进行合理、科学的交换。在实际活动中应如何合理安排？

陈　微："游戏是活动的基础。"但当教参中无法做出预设，而在实际游戏过程中出现了没有设想到的问题时，教师该如何灵活地处理？

刘健敏：在游戏活动中，教师应如何介入，介入的尺度有多大，才能让孩子在活动时获得更自由的空间？

胡　婵：怎样的活动区材料才能更有效地诱发幼儿的游戏行为？

陈倩蔚：如何平衡游戏中幼儿尝试新的玩法（如滑梯）与安全之间产生的冲突？

张雪媚：在我园现有的课程中，除了在区域活动中能充分体现游戏特质外，在其他环节中，游戏的成分是不够的，如何把游戏真正还给孩子呢？

黄春燕：怎样的材料投放能诱发幼儿的游戏行为？如何在观察分析幼儿游戏行为的前提下介入幼儿的游戏？

李甫易：为什么说游戏是促进幼儿学习与发展的重要途径？孩子学习一定离不开游戏吗？

钟小英：游戏中的学习对幼儿的发展具有长远效应是指什么？

石泽满：以幼儿园开展的课程为例，怎样把游戏真正运用到平日的教育教学活动中，达到各个环节都有游戏化的体现？

邓尔珍：关于尝试性行为，我们是该组织，还是任由儿童去发展？

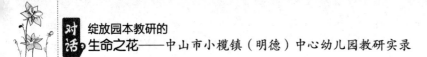

二、阅读"《指南》解读"中的P250～P257（活动区游戏环境的创设与《指南》中目标的实现），提出您的问题及困惑

刘建琴：如何把控班级活动区材料的开放性与封闭性？如何投放高结构与低结构的材料？

陈秀全：如何把握在活动区投放材料的开放性和封闭性？

胡玉意：如何在区域活动中有效地提高孩子的自主学习能力？

蒲　凡：在区域活动中，教师应如何针对开放性的材料给予幼儿更多有利的指导呢？

冯雄建：关于"活动区的材料投放与教学目标之间的关系"，有时投放的材料不能让幼儿在游戏中自然习得知识。

焦淑燕：如何开发更多开放性的低结构材料？

张丽媚：幼儿对阅读区不感兴趣，进区的人数较少，对此有什么建议和方法吗？

陆　春：如何总结开放式投放的方法与技巧？

余嘉敏：如何通过创设环境激发幼儿的认知冲突，让幼儿在不断的尝试中建构自己的经验？

冯敏姗：是否不应该投放高结构的材料呢？是否在投放材料时不需向幼儿介绍玩具要求，而让幼儿自主探索？

叶穗明：活动区的材料投放与教学目标之间的关系是什么？怎样设计一个与教学目标相符的、开放性的、低结构性的材料？

董　敏：教师如何设计与投放活动区的材料，使幼儿既喜欢，又能达到教学目标？

栾　阔：虽然游戏是所有幼儿都喜欢的活动，但不是所有材料都能诱发幼儿的游戏行为，教师应该怎样在投放材料时导出游戏？

陈　微：虽然材料有很多种类，但我认为幼儿在不同年龄段对不同材料的操作方式不同，是否需要每份材料都配有操作说明？

刘健敏：区域材料品种繁多，我们教师在幼儿开展活动中，应如何把握材料投放的数量，怎样才能让孩子保持对材料的兴趣？

胡　婵：现在班上所投放的一些封闭式材料是否对幼儿的发展毫无意义？

陈倩蔚：应如何理解安全性与挑战性的统一？室内如何有效地展示幼儿作品、主题物品？应考虑立体、美观，还是层次？

张雪媚：当孩子在区域活动中探索出新的玩法，但活动又要结束了，教师是该让孩子继续探索下去，还是直接结束？如果不结束又会影响下一个环节，应怎样取舍呢？

黄春燕：如何创设具有吸引力的活动区环境，使幼儿能自由、自主地参与各类活动区活动？

李甫易：活动区材料的结构化与目标是什么关系？如何通过创设环境来激发幼儿的认知冲突，让幼儿在不断尝试中建构自己的经验？

钟小英：什么是活动区材料投放的开放性和封闭性？活动区游戏的类别与功能有哪些？

石泽满：教师如何在观察分析幼儿的游戏行为的前提下介入幼儿的游戏？

邓尔珍：有些教师自制的材料枯燥单一，幼儿也不喜欢，那么教师是否不需要去花精力去设计？重点应该放在开放性材料的投放上吗？

三、阅读"《指南》解读"中的P258～P263（教师在活动区游戏中推进幼儿的学习和发展），提出您的问题及困惑

刘建琴：在区域活动中，教师应如何对放任不管、过度干预有一个很好的把握？

陈秀全：教师如何将五大领域进行融会贯通，也就是能够在一个游戏行为中体现多个领域的目标？

胡玉意：教师应从哪个视角来分析孩子的发展水平？

蒲　凡：在扮演区，教师应该如何更好地去指导幼儿的角色扮演与交往？

冯雄建：教师应如何有效介入幼儿的活动？

焦淑燕：当幼儿游戏与教师预设的主题不符，完全没有往教师预设的主题发展时（如合作表现），教师是该介入，还是顺其自然？

张丽媚：应从哪些方面判断介入幼儿游戏的时机？应从哪个视角来分析幼儿的发展水平？

陆　春：如何依据《指南》判断介入幼儿游戏的时机？

余嘉敏：教师如何判断自己的介入是否有效？

冯敏姗：若幼儿在一个情境中重复发生同一种状况，教师是否每次都应介入？

叶穗明：在游戏中，教师应如何做到适时、适宜地介入游戏？

董　敏：我感觉要做一位优秀的教师太难了，既要有发展意识，又要有课程意识；既想介入指导，又怕介入是否会引起负面效果；既要有为什么要此时介入的意识，又要清楚通过自己的介入，能帮助孩子获得怎样的经验和发展……越学越怕自己会误人子弟，感觉自己的心理压力增大，该怎么办？

栾　阔：虽然在游戏中有效介入能推进幼儿发展，还有三条检验标准，但如何介入、怎样介入呢？介入时机真的是重中之重，这关系幼儿是否能够得到积极的发展。

陈　微：当教学目标与幼儿的快乐游戏发生冲突时，教师对活动区材料投放的调整是否就一定有效？

刘健敏：教师要如何判断介入幼儿游戏的时机？怎样的介入才能不打断幼儿的游戏？当教师的介入与幼儿游戏发生冲突时，我们应如何抉择？

胡　婵：功利化干预是指教师过于在乎预设的目标，只要幼儿的行为与自己所预想的行为不一致，就马上进行纠正，这表明教师的行为是不恰当的。那么区域材料的设计也是有目标性的，又是否不正确呢？

陈倩蔚：对于一些多管闲事的幼儿，当他不能接受别人的探索或方法时，教师如何介入？

张雪媚：为什么教师设计了很多多功能的材料，孩子们却不太喜欢？而购买的材料虽然单一，功能少，孩子们却很喜欢？如何才能把孩子的注意力吸引到自制的材料上来？

黄春燕：如何依据《指南》来判断介入幼儿游戏的时机？

李甫易：判断教师介入和指导幼儿游戏的有效依据是什么？

钟小英：如何培养教师的两个意识，即发展意识和课程意识？怎样指导幼儿游戏时的目标意识？

石泽满：怎样科学合理地投放材料，从而达到教育的目的，让幼儿获得发展？

邓尔珍：如何判断介入幼儿游戏的时机？自己有时会盲目，有时观察分析完又怕错过纠正的时机。

《指南》融入一日生活的问题及困惑汇总

一、阅读"《指南》解读"中的P215～P225（为什么要把《指南》的实施融入一日生活中），提出您的问题及困惑

张雪媚：《指南》中有一句话："每个孩子能充满活力地按照自己的方式生活，这是决定教育质量的标志。"如果教师要让幼儿按照自己的方式去生活，那么具体该如何把握好这个度呢？太放任怕他们没有规则意识，管得太多又怕让幼儿感到压抑。

张丽媚：什么是转换环节？怎样理解一日生活中的转换环节？

陈倩蔚：如何理解教科书，教师如何使用教师用书与教材？

董　敏：如何发现一日生活环节中发生的有价值的问题？教师如何有技巧地解决问题？如何平衡解决突发事件和正常教育教学活动的时间？

钟小英：怎样更好地提供有利于幼儿生活自理的条件？当发现幼儿有纠纷时，该怎样去解决？

余嘉敏：一日生活各环节中都蕴含着哪些丰富的学习与发展契机？

叶穗明：什么叫转换环节（或过渡环节）？

胡玉意：教师应该如何有效解决孩子的问题？

陈秀全：怎样理解转换环节？

刘建琴：《指南》中指出，任何依靠教科书教授幼儿知识的教育都是违背学习特点和幼儿教育规律的，那我们有一部分的教科书算是吗？如何真正促进幼儿的成长？

石泽满：如何有效组织一日生活中的过渡环节？

冯敏姗：幼儿园的哪些活动可以让幼儿在家庭得到延续？什么叫作转换环节？

陈　微：一日生活中包括那么多领域的教育，能否减少一些课程，增加教师与幼儿的交流时间？

二、阅读"《指南》解读"中的P225～P235（关于一日生活的几个认识误区），提出您的问题及困惑

张雪媚：如何把握好赏识教育这个度呢？我班有个别家长思想比较先进，喜欢西化教育。对于孩子犯错也不以批评为主，而是希望通过赏识的方法去引导他改正；只要孩子说不要上学，要出去玩，家长就立刻带孩子出去玩。对于这种家长该如何引导？

张丽媚：在P225提到的关于一日生活的几个认识误区，结合我们班的实际情况该如何总结？

陈倩蔚：什么是生活本领？什么是生活知识？

邓尔珍：如何让家长也认同"应把教育融入一日生活"的观念？

钟小英：对于大班幼儿学不到上小学所需要的知识，怎样科学地向家长解释？入学准备包括哪些全方位的准备？

余嘉敏：幼儿学不到上小学所需要的知识，教师如何在家长压力和正确教育中取得平衡？

叶穗明：如果5+2=0怎么办？如何更好地做好家长工作？孩子在生活中学习的知识是琐碎的、不系统的，教师该如何引导？

陈秀全：遇到5+2=0怎么办？

刘建琴：生活本领、生活知识对幼儿后续的学习与发展具有哪些重要意义？

石泽满：如何转变家长的观念，让家长们真正知道生活本领和生活知识的重要性，而不是只重视学业知识。

邓尔珍：怎样将生活中琐碎、不系统的知识融合起来？

冯敏姗：如果5+2=0，教师将如何开展教育工作？为什么说幼儿教育比小学教育更需要强调生活的价值？

陈　微：在一日生活中，如何能更好地把幼儿的生活本领和生活知识相结合？

刘健敏：若孩子经过家园教育后，仍出现了5+2=0的现象，该怎么办？若孩子在生活中学习的知识是琐碎的、不系统的，教师该如何引导家长？

三、阅读"《指南》解读"中的P235～P241（怎样把《指南》的实施融入一日生活中），提出您的问题及困惑

张雪媚：《指南》指出："让教育自然地融入生活中，就是说孩子的教育要和现实生活结合起来。"但是我觉得除了让幼儿在幼儿园学习知识外，是否也要让孩子真正融入社会呢？如去商场购物，去菜市场买菜……

张丽媚：怎样让教育自然地融入幼儿当下的生活？

陈倩蔚：入学准备与小学面试的冲突是什么？

陈倩蔚：如何平衡生活环节和上课的关系？

钟小英：把《指南》的实施融入一日生活中是追求幼儿园教育的自然和无痕，让幼儿园教育与生活实现一体化。但为什么必须要这样做呢？小班新入学孩子不同性格、习惯、个体化的引导应怎样去进行？

余嘉敏：怎样才能让教育自然地融入幼儿当下的生活中呢？

胡玉意：你是怎样让教育自然地融入幼儿当下生活的？

陈秀全：如何研究幼儿的生活（在家）？

刘建琴：如何研究一日生活中的每一个环节，全面支持幼儿的学习与发展？

石泽满：怎样做到把教育真正地融入幼儿的生活？

冯敏姗：书中提到"原体验"，该如何理解这个词？

陈　微：如何能更好地收集生活内容及知识，并将之运用到教育中？

刘健敏：如何将生活教育的内容和知识更好收集在教育教学活动当中，并予以使用？

四、总结与分析

《指南》的学习历程：

1. 第一个历程是教师与《指南》文本的对话，让教师自学《指南》，以"《指南》解读"为支持，建立起《指南》的知识框架

我园业务学习的重点是讲解《指南》的第一部分健康领域，通过三次《指南》中健康领域的学习，现梳理以下几点：

（1）《指南》健康领域的第一次学习。解读《指南》中健康领域的三个目标，设计了《指南》健康领域复习提纲，教师们通过学习提纲和测试复习，可以掌握《指南》中的主要内容。

（2）《指南》健康领域的第二次学习。教师复习相关内容，并进行小组讨论与学习，把《指南》中的目标和我园在健康领域方面实施的情况进行对比。讨论的问题有：结合我园实际情况，举例说明在开展体育游戏的过程中怎样有效利用我园现有的场地及器械等问题，以及在各个区域活动中提供哪些材料，教师们都给出了很好的建议。例如，体育游戏中的走、投掷、跳都可以采用一些简单好玩的小游戏，为幼儿提供丰富的材料。学习《指南》里面的内容是为了更好地指导教师们在各个领域开展活动。教师们结合我园实际情况，根据《指南》健康领域中的目标，总结了幼儿安全教育的方法、教师对待犯错幼儿的方法和教师控制自己情绪的方法。这些解决问题的方法体现了教师们认真学习了《指南》，重点掌握了《指南》的主要内容。

（3）《指南》健康领域的第三次学习。通过前两次学习，教师们对健康领域的目标和内容有了一定的了解与掌握。接着，教师们根据我园幼儿进餐现状，总结出各年龄阶段幼儿进餐过程中的指导要点和注意事项。这次学习不仅是对《指南》理论的学习，更体现了幼儿一日活动的每一环节都渗透了《指南》的思想。只要教师学以致用，就能发现教育活动和生活活动处处体现着《指南》的精神。

（4）通过《指南》健康领域的三次学习，教师们领悟了《指南》的精神，掌握了《指南》的重点内容。教师们的心得体会也写得很充实。其中，石泽满老师从班级幼儿的实际情况出发，发现个别幼儿睡眠和饮食问题，结合《指南》的学习，给家长提出解决的方法。第一历程的教师与《指南》的文本对话取得了很大的收获。

2. 第二历程是教师与《指南》找差距对话

（1）《指南》里的检核表是让教师们在教育建议方面对照《指南》找差距，明晰自己努力的方向。教师对各领域都有一定的理解，都是基于自己的教学实践经验得出看法和教育理念，而《指南》的教育建议更加全面和客观，给教师们树立了正确的教育观和儿童观。通过两者对比，教师会更加清楚自己的局限性，确定自己努力的目标和方向。

（2）我园利用小组讨论的方法，在《指南》健康领域中通过一些实例，让教师提出我园教育实践中存在的共性问题。我园结合实际情况，让教师对照《指南》找方法。在学习的过程中，教师深有体会，真正地把《指南》内容落到了实处。

3. 第三历程是教育实践与《指南》的对话

《指南》作为支持和引领幼教工作者前进的重要文件，最重要的是将其应用到我们的教育实践中去，而不是束之高阁。我园带领教师们用《指南》指导区域活动的开展和指导一日活动的开展，并且取得了很好的效果。

（1）用《指南》指导区域活动的开展，让教师阅读《指南》中关于活动区游戏的章节，并提出问题和疑惑。在"实施《指南》当以游戏为基本活动"中，教师普遍反映幼儿在游戏中的学习效应是怎么产生的，教师如何在游戏中科学地引导幼儿，这些问题都是他们迫切想要了解和学习的。教师要如何创设活动区的游戏环境、如何发挥教师在活动区中推进幼儿学习和发展的作用等问题与教师教育实践息息相关。通过分析案例和解决教师的疑惑，能够更好地促进我园区域活动的开展。

（2）用《指南》指导一日活动的开展。如何把《指南》中实施的内容融入一日生活中是一个很重要的话题。一日生活中涉及各个领域的教育，许多教师都在这方面存在疑惑和问题，例如，如何发现一日生活中产生的有价值的问题？怎样有效地组织一日生活中的过渡环节？……通过《指南》寻找解决方法，能更好地优化一日活动的时间安排及流程。

我园利用多种方式、多种途径，全面深入地让教师学习《指南》内容，领悟《指南》精神，让《指南》精神之花开遍每一个角落。

温馨小策略

（1）在学习《指南》的过程中，幼儿园管理者的思路要清晰，要明确学习的方向，要明晰不同阶段的学习重点，只有这样，才能带领教师们在学习

《指南》的路上不断前行。

（2）自学与讲座相结合、复习提纲与知识竞赛相结合的方式让《指南》学习之旅既布满荆棘，又充满欢声笑语。理论学习是枯燥的，但也是很有必要的，它为我们后续的学习奠定了重要的基础。生动有趣的知识竞赛来自身边教育实践的实例，让《指南》回归实践，使《指南》精神真正落地生根。

（3）要有实事求是的原则，《指南》是指导性文件，为我们的实践指明了方向。但我们在实际工作中却不能生搬硬套，而是要结合本园的实际情况，找出教育实践中存在的共性问题，恰当地使用《指南》，使《指南》精神真正落到实处。

第五节　万紫千红才是春

——级组专题教研

第一部分：我们的做法

现在，幼儿园门口伫立的白玉兰已经长成了参天大树，它陪伴了一批又一批的孩子在树荫下快乐游戏，开心玩耍，见证了他们从牙牙学语到幸福地走向小学。白玉兰沁人心脾的清香也同样陪伴着我园教师的成长。从以前松散的备课到有组织的教研，再到在对话中渴求专业成长，教师们在时代发展的要求下，在幼儿园创设的氛围中，在自身的不断努力下，朝着自己的方向进步着，让我们欣喜地看到了那一园万紫千红才是春的繁荣景象。

级组教研就是这个绽放美丽春天的重要阵地，级组教研因需要而生，承担着解决级组中很多共性问题的任务。为了更好地发挥这个组织的作用，我们在教研过程中不断探索，从主要以常规教研为主逐步过渡到常规教研和专题教研相结合。级组专题教研的开展为每一位教师更充分地展示自己，让每朵鲜花都绚烂地绽放创设了良好的条件，在时间上为其给予了充分的保障。

级组的专题教研在不断探索中逐步完善，从一开始的害怕、抗拒、不知如何选题到现在能清楚地看到班级存在的问题、研究的方向，并能将专题教研与教育实践很好地结合起来，这个过程充分展现了教师们专业水平的提升。在专题教研中，教师们在不停地转换着角色。她们时而充当着主持人，时而充当着记录人，时而充当着参与者，这样的角色转换让教师们时刻保持着参与的热情。专题教研既来源于教育实践，又回归于教育实践。这种回归是一种质变，一种提升，一种让教师们感受到快乐的学习方式，它激励着教师们在专业的道路上更有信心地前行。

第二部分： 对话实录

以下是我园部分教师在开展级组专题教研过程中的一些对话实录。这些对话展现了她们进步的踪迹。

大三班主题教研
——"如何组织幼儿做计划"的对话实录

主持：叶穗明

记录：胡惠琳

地点：会议室

时间：2016年11月17日

主题教研内容：如何组织幼儿做计划

叶穗明：大家好，今天我们级组教研的主题是：在个别化学习中"如何组织幼儿做计划"。

一、做计划的重要性

为什么要做计划？制订计划是让幼儿主动学习的起点。当今，幼儿教育改革的一大趋势是培养幼儿主动学习的能力。让幼儿在区域活动时自主地选择活动是培养幼儿主动学习的重要方式。教师应让幼儿自己学会确定自己的选择，而不是教师试图去影响幼儿的选择。让幼儿自己来制订计划就是让幼儿主动学习的起点，他们会发现，自己能使某些事件发生，自己可以做出决定，自己可以根据自己的决定来行动。也就是说，他们自己可以主宰活动。

二、在组织幼儿做计划前要准备什么

寻找金点子1：你们班是怎样划分活动场地的？

叶穗明：请教师们来说一说自己班是怎么划分场地的？

董　敏：我们班共分为七个区域，除建构区和表演区在课室外面，其他区域都在课室里面。做完计划后，孩子们是坐在课室中间的空地。

周圣丹：我们班分为六个区域，因为我们班的孩子吃完早餐会玩玩具，所以走廊没贴线。表演区和建构区也是在课室外面，课室里面则是其他四个区：美工区、操作区、阅读区、益智区。孩子们做完计划后也是坐在课室中间，并且贴有简单的标记。

刘健敏：我们班的建构区在课室外面，孩子们吃完早餐后走蒙氏线，因为课室场地比较小，所以做计划提问时，我们是坐回自己的位置上面的。

叶穗明：我们班的场地是这样划分的，孩子吃完早餐出来走蒙氏线，走廊被分成两边，男孩一边，女孩一边。课室分为四条线，孩子们能按照格子对齐来坐，非常整齐，也不会乱坐。

寻找金点子2：你们班的进区卡和计划表是怎样设计的？

叶穗明：请各班教师也说一说。

董　敏：我们的计划表，上面一栏是有优先权的小朋友，他们的牌子先放在那里，其他的孩子吃完早餐后，把计划牌放在想进的区那里。优先权的小朋友一来幼儿园就可以直接把牌子放到他想要去的地方。我们的进区卡都是孩子的照片，区域牌是按实际图片贴上去的，比如阅读柜，我们都是把那个柜子拍下来再贴上去的。

叶穗明：嗯，我们班和大家都是大同小异的。我们的计划牌上面也有五个优先权，分别有九个区。下面也是分了太阳组和月亮组，月亮组是单数，太阳组是双数。我们进完区还有一个分组，根据这个分组，孩子们就知道自己是在哪一组上课。计划表是这样的情况。进区卡上面有图片和学号，从小班到现在都是用这个标志。

中三班计划表、进区卡如下图所示：

寻找金点子3：你们班有什么点子营造进区氛围？

叶穗明：请大家说一说，在做计划之前，你们是怎样营造这个气氛的？中二班先来说说吧。

周圣丹：我们一般在进区之前都会放些音乐让孩子们走线，让他们慢慢地安静下来。

叶穗明：中四班呢？

陈　微：我们会教孩子们一些材料的玩法等。

叶穗明：那进区的氛围是怎样的呢？

刘健敏：我们也是用音乐来调节气氛，还有手指游戏等。

董　敏：我们是过渡环节，有些小朋友还没吃完早餐，这时我们会组织吃完的孩子坐下来以谈话的方式聊聊，或者玩一下手指游戏、唱唱儿歌、讲讲故事，等等。主要以谈话为主。

叶穗明：我们班进区的整个环境氛围都是以音乐为主。我觉得音乐比下指令更加有效，可以用音乐来指挥整个进区的过程。比如收玩具、走线，我们都是用不同的音乐传达，孩子们听到这个音乐就知道该做些什么。

三、幼儿做计划的流程

叶穗明：我们班每天都有5个孩子会获得优先权，他们除了可以优先做计划外，当天也是备受教师关注的对象。而且当我们回顾的时候，还要把他们请出来向同伴介绍。

叶穗明：

（1）有优先权的孩子提前一天就要想好自己要去哪个区，要做什么。教师会重点关注那5个孩子，当然，回顾也是由那5个孩子先来回顾做过的活动。早餐后，孩子们自行做完计划就会出去走线；听到集合音乐后，一个一个走进教室，拿着垫子坐下，之后就是我们的集体谈话时间。

（2）首先会安排孩子们看看书，讲讲故事，猜猜谜语，或者预知材料，分享阅读里面的一些趣事，还可以做做手指游戏。等到差不多人齐了，教师就可以提问被关注的5个孩子。

（3）我们可以来看看视频（播放提问被关注孩子的视频）。因为孩子们刚升入中班，所以我们只是简单地问问孩子们：今天你要进什么区，进到区域想做些什么？在小班的时候，他们就只会说，今天我想到阅读区看书，我想看××书，但是升上中班之后，他们就可以比较详细地说出书本里的内容。做完计划后，就准备进区了。因为人比较多，教室比较窄，所以孩子们争先恐后如潮水般地进入区域（播放孩子们一组一组进入区域的视频）。

四、金点子时间

叶穗明：现在是金点子时间，你们班做计划的环节还有什么不同的做法吗？

我们班是有优先权的小朋友先做好计划，其他小朋友吃早餐，然后做计

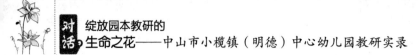

划。小朋友做完计划就开始走线；接着拿垫子坐好，开始谈话，做手指游戏或讲故事，之后就可以进区操作了。

那你们各班和我们班的模式有什么不同呢？大家应该也有很多的金点子，互相听听其他班有什么不同，借鉴学习一下。谁来说一说？

董　敏：我们班没有走线的时间，区域活动时间安排比较紧张。我们会花比较多的时间坐下来谈话，然后进区。

叶穗明：那吃完早餐的小朋友都做些什么呢？

董　敏：谈话。一个教师组织谈话，一个教师负责看孩子吃早餐。等其他孩子吃得差不多了，另外一个教师过来了，我们才开始正式做计划。做完计划后，我们会根据情况，或者请被关注的孩子先离开，或者请有红色垫子的小朋友先离开，或者请穿什么颜色衣服的小朋友先离开。每一天都不一样，有多种方式，不一定按组。

叶穗明：挺好，这是金点子。请中二班来说说。

周圣丹：我们也是没有走线的时间，进区的时间也比较紧。走完线后，玩的时间就比较少了，于是我们让吃完的小朋友自行到阅读区看书。等到孩子们差不多吃完了，我们就开始介绍材料。

叶穗明：中四班呢？

刘健敏：我们班因为课室比较小，所以吃完早餐后，小朋友就会出来走线。

叶穗明：你们的线在哪里？

陈　微：线在课室外面。做完计划后，我们是集体进区。因为课室比较小，没有位置，所以区域都在课室，必须同时进行。

叶穗明：谢谢各个班的金点子。其实做计划时，针对不同年龄阶段的小朋友，我们会有不同的要求。可能以前小班和中班初期按这样的形式已经可以了，但慢慢到了中班下学期和大班，我们就需要做些调整。我自己考虑过，也和同组教师探讨过，同时请教了其他的教师。我想可否从现在单一的进区卡过渡到用表格的形式放进区卡呢？（出示表格）除了这个，我们还可以用记录本。人手一本小本子，挂在墙上，做计划时拿下自己的本子，去到每个区域可以用笔在本上画一些画，或者盖印章。能力很强的幼儿也可以集体进行讨论进区。

我暂时就是以上想法，但还需要通过实践来证实究竟行不行。孩子们要做到自己决定方向，不但能把自己想做的用嘴巴说出来，还能用笔、本子表达出来。今天我们中三班和大家分享的"如何做计划"就到这里，谢谢大家的金点子。

其实每个班因为场地不同，都有自己不同的做法。下星期，我会好好地向每个班学习。有时候觉得自己做得不错，但听过、看过你们的分享后，真的觉得自己还有很大的进步空间。我会继续向大家学习，让自己有更大的进步，谢谢大家！

K2-A班专题教研
——如何有效使用"家园彩虹桥"的对话实录

教研主题："如何有效使用'家园彩虹桥'"

主持人：黄春燕　李甫易

参与人员：中班级组的全体教师

黄春燕：今天，我们教研的主题是："如何有效使用'家园彩虹桥'"。
活动流程是：

（1）游戏：培养专注力。

（2）如何使用"家园彩虹桥"。

（3）共同探讨。

（4）总结。

下面进行第一环节，请教师们一起来玩一个游戏，找出下面的图案。（教师们开始思考）有哪位教师可以回答？

胡　婵：全部找出来了。

黄春燕："家园彩虹桥"的形式有"本周热点、温馨提示、本周关注、亲子游戏、老师的话、爸爸妈妈的话"。我们是否都需要这些呢？下面请教师们共同探讨以下问题："爸爸妈妈的话"需要每周都写吗？写"家园彩虹桥"时你有什么困惑？说说自己班"家园彩虹桥"的亮点，以及如何有效地使用"家园彩虹桥"？

（1）"爸爸妈妈的话"需要每周都写吗？

张雪媚：有必要，而且每星期要写一次和教师反馈。

蒲　凡：因为爸爸妈妈不是每天都能见到教师，所以可以通过这种方式和教师紧密地沟通。

柳懿君：可以让教师看到孩子在家的表现。

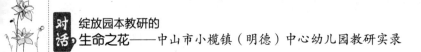
胡　婵：不同的家长意见反差很大，有的家长觉得每天都有说不完的话，需要和教师沟通，有的家长觉得没有东西可写。

石泽满：觉得每周写很有必要，孩子随时都有新的变化，通过这种方式可以和教师及时反馈。

钟小英：家长接孩子放学时，都想和教师聊几句，但是很多时候见不到教师，于是"家园彩虹桥"就可以成为爸爸妈妈和教师沟通的媒介。

黄春燕：家长通常会在家里观察孩子的表现。如果有表现不好的，可以写在上面让教师去和孩子沟通或者提出建议，比如，教师在幼儿园可以以什么的形式去改变孩子等。

（2）在写"家园彩虹桥"时，你有什么困惑？

张雪媚：有时候在"本周关注"一栏提到本周学的歌曲，因为没有资源，所以家长和孩子们不能有效互动。但有一些音乐可以在网上找到，这时我们会发到班级群里和家长们分享；没有找到的话，家长也很难和孩子进行互动。

柳懿君：我已很用心去设计，取得的效果也较好，暂时没有什么困惑。

石泽满：使用得比较好，没有什么困惑。

（3）说说自己班的"家园彩虹桥"的亮点。

石泽满：一是及时向家长反馈本周的各项活动以及相关注意事项；二是提前告知下周的内容，让家长提前了解并配合做好相关工作。

蒲　凡：一是每星期都会附一张孩子成长档案的照片，记录孩子们成长的点滴；二是每星期都会及时反馈家长的信息，并向家长提建议。效果比较显著。

胡　婵：一是针对"爸爸妈妈们的话"一一进行批阅、回复，有效地进行互动；二是每周捕捉孩子们学习生活中特别珍贵的画面，以照片的形式粘贴在"家园彩虹桥"里面，使"家园彩虹桥"有文字、照片的互动，内容更加丰富。

（4）说说如何有效使用"家园彩虹桥"。

中一：一是设计合理；二是准备充分；三是参与热情要激发；四是提高家园互动的效果。

中二：根据班级的条件随时做一些调整。

中三：根据课程可以布置一些亲子作业，还可以增加一些课堂以外的内容。将家长写的评语及时读给孩子听，让孩子知道最近有哪些进步和哪些需要改正的地方。

（5）总结。

黄春燕：每周我们都会很认真地翻阅"家园彩虹桥"，并在每周一的谈话时间里说说孩子们在家表现好的方面和一些有待改进的地方。其实，我觉得"家园彩虹桥"对孩子来说是可以记录他们在幼儿园成长的记录本，还可以通过他们把"家园彩虹桥"交给爸爸妈妈，在这个传递的过程中培养他们的责任感。同时，每周写"爸爸妈妈的话"也是有必要的，可以帮助教师去引导孩子，还可以帮助孩子改正各种不良的生活习惯和行为习惯，等等。同时，也可以帮助家长把家里遇到的一些难以解决的问题提出来大家一起讨论，增加家长和教师的沟通。

黄春燕：那么该如何做好前期准备工作呢？

怎样让"家园彩虹桥"发挥好它的作用，前期准备工作和后期跟踪特别重要。

前期准备工作包括：

（1）真实分享。例如，把厨房区、爸爸妈妈故事团、热心的爸爸妈妈等分享在"家园彩虹桥"上，目的是表扬参与的爸爸妈妈，鼓励更多的爸爸妈妈积极参与。

（2）活动延伸（亲子游戏板块）。

注意：①选材适合本年龄阶段；②选教师熟悉的题材（是教师提前了解、操作过的）。

（3）文字精简，关键词加粗或者加下划线，文字之间保留行距。

黄春燕：做好后期跟踪工作。包括做好后期检阅工作，盖上印章或用简单的话做回应；在检查"家园彩虹桥"时，做到及时表扬、及时引导、及时回复。形式可以有电话、短信、文字等。

K1-A班专题教研
——"温馨进餐"的对话实录

活动主题："温馨进餐"
主持人：冯雄建
参与人员：小班级组全体教师

冯雄建：亲爱的老师们，下午好！我今天专题教研的内容是"温馨进餐"。为什么我会选择这一个专题呢？因为我发现，我们班孩子在进餐的时候有很多不良习惯，比如喜欢聊天，吃得慢，挑食，等教师、阿姨喂食，等等，使原本轻松愉快的进餐环境变得紧张；而有的阿姨也经常会催促幼儿快点吃，使幼儿感到焦虑不安，降低食欲。

《指南》中指出："幼儿园健康教育应树立正确的健康观念，在重视幼儿身体健康的同时，高度重视幼儿的心理健康。"心理健康是提高整体素质的基础，教师应将身心和谐发展的儿童观渗透到幼儿一日生活。加强幼儿园进餐环节的组织和指导，对促进幼儿身体及心理的健康发展具有不可替代的作用。

一、进餐环节中的常规要求和指导要点

1. 进餐前

（1）营造良好的进餐环境。

（2）帮助幼儿有序做好餐前如厕、洗手活动。

（3）用形象有趣的语言向幼儿介绍饭菜的营养，激发幼儿的进餐欲望。

2. 进餐中

（1）能根据幼儿的进食量盛饭，做到少盛勤添。

（2）帮助幼儿自己取菜，提醒幼儿端平、慢走、轻拿轻放。

（3）鼓励幼儿吃各种食物，在教师的帮助下，幼儿能吃完属于自己的那份饭菜。

（4）指导幼儿使用小勺进餐，提醒幼儿喝汤时两手端平饭碗，避免洒出。

（5）帮助幼儿学习吃带壳、带皮、带核食物的方法。

3. 进餐后

（1）帮助、指导幼儿学习饭后擦嘴、洗手、漱口的正确方法。

（2）指导幼儿将餐具分类放在固定的容器里。

（3）等待幼儿进餐结束后，自己进行座位清洁。

（4）组织幼儿餐后散步、做户外观察等安静活动。

二、在进餐环节中我班孩子存在的问题与应对方法

问题一：独立进餐有困难。

有的幼儿吃饭时坐着不动，等待教师来喂饭。

应对：语言鼓励。

教师用亲切的口吻提出一个很容易做到的小要求——只吃一小口。在幼儿克服困难吃下一小口时，教师及时鼓励："你真棒！""你真了不起！"等等，以及精神上的鼓励，如一个甜甜的微笑、跷起的大拇指、一个亲吻，等

等，以此来调动幼儿的食欲，使幼儿在愉悦的状态下，不断进步。

问题二：部分幼儿偏食、挑食。

有的幼儿遇到香菇、洋葱、香菜等有特殊味道的食物时，会皱着眉头说"好难闻""不想吃"，还有的幼儿吃到不喜欢的食物时会嚼一嚼就吐出来。

应对：趣味引导，操作体验。

用有趣的语言引导幼儿尝试吃不喜欢的食物，并及时鼓励，循序渐进。针对幼儿不喜欢的食物，重点开展实践操作活动。让家长配合，让幼儿适当参与买菜、择菜、洗菜等简单的过程，加强幼儿对事物的了解，从而不再抵触，产生喜欢吃的愿望。

问题三：不会正确使用餐具。

有的幼儿不会拿勺子，在舀饭时，整只手握着勺子，舀不起饭菜甚至将饭菜洒在桌子上或者直接用手抓饭吃。

应对1：环境准备，投放材料。

在日常区中投放训练手部精细动作的材料，让幼儿通过操作渐渐掌握握勺子的技能。

应对2：说做一体。

学习儿歌《握小勺》：

大拇哥，二拇弟，还有高个子，

一起来，握小勺，一口一口舀饭吃。

应对3：进行自助餐训练。

提供各种餐具，如夹子、大小不一的勺子、筷子，让孩子利用餐具，根据自己的需要选取食物进餐。

问题四：吃饭掉饭粒。

有的幼儿因为不会正确使用餐具，或者没有保持桌面和地面整洁的意识，所以在进餐时经常掉饭粒。

应对：后果法。

让幼儿餐后自己清理饭粒等垃圾，通过让幼儿亲身体验掉饭菜带来的麻烦，提高幼儿保持餐桌和地面干净的意识。

三、话题讨论

1. 您认为幼儿园"温馨进餐"应包括哪几个方面的内容

余嘉敏：我认为幼儿园"温馨进餐"应包括以下几个方面的内容：

（1）教师了解幼儿进餐时的心理特点是营造健康进餐环境的前提。

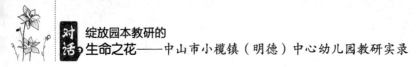
（2）教师创设宽松的就餐环境有助于促进幼儿的食欲。

（3）教师可以为幼儿创设一个自我服务的机会，如让幼儿当小班长，帮阿姨拖地、收拾桌子等，以此来诱使幼儿更有动力，进而促进食欲。

陈秀全：我认为幼儿园"温馨进餐"包括以下几方面内容：

（1）餐前让幼儿有心理准备，如听音乐、听故事，等等。

（2）进餐时让幼儿保持安静，保持桌面整洁，做到不挑食。

（3）进餐后让幼儿做整理，如洗手、擦嘴、漱口，等等。

（4）进餐后让幼儿散步。

陈泳仪：我认为幼儿园"温馨进餐"包括以下几方面内容：

（1）餐前让幼儿准备洗手。

（2）与幼儿进行餐前谈话，介绍食物及进餐注意事项。

（3）引导幼儿进行取餐、进餐，以及餐后的整理，漱口、散步，等等。

任江艳：我认为幼儿园"温馨进餐"应让幼儿进行餐前、进餐中、餐后的收拾整理。

黎倩仪：我认为幼儿园"温馨进餐"包括以下几个方面内容：

（1）餐前让幼儿洗手。

（2）餐前让幼儿做演讲、手指操，讲故事。

（3）进餐（包括音乐、师幼间的互动）时讲究礼仪（包括说话方式、讲卫生）。

（4）餐后保持桌面的清洁。

谢　峰：我认为幼儿园"温馨进餐"包括以下几方面内容：

（1）教师营造良好的进餐氛围，不让幼儿在餐前做剧烈运动或介绍午餐的食物，让幼儿有更好的食欲。

（2）让幼儿自己拿餐并安静地进餐，倾听轻音乐。

（3）用餐完毕，让幼儿自己收拾好餐具，清洁桌面。

邓尔珍：我认为幼儿园"温馨进餐"包括以下几方面内容：

（1）教师营造良好的进餐环境，餐前让幼儿洗手。

（2）餐中教师要鼓励、引导孩子。

（3）餐后让幼儿漱口、擦桌子、擦嘴巴。

冯雄建：我认为幼儿园"温馨进餐"包括以下几方面内容：

（1）教师营造安静的环境。

（2）让幼儿进餐时保持愉快的心情。

（3）让幼儿喜欢多种食物，饭量适中，营养均衡。

（4）让幼儿安静进餐，养成细嚼慢咽、餐后有序整理的习惯。

2. 结合自己班的实际情况，说说您是如何营造"温馨进餐"的氛围的

余嘉敏：我们班首先播放轻音乐，减少噪声和教师的催促；进餐前了解幼儿的进餐情绪，进行个别交谈安抚幼儿。

陈秀全：我们班首先让幼儿在餐前先倾听音乐或者故事，然后告诉孩子食物对身体的好处，偶尔也会用小奖品来奖励个别孩子。

陈泳仪：我们班教师会在餐前和孩子谈谈今天吃的食物是什么，引起孩子的兴趣。接着播放轻音乐让孩子进入进餐的状态。同时，教师会用语言鼓励孩子自己动手，表扬做得好的小朋友，用榜样的作用来激发其他孩子。

任江艳：我们班在进餐前播放轻音乐，通过倾听故事的方式引导孩子，提醒孩子进餐时不要讲话。引导孩子看一些反面的进餐图片，和孩子一起讨论这样做对吗、应如何避免、怎样做才对呢，餐前给孩子介绍食物的营养价值，让幼儿有进餐的欲望。

陈倩蔚：我们班首先会在餐前进行安定情绪的活动，教师要做到轻声细语管理好自己的情绪；接着播放轻音乐，创设温馨的氛围；和阿姨一起用少量多添的方法来增加孩子进餐的自信心。

张丽媚：根据我们班的实际情况，教师会在进餐前告诉孩子，今天的食物有什么，从而激发孩子的食欲；然后播放一些轻音乐，营造安静的氛围；当孩子在进餐的时候，我会告诉孩子不能一边说话，一边吃饭。

黄晓红：结合我们班的实际情况，餐前不和孩子进行激烈的运动，介绍食物含有的营养成分。

黎倩仪：结合我班的实际情况，教师要轻声细语地和孩子说话，为孩子创设安静的环境；播放轻柔的音乐；餐前不做太激烈和兴奋的活动；教师给孩子以正面的鼓励。

谢　峰：我们班有小部分孩子进餐时比较喜欢聊天，于是在餐前我会讲故事告诉孩子吃饭聊天会呛住等的危害性；在取餐的时候，孩子会按照指定的路线取餐；教师会要求孩子慢慢走，不可以跑；在孩子进餐的时候，我们会播放轻音乐。

冯雄建：大家的好方法值得我们在日常教学中借鉴，希望在未来的日子

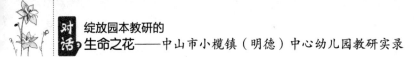
里，通过大家的努力和坚持，能培养孩子从小养成良好的进餐行为和习惯。谢谢！今天的专题教研到此结束！

第三部分： 总结与分析

通过梳理级组专题教研的相关资料，我们总结出了以下几个方面：

（1）级组专题教研目的明确，围绕一个主题进行，比较有针对性。例如，大班的级组专题教研中提出个别化学习中"幼儿如何做计划"作为主题，这是个别化区域活动的其中一个环节，整个级组就围绕这一环节进行详细的探讨。每位教师总结本班幼儿在个别化学习中做计划的现状，从实际出发，才能产生针对性的改变。对话实录中还有图片展示，能更加直观地反映每个班的做法，其他教师可以学习好的经验，最后各抒己见。

（2）级组专题教研流程清晰明了，没有多余的环节。级组专题教研是为了解决教师们在实践中遇到的问题，一场成功的教研讨论既能够让教师们得到解决问题的办法，也不会浪费教师们的时间。整个活动流程要清晰，重点明确。例如，中班级组专题教研：有效使用"家园彩虹桥"，主讲人一共抛出四个问题，这四个问题都是教师们所关注的、想要解决的问题，最后主讲人可以总结整个活动，分享好的做法。

（3）级组专题教研的主题贴近教育教学实践，教师从日常的教育教学活动中寻找答案，解决问题。教师们在日常教育教学活动中未注意到的问题都有可能出现在级组专题教研中。在大班"如何组织幼儿做计划"主题教研中，多数教师们关注幼儿这一方面，而忽略了环境的影响。主讲人则关注到这一点，于是首先询问教师们：你们班是怎样划分活动场地的？如何根据班级的活动场地，营造一个进区氛围，再组织幼儿做计划？还有中班级组专题教研中，主讲人提出一个问题：爸爸妈妈的话需要每周都写吗？这个问题虽小，但教师们肯定都有自己的想法。这些小的切入点都很好地体现了主讲人的细心细致、考虑周全，善于挖掘日常教育活动中有价值的问题的优点。

（4）通过级组专题教研，教师们的教育教学水平不断提高；在级组专题教研中，每位教师都能更充分地展示自己，不断地转换角色，从而使专业水平得到提升。例如，小班"小班幼儿常规教育的培养"专题教研中，主讲人是小班级组中的陈老师，她详细地讲解了常规教育的重要性，总结了九种培养幼儿的常规方法。作为一名主讲人，首先要做好教研活动的前期工作，如确定主题、搜集资料、组织活动，每一个环节都需要主讲人精心准备，以确保级组专题教研的顺利开展。级组专题教研让教师们时刻保持着参与的热情，激励着教师们在专业的道路上更好地前进。

通过总结小班、中班、大班级组专题教研的做法和想法，结合级组中存在的共性问题，使我们更加明晰级组教研的重要作用。与此同时还存在一定问题需要我们去了解和改善。

一是每个级组应该关注该年龄段幼儿的年龄特点。例如，大班级组专题教研中，个别化学习该如何组织幼儿做计划，教师首先要考虑的是大班幼儿的年龄特点，他们的身心发展水平到达了哪一个阶段，大班的教师要有一个一致的理念，这样有利于制订适合幼儿进区的方案。

二是理论与实践相结合。在级组专题教研中，教师讨论的都是教育教学活动中遇到的问题，也是亟须解决的问题。在教研活动中，教师们都纷纷提出自己的看法，还有相关的建议和做法。不过很多都是教师们丰富的实践经验，还需要寻找一些教育理论来作为支撑。主讲人可以为教师们提供一些关于这次教研活动的理论书籍，让教师们提前预习。在小班"温馨进餐"专题教研中，教师们总结了很多好的方法，适用于小班教育活动，但大家有没有想过，为什么这个办法适合小班幼儿，如果换成大班的孩子，又适用不适用呢？这个时候，主讲人可以向教师们推荐相关书籍，教师们可以通过阅读相关书籍，将理论与实践相结合，进而提升专业水平。

第四部分： 温馨小策略

（1）万紫千红才是春，级组教研想要成为百花齐放的园地，就要有一个自由宽松的环境，让教师们自由发声，自主选择教研课题，轮流当主讲人，让每位教师都有机会展示自己，给她们创造良好的条件。

（2）课题研究理论的方向要与教育实践相结合，每一次的级组专题教研都是一次课题的讨论，不仅要看到教育实践遇到的问题，还要深入挖掘课题研究的价值；要给予教师充足的时间，使教师深入全面地剖析问题，总结好的方法并推广。

（3）园方要为教师提供更多物质上和精神上的支持，一是组织教师多出去参观、学习和交流；二是提供给教师们足够的设备，如书籍、多媒体等。只有教师们不断努力，我们才能看到那一园万紫千红的繁荣景象。

第六节　那一抹耀眼的红

——名师工作室

第一部分： 我们的做法

幼儿园中间有一处小公园，是孩子们开心的乐园。这里繁花似锦，那一丛丛、一簇簇的鲜花都在孩子的欢声笑语中绽放。随着岁月的变更，有些花已被移除，有些花仍然坚守，这些因坚守而持久绽放的花终究会在大浪淘沙中散发出如同金子般的光芒，成为众多繁花中那一抹耀眼的红。

我园继伍春虹园长成立中山市园长工作室后，又成立了我园的名师工作室。通过自荐与推荐的方式，首批名师工作室由张雪媚、董敏、冯雄建三位名师担任主持人。其中，张雪媚老师专注青年教师的成长，成立了新芽工作室；董敏老师专注绘本方面的研究；而冯雄建老师则将研究的重点放在儿童自理能力的培养方面。每个工作室都有7～8名成员。经过一个学期的努力，已经收到一定的效果，这抹耀眼的红将影响和带领不同年龄层次、不同兴趣爱好的教师向着专业成长的道路不断迈进。

第二部分： 对话实录

以下重点节选了张雪媚老师新芽工作室从招募成员到开展一系列教研活动的对话实录，同时，还节选了董敏老师和冯雄建老师工作室部分教研活动的实录，让大家对工作室开展的情况有个大致的了解。

小榄镇（明德）中心幼儿园名师工作室的创建方案

张雪媚

一、指导思想

我们以中山市名师工作室文件精神为指导，关注教育前沿，重视典型引领，为本工作室成员搭建阶梯。注重在行动中研究、在研究中提升、在提升中反思、在反思中推进。通过三年的研究，一批具有优秀教育素养和强烈自我发展意识的幼儿园青年教师已步入成长的快车道。在新课程实施中成为幼儿主动学习的支持者、合作者、引导者，在新课程改革中成长为从理念到行为的践行者、反思者、引领者，从而逐步成长为学有专长、教有特色、为人谦和、富有灵性人格魅力的新生代青年教师。

二、工作目标

本工作室以教学为基础、以教研为导向、以培训为主线、以课题研究为重要形式、以课堂教学为抓手，做一线教师力所能及的研讨、做一线教师实际需要的研讨、做提升专业素养的深度研讨。

三、工作室组织建构

1. 工作室地址

教研室。

2. 工作室成员

胡惠琳、周圣丹、李甫易、张丽媚、余嘉敏、邓尔珍、冯敏姗、陈泳仪。

3. 工作室领衔人

张雪媚。

4. 成员主要分工

召开第一次会议后，再做决定。

四、工作室的规章制度

1. 会议制度

（1）工作室每学期召开一次计划会，讨论本学期计划，确定各阶段工作目标、工作室教育科研课题及专题讲座内容。

（2）每学期至少安排一次阶段性工作情况汇报会议，督促检查各项工作的实施情况，解决实施过程中遇到的难点。

（3）每学期召开一次总结会，总结经验成果，梳理存在的问题，研究解决的办法。

2. 工作制度

（1）名师工作室领衔人与工作室每个成员签订《名师工作室成员工作协议书》，在完成工作室研究项目和个人专业化成长方面制定周期发展目标，规定双方职责、权利及评价办法。

（2）工作室领衔人为工作室成员制订具体进步计划，安排培训过程。工作室成员必须完成工作室布置的相关工作任务。

（3）要及时更新工作室成员的电子档案资料。

（4）工作室要及时通过幼儿园的网站发布工作动态、成员论文、专题研究课例设计、典型案例及评析、教育故事、活动图片等。

3. 考核制度

工作室成员的考核由领衔人和领导小组负责。主要从思想品德、理论提高、管理能力、教育教学能力、研究能力、技能水平等方面考察教师是否达到培养目标，并对合格的教师给予奖励。

4. 档案管理制度

建立工作室档案，由领衔人兼管，并对工作室成员的计划、总结、听课、评课记录、公开课、展示课、教案、论文、教研成果、我的资源库等材料及时进行收集、归档、存档，以便为教师个人的成长和工作室的发展提供依据。

五、工作室的工作内容与要求

（1）加强青年教师的思想建设，把师德修养放在首位。组织工作室成员学习《幼儿园工作规程》《幼儿园教育指导纲要》（以下简称《纲要》）、《幼儿园管理规范》《幼儿教师行为规范》等教育、德育纲领性文件，学习先进的教育理论、心理健康知识等；用正确的思想和理念激励教师树立正确的世界观、人生观、价值观，培养自己教书育人、为人师表、敬业爱幼，安心于自己的教育教学岗位的思想观念。

（2）认真制定规划。本工作室结合成员的自我发展计划，为成员制定专业发展的三年规划，促进每位成员尽快提高教育教学和科研能力，推动成员的专业发展。

（3）为成员的专业成长创造机会，搭建平台，营造一个温暖而宽阔、竞争又合作的"场"，让不同能力、不同层次、不同特点的成员都能找准自己的定位与发展目标，以此实现自身价值，获得成功，促进整个工作室成员的协同发展。

（4）倡导读书学习、练习写。一是工作室成员要认真学习《纲要》，学习学前教育的前沿理论与课程改革理论，每学期至少要精读一本教育类的书籍，做好读书笔记，并定期在工作室博客或网站发表读后感言，交流心得体会，以同伴互助的方式实现成员共同成长；二是结合自己的日常工作，每周撰写教育随笔一篇，每两周组织交流一次，并请有经验的老教师参与，对成员文中的一些问题站在不同的角度进行追问，并结合自己的工作经验，运用新的教育理念帮助成员分析工作中存在的问题，探讨解决问题的有效途径。

（5）加强教科研培训，提高教科研能力。鼓励工作室成员积极参与教育科研，引导成员结合自身的教育教学工作实际，开展教科研活动，展开教育教学的研究，并在学期结束时围绕这一方面撰写论文和教学心得。

（6）通过观摩、交流等方式，在备课与上课、听课与评课等方面着重进行指导。

（7）鼓励成员问和说。通过开展"一课多研""教育沙龙""幼儿趣谈"等活动，鼓励成员要能对自己在教育实践中所遇到的困惑进行提问、分析，能大胆讲述幼儿在活动中的具体表现和发展状况。引导成员关注幼儿、走近家长，从中寻找问题，及时记录，主动反思。

（8）建立专业成长档案。工作室成员要注重个人资料（包括文本材料和音像资料）的搜集，记录自己的成长轨迹。主要内容有：学习培训内容、公开活动记录，荣誉、案例、论文，阶段性评语，等等。

（9）周期内在园所及结对园开发并实施三次面向全园或结对园的教师专项培训任务。

（10）安排和鼓励学员积极向幼儿园网站投稿，每月至少有一篇新闻稿在网站发布，每次对外活动都要及时发布新闻。

六、工作室阶段发展目标及重点工作安排

研究时间：2017年3月—2020年3月

1. 准备阶段（2017年3月）

初步学习名师工作室的有关规章制度，拟订本工作室的方案和相关制度。通过看材料、对话等方式，初步了解申报成员的情况。

2. 启动阶段（2017年4月）

召开成员会议，拟订成员个人发展计划，建立成员专业发展档案；制订课题研究方案和个人研修计划，明确每个成员的职责，每个成员依据自身实际，确立主攻方向。

3. 实施阶段（2017年4月—2020年2月）

按照工作室方案和工作室计划，带领工作室成员有条不紊地开展工作。

4. 总结阶段（2020年3月）

组织成员自我总结，展示学习成果与收获，考核工作室成员。自查工作室目标任务完成情况，迎接评估验收。

工作室成员招募发言稿

张雪媚

尊敬的三位园长和亲爱的兄弟、姐妹们：

大家下午好！承蒙领导厚爱，我成立了名师工作室。其实我不是"名师"，我只是在教学道路上比大家多走了几年，为了那个教育梦想，守住了那份教育情怀。我希望自己能成为"明师"，这个"明"是明明白白的明。

我也不是领头羊，只是希望在泥泞处跋涉时相互拉一把，在茫然时相互提点一下。不但要"一枝红杏出墙来"，而且要"满园春色关不住"，这就是我为我的团队设立的目标：共建共享，共同发展。

我为我的工作室起名叫作新芽工作室，新芽的寓意就是新生的力量与朝气。我希望我的团队是一支朝气蓬勃、积极向上、勇于创新和接受挑战，团结互助的团队。

新芽工作室的目标是以教学为基础、以教研为导向、以培训为主线、以课题研究为重要形式、以课堂教学为抓手，做一线教师力所能及的研讨、做一线教师实际需要的研讨、做提升专业素养的深度研讨。

新芽工作室阶段发展目标及重点工作安排：

研究时间：（2017年3月—2020年3月）

新芽工作室的工作内容：①成员学习各种纲领性的文件；②每个成员制定三年的成长规划；③倡导成员读书学习，练习写。④成员根据自身实际，开展教育教学研究；⑤通过开展"一课多研""教育沙龙""幼儿趣谈"等活动，鼓励教师多问多说；⑥创建名师工作室微信群、网页；⑦建立个人专业成长档案。（包括成员学习培训内容、公开活动记录、荣誉、案例、论文、阶段性评语、资源库等，有文本材料，也有音像资料。）

新芽工作室成员的招募条件：教龄5年以下的青年教师和刚步入教师岗位的新教师。能够敬业奉献、勇于开拓创新、敢于先行先试；好学好问，能积极

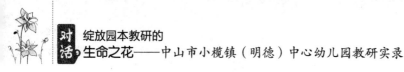
主动承担各项任务。

最后引用尼采说过的一句话："每一个不曾起舞的日子，都是对生命的辜负。"而在此之后所有"起舞"的日子里，让我们携手并肩，收获一路的芬芳和美丽！对于进入我团队的每一个人，我都将精心耕耘、静待花开！谢谢大家！

张雪媚名师工作室教研活动
——"'新芽'舌战展成长，针锋相对辩教育辩论赛"的对话实录

张雪媚：欢迎正方"女神队"出场。

女神队：大家好，我们是"女神队"，我们的口号是"女神女神，辩论最神！"

张雪媚：欢迎反方"对对队"出场。

对对队：大家好，我们是"对对队"，我们的口号是"不管你们对不对，我们都会用有力的语言把你们撕碎"。

张雪媚：在科学活动中，所有孩子都在用矿泉水瓶认真、投入地进行探索，而有一个孩子却用瓶子东敲敲、西敲敲，还把瓶子放到嘴里吹出"呜呜"的声音。针对教学活动中出现的这种现象，教师是该制止孩子，将他拉回集体活动中来，还是该任其这样"个性化发展"呢？

反方观点：制止孩子，将他拉回集体活动中。

正方观点：尊重个性化发展。

（1）立论陈词：正反双方由一辩手立论陈词（时间不超过3分钟）。

（2）自由辩论：辩手围绕己方立场与观点进行现场自由辩论（时间不超过3分钟）。

（3）自由攻辩：双方辩手选择问题提问（时间为各10分钟）。

（4）总结陈词：正反双方的四辩手进行总结性陈述（时间为5分钟），并强调己方观点与立场。

奖励：根据现场双方的表现评出胜出方和最佳辩手各一名。

评分标准：

（1）论点明晰，论据充足，引证恰当，分析透彻。

（2）迅速抓住对方观点及失误，驳论精到，切中要害。

（3）反应敏捷，应对能力强。

（4）表达清晰，层次清楚，逻辑严密。

评分办法：

（1）审题：对所持立场能否从逻辑、理论、事实等多层次、多角度进行理解；论据是否充足，推理关系是否明晰；对己方的难点是否具有有效的处理方法。

（2）论证：论证是否具有说服力，论据是否充分；推理过程是否合乎逻辑；事实引用是否得当、真实。

（3）辩驳：提问能否抓住对方要害，问题是否简单明了；在规定时间内没有提出问题或提问不清，应适当扣分；是否正面回答对方的问题，是否有理有据。不回答或不正面回答应相应扣分。

（4）配合：是否具有团队精神，是否相互支持，论辩衔接是否紧密；问答是否能形成一个有机整体，给对方一个有力打击。

（5）辩风：所用语言和辩论风格应讲究文明礼貌；不得对对方辩友和旁人等进行人身攻击。

正方一辩：

我们觉得在这个活动当中，教师应该尊重孩子的个性发展。在《幼儿园教育指导纲要》中明确指出："尊重幼儿在发展水平、能力、经验、学习方式等方面的个体差异，因人施教，促进每位幼儿在不同水平上得到发展，努力使每一位幼儿都能获得满足和成功。"幼儿园教育应尊重幼儿的人格和权利、幼儿身心发展的规律和学习特点，以及幼儿个体的差异，使每位幼儿富有个性地发展。幼儿的个性得到尊重和发展，将对其一生有着深远的影响。我们应以关心、接纳、包容、尊重的态度对待幼儿。耐心倾听、理解幼儿的想法以及感受，使他们成为自信、有个性的独立的人。每位孩子的生活环境不同，他们作用于环境的方式也有所不同，这就决定了每位幼儿在原有经验上的个体差异，形成了幼儿自身独特的个性特点，这说明每位幼儿都是在按照自己的生长轨迹发展着。我们应能够鉴别幼儿的这些差异，以便因材施教，促进幼儿的个性化发展。通过研究和以往的实践，我们已经意识到传统的集体教学是难以实现这一目的的，仅靠一次有限的集体活动是难以照顾所有孩子的发展水平和发展特点的。传统的教学方式面向的只是一部分幼儿，而被忽略的一部分幼儿只能成为教学的"背景"。这是教学上的一种"隐形浪费"。在幼儿并非特意捣乱之下，我们非常支持、配合幼儿自由发展和探索，不会强硬地将其拉回集体活动中。

反方一辩：

各位评委、老师、辩友们，大家好！我方的观点是：制止孩子，将其拉回集体活动中。

现如今，我们正处于信息发达、资讯横飞的时代。翻看朋友圈，谁又没喝过几大碗杂锅乱炖的"教育鸡汤"呢？像什么《给孩子最宝贵的礼物就是自由》《放手就是爱》《最好的教育是尊重孩子的个性化发展》，等等。

今天我们就来将一将这些所谓的个性和自由有没有误导过你的认知呢？

在《指南》解读，以及《指南》案例式解读当中，反复强调提出，幼儿在群体生活中应当遵守基本的行为规范。

在幼儿园阶段的孩子正处于一个直观感知的年龄，这一阶段的孩子不具备分辨是非的能力，容易盲目从众，需要教师进行适当的引导。

3—6岁儿童的年龄特点是以自我为中心，《指南》的P101也提出，幼儿应当克服以自我为中心的思维，学会设身处地地去了解他人的感受，这是幼儿形成良好行为的认知基础。

在《指南》案例式解读的P143，国际视野相关内容里，英国的《EYFS早期学习与发展目标》说到个体、社交和情感：应让幼儿"保持适当的注意力，思想集中和安静地聆听；懂得什么是正确的，什么是错误的，以及为什么；考虑个人言行对自己和他人会产生的后果"。

如今，我们的幼儿教育也是不断认真贯彻、遵循着这些基本的行为规范。所有的自由和个性都是建立在一定的规范和规则里的，所谓有自律才有自由。德国教育学家赫尔巴特有一句名言：有秩序的健康生活必须是教育的基础，同样也是教育的最初准备。

我方的观点里"制止孩子，将其拉回集体活动中"的这种做法是为了不让这个孩子影响其他孩子的个性化学习与发展，从而更为全面地顾及每个孩子的发展。

以上是我方的立论陈词，谢谢大家。

正方二辩：

我方一辩的立论陈词中已经提到了在一次有限的集体活动中，难以观察到各个孩子的发展水平和发展特点，而且集体教学会把幼儿驱赶到千篇一律的发展框架中。当然，存在能力强弱的差异是不可否认的，但是，每个幼儿都有获得表扬和承认的需要，这一需要对幼儿的人格发展的有重大影响，而且《幼儿园工作规程》中也强调一定要"注重个体差异，因人施教，引导幼儿个性健康发展"。那么在本次的科学活动中，孩子是拿着瓶子吹出了"呜呜"的声音，说明孩子也正在探索。根据《指南》里科学领域中提到的，儿童有着与生俱来的好奇心和探索欲望，好奇、好问、好探索是幼儿的年龄特点。探究既是幼儿科学学习的目标，也是幼儿科学学习的途径。我们应尊重幼儿在发展水平、能力、经验、学习方式等方面的个体差异，因材施教，努力使幼儿都能获得满足和成功。这是践行《指南》"尊重个别差异原则"的重要途径。

在本次活动中，还有一个孩子用瓶子东敲敲、西敲敲，这也是孩子在玩乐中学习的表现。"玩中学"是幼儿最好的学习方式，也是最有意义的学习。我们教师应该学会理解幼儿的学习方式和特点。在不少教师、家长的意识深处，幼儿的游戏总被认为是瞎玩，没意思，学不到东西，显然这种认知与《指南》是格格不入的。如果不能从根本上改变观念，《指南》的正确实施就是不可能的。举例来说，我园的自主游戏、个别化学习和分组活动就是让我们教师观察每一个孩子，尊重每一个孩子的选择，让他们自我发现、自我探索。还有，在匡欣老师的学习中也说到，在课程中，教师应该关注每个幼儿的个体差异，对不同年龄层的孩子应当有不同程度的提问以及应达到的目标。

以上都说明了我们应当尊重幼儿的个性化发展。

反方二辩：

对方辩友，你们说了那么久的尊重幼儿的个性化发展，请问到底什么叫作尊重幼儿的个性化发展？没错，《纲要》中的确指出：幼儿园教育应当尊重幼儿的人格和权利，但同时也说到要给予幼儿一定的自由度，要保证孩子有适当自主选择的时间。注意是"一定"的、"适当"的。现在再回到议题当中，议题最后的问题在于教师是制止孩子，将其拉回集体活动当中，还是任其这样个性化发展。注意，这里说的是"任其"，你们对"任其"二字避而不谈，那是不是在自认理亏呢？如果你们看见议题中的"任其"，就会发现这与我们的《纲要》是不相符的。《纲要》中是说要给予幼儿自由发展的权利，但前提是"一定"的、"适当"的，而不是"任其"。我方制止孩子，并不意味着不尊重孩子；相反，我们强调的正是这个"一定"和"适当"。国有国法，家有家规，班级也有班级的纪律和规则。引申到规则，人们往往会想到规则约束人们的行为，可约束就等于抹杀个性吗？其实约束是营造了一个宽松而稳定的环境，在这样的环境中大家可以在规定的自由下选择个性地发展，而规定的目的是什么呢？是保证大家不误入歧途，保证大家在正确的方向上发展个性。也许你认为议题中的孩子是在探索瓶子发出的声音，那我想问大家，如果有一天，

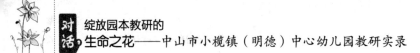
这个孩子想探索瓶子砸在人头上是什么声音，你会允许吗？这也是在探索啊。在红绿灯的指挥下，车辆能有序行驶，减少不必要的冲突，这正如个性与纪律的关系，没有纪律的指挥和引导，人与人之间的个性会互相产生冲突，阻碍了各自（个性）的发展，正如议题中孩子的行为打扰到了其他的幼儿，阻碍了他人个性发展的权利。那作为教师，你这样"任其"的行为，你有尊重过其他孩子的个性发展吗？请大家在考虑个性发展时，不妨也考虑一下这个问题，为何幼儿教师总是频频被报道各种负面新闻，不正是因为这种所谓的尊重个性发展成了道德绑架的借口吗？教师制止等于不尊重，批评一下等于不尊重。最后我想说的是，其实今天的辩论赛就是一个最好的例子，它就是在有纪律、有规则的前提下尊重我们每一个人的个性发展的。若没有规则约束、制止我们不好的行为，我们是否就个性了，但也许已经吵起来了。谢谢大家。

自由辩论：

正方提问：为什么你要把他拉回集体活动中呢？是否有尊重过孩子的个体差异？

反方回答：《指南》中强调了"尊重幼儿发展的个体差异要充分理解和尊重幼儿发展进程中的个别差异，支持和引导他们从原有水平向更高水平发展"的实施原则。

反方提问：你们知道在《纲要》中为什么不分大中小班来写，而是分年龄段来写吗？

正方回答：因为孩子在不同年龄段会有个体差异。

正方提问：辩证唯物主义哲学提到过，要改变集体教学一统天下的局面，增加幼儿分组活动。关于这一观点，你们是怎么想的呢？

反方回答：我想问对方辩友几个问题：一是刚刚我方二辩在陈述中提到的"任其"二字，你们是如何理解的？难道你们说的注重个别差异就是放任他想干什么就干什么吗？在《幼儿园教育指导纲要》中说道："尊重幼儿的个体，给予幼儿一定的自由度。"请注意，是"一定"，并不是放任，这其中是有一个度在里面的。作为教师，我们该给孩子的是在尊重孩子的个性中，正确地、有目的地引导、教育孩子，培养他们各方面的行为习惯。二是在科学集体活动中，A小朋友在敲打瓶子，B小朋友在摇瓶子，C小朋友跟你说他想拿瓶子敲别人的头，探索可以发出什么声音。请问针对这种情况，你该遵循哪个小朋友的个性化发展？也许这个小朋友觉得自己的行为可以吸引更多人的注意力，觉得教师会给予他更多的关注。但是，如果每个幼儿都为了引起教师的关注而仿效这种行为，请问你的教学活动还能进行下去吗？《指南》案例解读P129"目标4"中提到，幼儿在提醒下能做到不打扰别人。所以，自由、个性的前提是要尊重别人，不要随意打扰别人。三是现如今的幼儿教育的确是把个性化发展作为主流的，但促进个性化发展也是在社会主流意识形态下规范地发展的，请问这难道不是在纪律的促进下的发展吗？四是每个孩子都有平等接受教育的权利，当你们选择任由这位孩子的行为，而让其他的孩子来迁就这个孩子时，你们如何弥补这种现象所造成的各种教育浪费？

正方三辩总结：

每位幼儿都有权利按照他自己固有的天性和禀赋展现自己，发展自己。我们要以积极乐观的态度、赏识的眼光、鼓励的语言对待每一个儿童，通过以发现、赞扬孩子的优势为切入点，不断帮助幼儿发展优势，弥补短缺，运用正向迁移的方式，让每位孩子都有机会表达和展现自己的潜能个性。综上所述，幼儿是具有不同个性特点的独立的人，幼儿园教育应在其成长过程中以最适合幼儿个性发展为原则实施个性化教学。良好的个性发展将对孩子一生的发展及整个民族素质的提高发挥不可替代的作用。总而言之，"促进每个幼儿富有个性地发展"是对幼儿教育的总要求。由于教师已意识到孩子的发展是有个体差异的，因此必须注意根据幼儿的个体差异，研究有效的活动方式方法，面向每个不同的个体因材施教，促进每位幼儿在不同水平、不同方面得到充分的发展。

反方三辩总结：

尊敬的评委、对方辩友，你们好！

很高兴在有制度、有规则的环境下与对方辩友进行这场个性的辩论赛，下面请允许我代表反方进行总结陈词。首先，由我进一步阐述我方的论点：在当前这个情境下，我们会"制止孩子，将他拉回集体活动中"。

在开篇立论时，我方一辩就立下了一个明确的论据，在《指南》以及案例式解读中，反复强调提出，幼儿在群体生活中应当遵守基本的行为规范。幼儿园阶段的孩子正处于一个直观感知的年龄，这一阶段的孩子不具备分辨是非的能力，容易盲目从众，需要教师进行适当的引导。

说了这么多，我想问一下大家，为什么幼儿园需要有教师这样一个角色的存在？不就是为了在孩子出现问题的时候进行适时的引导吗？如果我们像对方辩友那样"任其"，让这个孩子继续进行所谓的个性发展，那么教师不是形同虚设吗？教师是否还有存在的必要？如果像对方辩友说的那样，每个孩子都

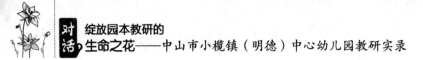

有其各自发展的兴趣点，我们该尊重每个孩子的兴趣，那么就可以不管有没有打扰到别人吗？

再回来看我们的议题，在其他孩子认真进行活动的同时，这个孩子干了一件什么事呢？发出了"呜呜"的声音，也许你们觉得他是在探索，需要个性发展。那其他孩子呢？也许你们觉得这样的声音并不会给其他孩子造成影响。但我举一个最常见的例子，试想在集体课堂中飞来了一只蝴蝶，孩子会是什么反应？蝴蝶没有发出声音吧，但是不是把孩子的注意力都分散了？孩子们面对没有声音的蝴蝶尚且如此，更何况"呜呜呜"的有声之音呢？

俗话说：没有规矩不成方圆。在我们的日常生活中也是，你可以与众不同，但不代表我们就可以打着"个性发展"的旗号打扰到别人。无论哪里都是有约束存在的。比如说，大家都知道美国的公民是可以合法拥有枪支的，但法律却制止你用枪支去伤害别人。自由、个性都是要在一个前提下的。这个世界上从来不缺乏个性十足的人。不怕你没有个性，就怕你没有个性的方向，一味地只追求个性张扬，张扬到最后却受了伤。请赐予我们无限严明的制约纪律，让我们安心地在纪律的制约下张扬个性。

以上是我方的总结陈词，谢谢大家！

新芽工作室心得体会

邓尔珍

2017年3月，有一大喜讯——我园资深教师张雪媚老师要成立工作室了，名字叫作新芽工作室，目的是培养优秀教师。当时我听了，心情异常激动，作为一位新教师，我内心多么渴望有这样一个机会可以向资深的、有经验的教师取经。当时我和张老师刚好是坐同一张桌子，听到这个消息后，我迫不及待地告诉她"我想加入您的工作室，向您学习"。

2017年4月，得知能够成功进入张老师的工作室，我异常激动与期待，激动的是有幸能加入新芽这个工作室，期待的是在工作室中，老教师会如何培养与激励我们这群新教师。

2017年4月19日下午3点，我们九位学员与张老师在张雪媚名师工作室中展开了我们新芽工作室的第一次教研活动，心里万分激动与期待。张老师首先对新芽这个名称做了讲解，并简单地说明了愿景以及以后教研的时间。让我最感动的是，张老师为我们每人准备了一个贴有专属头像的"百宝袋"，内有专属笔记本、笔、U盘等；还用自荐和推荐的方式选出了班长、组织委员等职务，让我感觉张老师是如此贴心、细心、周到和民主。整个会议在非常轻松和愉快的氛围下完美结束了，这也让我对新芽工作室有了一个全新的认识。

2017年5月5日，我们九位学员与张老师在张雪媚名师工作室中展开了我们新芽工作室的第二次教研活动——"遇见最好的自己"。张老师让大家畅所欲言，说说自己近来遇到的困惑，听到大家的困惑，张老师情不自禁地回想到她刚开始工作时遇到的一些问题，以及当时她是通过怎样的方法去解决，现在又是如何去面对这些问题的。对于学员们的困惑，张老师一一给予了非常好的建议。这让我懂得了很多事情都需要自己经历过才知道，没有经历过，怎么会有经验的积累，又怎么会懂得如何更好地去解决问题。对于我来说，幸运的是能够在张老师的工作室中学到很多的经验，让我这位新教师在解决问题时少走了许多弯路。

2017年5月25日下午3点，我们九位学员与张老师在张雪媚名师工作室中开展了我们新芽工作室的第三次教研活动——"严以律己，宽以待人"。张老师这次开展的教研主题正好与我们工作中存在的问题息息相关。作为一名新教师，我对于自己与拍档、同事、领导、家长、幼儿的关系是特别模糊和把握不准的。在教研活动中，张老师细细地为我们讲解了对这些行为规范、人际关系应该如何规范、如何把控。这也让我对"严以律己，宽以待人"有了更全面的认识：只有严以律己，才能成就自己；只有宽以待人，才能与人和睦相处。

2017年6月9日下午3点，我们九位学员与张老师在张雪媚名师工作室中开展了我们新芽工作室的第四次教研活动，这次活动主要是安排第19周的一个辩论赛。辩论赛需要我们分成正、反双方去辩论主题的观点，听到这个消息，我们九位学员的情绪如同热水开了锅："天哪，辩论赛？两方互相伤害？……"张老师看到我们这个反应一点都不惊奇，因为她自己也是没有经历过，很期待与我们共同学习，共同成长。她向我们详细地解说了为什么要举行这个活动，并用抽签的方式决定了正、反两方的成员与观点。这是一个新型的挑战，一个对自我、对团队的挑战，我们将为之付出努力，积极前进。

接到这个挑战，我们组争分夺秒地开始了我们的计划，在胡惠琳组长的带领下，我们组积极地翻阅资料，上百度、找书籍、找有经验的教师……只要一有空，大家就聚集在一起绞尽脑汁出谋划策；无数次的练习让大家忙得不亦乐乎。终于，2017年6月21日下午2点，我们九位学员在幼儿园三楼举行新芽舌战展成长，针锋相对辩教育——新芽工作室辩论赛。刚开始，我们两队都自信满满地喊出我们的口号，然后张老师宣布辩论赛正式开始。我是正方一辩，第一个发言，为了给我们队开个好头，我强压住自己的紧张，表现出自信大方的态度。在比赛的第三环节时，看到对方步步逼近，我抑制不住自己内心的想法，大胆地站起来攻辩对方的观点以及问题，看到评委老师们的笑容与频频点头，我想这也是为我方争取了一些机会。哈哈……一场精彩绝伦的比赛结束后，伍园长和张老师都做了精彩的点评，并为胜利的一方颁发了荣誉证书，我也很荣幸获得了"最佳辩手"的称号。特别感谢评委老师、张老师和团队们，虽然我们团队没有获得冠军，但是这并不重要，重要的是我们经历了这一过程。这个过程给我们这些新芽教师创造了说的机会、培养了我们说的勇气、锻炼了我们说的智慧。同时，也让我们明白，教育不是非此即彼的，教育是多元化的，而作为教师，无论如何都不要忘记那颗爱孩子的初心。

每一次的教研活动都让我受益良多，真的很幸运认识了张老师，更幸运的是加入了新芽这个团队。希望我们这个团队越来越好，也希望我会成就更好的自己！

2016年下学期新芽工作室期末总结

张雪媚

亲爱的园长、老师们：

下午好！不知不觉，新芽工作室成立已有一个学期了。记得在3月，伍园长把我和另外八位性格各异的教师们聚集在一起，组成了一个小家庭。从不太熟悉到现在像相亲相爱的亲人，让我感觉很温馨、很幸福。有一句话很能形容我现在的心态，就是"世界因生命而美丽，生命因梦想而精彩！"在开展工作室短短的一个学期里，我深刻感受到了这句话的含义：当我认真去做事的时候，才能感到自己存在的价值；当我因为通过自己的努力而收获喜悦的时候，当组员给我带来触动和快乐的时候，我才能感受到生命的精彩。感谢伍园长给了我这个宝贵的机会，让我重新拾起自己的斗志，让我能够和我的组员并肩作战，迎接人生中新一轮的精彩。

现在我来总结一下本学期新芽工作室工作的开展情况，如下图所示。

　　记得情人之间有一句话是我很欣赏的——爱他就要给他最好的，于是我也要给我的组员最好的。（出示PPT，介绍爱的初体验，略。）

　　现在的年轻人都很有个性，想法也很多，喜欢去尝试新鲜的事物。在我的工作室里，对组员没有太多的要求，没有框框条条的束缚，而是尽量举行一些能够彰显她们个性的活动，让她们在活动中去领悟做人的品行、做事的态度。

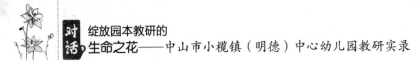
这个学期，我们开展了五次教研活动，每一次的教研我都会努力去寻找合适的话题和学习方向，尽可能地做到尽善尽美，希望能够通过亲身体验去触动组员的内心世界，把那种感动转化成头脑的精神食粮。（出示PPT，"别开生面的教研活动"，略。）

如果说一个人的潜能是需要被人挖掘的，那我就是那个挖掘者，我大胆地把组员推到了风口浪尖上。我让她们去突破自己，让她们把自己内在的爆发力像火山一样迸发出来。在辩论赛上，我除了把方案交给她们，分配好两队的队长，接下来的事情全部由她们自行解决。两队的队员先抽签决定，然后由各队队长带领自己的队员去商讨战略、分配辩手、设计本方的提问、估计对方的问题。这是一个集合团队智慧、讲求合作的过程，相信通过这样的活动方式，组员们的各种能力都会有一个质的飞跃。事实也证明了这一点，在辩论赛上，看到大家唇枪舌剑、旁征博引、思路清晰、反应敏捷，我真不敢相信，这还是平时那些嘻嘻哈哈、爱打爱闹、偶尔做事拖拉的小女孩吗？说实话，那天，有好几次我都很难控制自己激动的情绪。此情此景太让我感动了，感动于她们的认真、感动于她们的上进、感动于她们之间的团队合作精神。那天，我真的感觉她们长大了、稳重了、更加懂事了。

在收获喜悦的同时，也要学会反思自己的不足。

同时也在这里提出下学年的展望。（出示PPT）

最后我想用一张图片来结束我今天的总结（出示PPT）。奋斗不分年龄、不分界限，虽说我的人生已过半，但为了让我的青春更美丽，我愿意带领我的"孩子们"朝着美丽出发。谢谢大家！

董敏名师工作室教研活动

—— "如何依据各年龄段幼儿特点选择绘本"的对话实录

一、如何依据各年龄段儿童特点进行绘本选择

董　敏：大家下午好，今天我们讨论的是如何依据各年龄段儿童特点进行绘本的选择，下面有几个问题，我们来看第一个问题。

1.小班幼儿的年龄特点主要有哪些

黄晓红：小班幼儿具有初步的自理能力，开始自己学做事情。

焦淑燕：小班孩子的情绪不受控制，注意力很容易转移。

谢　峰：小班孩子开始能感受他人的情绪。像我们班有个孩子看到小伙伴

鼻子被碰出血了，他会表情很夸张地说："你鼻子出血了，要不要紧，带你去医院看一下吧。"他会模仿老师的语言和表情，这说明他们开始有同理心。

董　敏：小班幼儿爱模仿，语言方面也得到发展，在生活中喜欢模仿别人，关注别人。

焦淑燕：随着年龄的增长，小班幼儿慢慢地学会接纳别人，学会分享。

董　敏：小班幼儿自我认识方面的发展还处于萌芽阶段。

谢　峰：小班幼儿的动作协调性较差，自控能力也比较差。

董　敏：小班幼儿还有一个突出方面，那就是他们的语言能力正在发展，有时候还不能连贯地、清晰地表达自己。

谢　峰：在儿童节童话剧中，我们班幼儿表演了"三只小猪"，有个小朋友反复看爸爸妈妈表演，就学会模仿他们唱歌。

董　敏：说明他们在艺术方面具有表现的欲望，不管是唱歌，还是在美术方面，他们都有一种表现的欲望，在这一时期适宜让幼儿多进行涂鸦，让他们表达自己的想法。

2. 根据这些年龄特点，你觉得在选择绘本的时候应该要考虑一些什么？选取某个年龄特点举例说一说

董　敏：当我们了解了小班幼儿的年龄特点，根据这些年龄特点，你觉得在选择绘本的时候应该要考虑一些什么？选取其中一个年龄特点说一说。

焦淑燕：他们喜欢重复一些简短易记的语言，例如《好饿的毛毛虫》这个绘本的语句很简单，他们容易表达出来。

董　敏：小班幼儿的语言发展不完善，应选择简单容易、有利于他们去学习和模仿的绘本。

谢　峰：说到孩子的社会性发展，例如，《大卫不可以》这个绘本，每次大卫做错事时只说一句话。孩子通过这个绘本就可以很直观地知道什么该做，什么不该做。

董　敏：小班孩子的规则意识和自我控制能力比较弱，在习惯方面还需要长期培养，可以选择像《大卫不可以》这一类型绘本开展行为习惯的养成教育。

谢　峰：针对小班孩子的吃饭习惯问题，可以利用《漏嘴巴》这个绘本进行教育。如果吃饭的时候没吃完就想玩玩具，那么这个绘本就告诉他们会带来什么样的后果。

董　敏：在小班这个年龄阶段，幼儿喜欢把所有一切拟人化，教师可以将

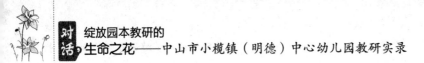
一些小动物运用到日常教育活动中去。这样的话有童趣，幼儿比较容易接受。

叶穗明：我觉得要选择一些比较可爱、封面颜色比较鲜艳一点、纸质硬一点的材料，小班幼儿才不会容易弄坏。

董　敏：小班幼儿的精细动作还没完全掌握，很容易撕烂书本。

谢　峰：小班孩子有的拿书是拿起一页纸把整本书吊着，而不是双手拿书。

董　敏：这是一种翻书拿书的习惯，在他们阅读的时候，教师应该去引导他们，教他们怎么放、怎么拿。我在日常活动中也强调这个，教师在平时要注意培养幼儿的看书习惯。我们可以给幼儿选择一些比较厚的书，像现在有一些触摸书，还有一些操作性的书，这些都是很适合小班幼儿的。还有专门为低龄幼儿设计的书，像洗澡书，洗澡的时候不会湿，另外还有枕头书、洞洞书等。

众　人：洞洞书、翻翻书、立体书。

谢　峰：我记得以前看过一本书，那本书会动，小班孩子很喜欢读，到了中班，孩子依然还是很喜欢。这说明具有互动性的绘本很容易引起孩子的兴趣。

董　敏：并不是某一本绘本就必须规定适合中班还是大班，其实在绘本的运用上，通过教师的思考和引导，不同年龄段的幼儿看同一本绘本，或许会有不同的收获。

3. 中班幼儿的年龄特点主要有哪些

董　敏：中班幼儿的年龄特点有哪些？大家一起聊一聊。

胡　婵：他们的游戏水平得到很大发展，只要教师提醒一下，他们就能想出很多玩法。中班的孩子探索欲望很强，具有强烈的好奇心，思维也得到很大的发展。在自主游戏中，刚开始他们只能搭建一些简单的建筑作品，当给他们提供一些不同建筑物的图片时，他们就能创造性地搭出不一样的作品。

黄晓红：中班孩子各方面的能力发展开始走向成熟，他们开始有自己的想法，开始独立思考。

焦淑燕：他们不再像小班一样，什么事都听教师的话，他们有自己的想法，有时候想不通就会出现情绪方面的问题，情绪容易出现波动。

董　敏：对于中班的小朋友，很多的事情会让他们有各种各样的情绪体验，但他们又不知道怎么正确去表达，这会让他们很抓狂。

黄晓红：他们的专注时间比小班幼儿更长，没有那么容易受外界的影响；他们的有意注意开始形成。

叶穗明：他们的自理能力提高了。我们会举行穿衣服、叠被子的比赛，从而展示自己的进步和能力。

董　敏：他们在自我服务和自我肯定方面得到满足。在交往方面，小班的时候，幼儿不知道怎么去和别人交往，到了中班，幼儿慢慢开始有自己的朋友圈，有几个要好的朋友。

叶穗明：中班孩子开始出现互相送礼物的情况，要好的朋友私下会送礼物，这也代表中班孩子开始学会分享。

4. 根据这些年龄特点，你觉得在选择绘本的时候应该要考虑一些什么问题？选取某个年龄特点举例说说

董　敏：刚刚我们聊了一些中班幼儿的特点，当我们为他们选择绘本时需要考虑一些什么？想一想该怎么选择？

焦淑燕：可以选择一些情绪管理、自我认识类的绘本；还有关于同理心的书，像《蚯蚓的日记》。

黄晓红：他们的好奇心很强，可以选择一些科学方面的绘本，以及连续性强的绘本，使他们看到一个情节就想知道接下来发生什么，从而满足他们的好奇心。

董　敏：可以选一些复杂一点的，有故事情节、有变化，能够吸引他们注意力的绘本。

焦淑燕：像《鼠小弟》系列都特别有趣，内容虽然很简单，但很好看，结局很出乎意料。

董　敏：可以选择生活类、自然类的绘本；还有一些与数学一一关联对应的绘本也比较适合他们。

谢　峰：中班幼儿对认知有更高的要求，希望通过绘本了解自然、生活的一些常识，如季节变化、时间变化等。

董　敏：就像刚才所说的，因为中班幼儿好奇心更强，探索的欲望更加强烈，所以对季节、时间这方面更加有兴趣。

陈　微：像《猜猜我有多爱你》和《爱心树》这些绘本都有利于幼儿的情感表达和发泄，适合中班幼儿阅读。

董　敏：像《爱心树》是关于生命话题的一个绘本。

陈　微：其实绘本没有年龄界定，就好像看动画片，小孩子喜欢看，大人也喜欢看，只是处在不同年龄段对内容的理解不一样。

董　敏：就是要看教师怎么去设计这个活动，想带给中班孩子什么，想带给大班孩子什么，想给他们灌输什么样的理念。就像刚才所说的，优秀的绘本

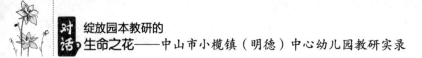

不限于某个年龄段，它适合更广的范围。

陈　微：像《彩色的花》，我在小班讲过一次，在中班也讲过一次，但幼儿都感觉很新鲜。因为小班注意色彩，觉得很好看；中班就有一种情感在里面，能感受到情绪的变化。

5. 大班幼儿的年龄特点主要有哪些

董　敏：到了大班，幼儿的年龄特点又有哪些？

黄晓红：他们的规则意识比较强，合作方面的能力有所提升。

胡　婵：大班幼儿自理能力很强，自我服务和为他人服务的能力提升，懂得帮助别人。

董　敏：不仅是自我服务方面，还有服务大家。

叶穗明：大班幼儿的阅读能力增强了，能够认识很多字。像我们班有的小孩可以独立讲故事，能把教师发的通知读给别的小朋友听。有一些字他不会，教师可以进行提醒，通过这种方式慢慢培养他的阅读能力。

董　敏：他们的认字能力和表达能力都得到很大的提高。

焦淑燕：他们开始知道自己的优点在哪里。比如我班的孩子会对我说："妈妈说我画画不行，我喜欢做手工，你让我做手工吧。"他知道做手工是自己的强项，那教师就需要适宜引导。像有的女孩子的兴趣在跳舞方面，而对科学类不感兴趣，那么教师可以积极引导她们，让她们知道其中的乐趣，鼓励她们积极参与。

叶穗明：做事能力很强，交代大班幼儿做的事情，他们都能很好地完成。

胡　婵：他们的求知欲望很强，会有很多问题和疑问需要教师去解答。

董　敏：他们好奇心很强，喜欢探索周围的事物。大班幼儿的读图能力也很强，并不是所有的书都有字，有一些绘本是无字绘本，但大班的孩子依然看得津津有味，他们能够通过读图获得快乐。

黄晓红：他们讲故事的能力很强，能够绘声绘色地把故事讲给别人听。

董　敏：不仅是语言能力，他们的创造能力也很强，喜欢自己创编故事。

叶穗明：大班幼儿兴趣广泛，不单是看一种类型的书。

焦淑燕：他们渴望上小学，但是对上小学又有一些担忧，对于一些生命的来源也很感兴趣，如我是从哪里来、死亡是什么，等等。对于这些问题，他们既恐惧，又想知道。

胡　婵：小班的幼儿会认为死了只是睡着了，并不理解死亡是什么。

董　敏：在大班，教师会讲到生命和死亡的话题，幼儿也喜欢讨论这些问题。像《爷爷变成了幽灵》《獾的礼物》都是关于死亡教育的绘本。

6. 根据这些年龄特点，你觉得在选择绘本的时候应该要考虑一些什么问题？选取某个年龄特点举例说说

董　敏：刚才我们讨论了大班幼儿的年龄特点，那么我们该怎么选择适合他们的绘本呢？

叶穗明：女孩子和男孩子看的书不一样。女孩子喜欢看白雪公主类型的书，男孩子喜欢看警察之类的书。

董　敏：你谈到的是性别方面，他们开始对这方面有所了解，像我们班毛毛对性别认识比较早熟，在性这一方面有自己的了解，他喜欢别班的女孩，在心理上有所变化。大班幼儿性别意识开始萌芽，教师可通过两性教育类的绘本如《男生女生不一样》对他们进行教育。教师对性教育要持有平常心，才能对幼儿进行引导。

二、主持人总结发言

1. 根据小班年龄特点进行绘本的选择

（1）色彩鲜明、形象可爱，内容短小有趣，最好是单页单幅。

（2）有贴近生活的故事内容，情节变化起伏，最好有重复的情节。

（3）有重复的语言，适合孩子在发现、模仿的基础上深入阅读。

（4）有悬念和猜想，孩子可以主动探索和发挥想象。

（5）富有诗意，孩子可以用欣赏的眼光看待世界。

（6）富有时代的气息，体现了当代文明和未来幻想。

可以有针对性地选择形式和材质比较新颖与特别的书。像是枕头书、工具书、口袋书、洗澡书、触觉书、翻翻书、布书、拼图书，以及有轮子或不同形状的绘本。这些绘本的设计旨在引发孩子对书的兴趣，并让孩子从动手学习中亲近绘本。除此之外，教师在为孩子选择绘本的时候，还要考虑绘本自身的一些特点。比如纸张的安全问题，画面是否反光，印刷是否清晰，等等，特别是对于年龄较小的孩子，阅读的安全性是十分重要的。

2. 根据中班年龄特点进行绘本的选择

中班幼儿能够比较准确地表达自己的情绪和想法，有强烈的好奇心和一定的社交能力，喜欢认读和猜测故事书上的字。家长和教师应注意，为这一阶段幼儿挑选的绘本一定要图文并茂，线索鲜明，能突出人际交往的特点。比如《逃家小兔》《下雪天》。

（1）教师可以选择能引导小朋友发泄脾气与情绪的绘本。

（2）教师可以选择能引导小朋友了解与珍惜友情的绘本。

（3）教师可以选择能引导小朋友爱护大自然与动物的绘本。

（4）教师可以选择能引导小朋友一起发挥想象，一起玩游戏的绘本。

3. 根据大班年龄特点进行绘本的选择

大班幼儿拥有较强的学习能力和丰富的想象力，可以把书面语言和生活经验联系在一起，会在生活中运用书面语言。他们已经学会默读，会复述故事，能回答故事中的问题，能自己编故事结尾，能表演故事情节；也开始喜欢推理，能分辨美丑善恶。比如可以选择绘本《母鸡萝丝去散步》《花婆婆》等。

（1）教师可以选择能引导小朋友学习如何面对身心失能者的绘本。

（2）教师可以选择能引导小朋友学习如何面对父母矛盾与单亲教养的绘本。

（3）教师可以选择能引导小朋友学习面对死亡的绘本。

（4）教师可以选择能鼓励小朋友自由创作的书。

（5）教师可以选择能引导小朋友学习面对成长的绘本。

（6）教师可以选择能引导小朋友了解女性自觉（两性平权）的绘本。

（7）教师可以选择能引导小朋友了解读书真好的绘本。

（8）教师可以选择能和小朋友一起分享与建构共同记忆或共同体验的绘本。

（9）教师可以选择能引导并鼓励小朋友勇敢做自己的绘本。

（10）教师可以选择能引导小朋友将故事改成游戏的绘本。

（11）教师可以选择能引导小朋友了解种族歧视的绘本。

（12）教师可以选择能引导小朋友了解性骚扰的绘本。

（13）教师可以选择能引导小朋友了解生命与爱的绘本。

（14）教师可以选择能引导小朋友学习如何面对问题与解决问题的绘本。

（15）教师可以选择能引导小朋友进行共同思考与讨论的绘本。

4. 如何选择优秀绘本

（1）选择绘本要重视绘画的艺术品质，只有高品质的图画才能培养幼儿好想象力。幼儿并不是生来就具有想象力的，想象力是通过直接或间接的体验获得的。体验越丰富，想象力就越丰富。孩子在幼儿期看到的图画构成了想象力的基础。

（2）绘本画面精美，富有内涵，能给孩子以艺术审美的熏陶。但"给孩子看的画应该颜色鲜艳"是一个很可怕的误区。婴幼儿的视觉和审美还有待发展，天天给他们看颜色过于刺眼的读物，就像天天给孩子吃味道特别浓的菜，这样的孩子长大后绝不能吃出菜本身的味道以及高级厨师微妙的调味。为培养儿童有品质的审美能力，应该让其从小多接触有品质的艺术品。在西方几十年一直受欢迎的经典绘本，大部分的颜色并不鲜艳，甚至过去黑白印刷的绘本至今还在不断地重印，不断地受到下一代小读者的青睐。有一个有趣的现象：有些绘本在大人记忆中是彩色的，但重新拿出来看时，却发现原来是黑白的。我们也不妨考虑给儿童提供一些原汁原味的高品质的"艺术品"吧。

（3）画面也要能讲故事。孩子阅读绘本，眼睛看图，耳朵听文字，这两种方式对孩子理解故事起到很重要的作用。孩子学会光靠文字理解内容之前，会迅速发展读图能力，以视觉收集他所需要的信息。绘本的图不仅要准确，还要符合故事风格；不仅是文字的图解，还要有丰富的细节，以满足孩子从画面取得更丰富信息的需要。当家长接触新绘本时，不妨先看图，猜猜是什么故事。若光靠画面就能猜到大概的故事，这本书就可以说具备绘本最基本的要素；再看看画面是单纯的图解文字，还是有更丰富的细节，能传达更多文字没有讲的内容。若是后者，这本书可以说充满读图的趣味。

（4）绘本要能让幼儿逐步形成自己的标准。大人自己选书时会有参考信息和自己的标准：喜欢的作家、可靠的出版社或系列、得奖作品、读者口碑佳、书评好，等等；通过这些因素来初选后，可能还要再试读一下来判断要不要购买。其实绘本也一样，家长和小读者都要随着阅读经验的积累而逐渐发展选书能力。

（5）优秀绘本的适读年龄很广。比如说，《你大我小》，3岁的孩子可能只理解表面上的故事，但只要孩子喜欢，不妨让他读一读，即便他体会不到更深层的哲理思维也没关系；等孩子到五六岁，随着生活经验和阅读经验的积累，会逐渐体会到绘本深层次的含义，但对于一些世界观，也许只有长大以后才能有真正的感悟。多半绘本都可以让孩子看好几年，甚至更长时间。要是孩子对某一本书不感兴趣，有可能是他太小了。没关系，先收起来，过一段时间后再拿出来让孩子读，说不定他会感兴趣。

5. 挑选绘本的几大标准

选购绘本的标准和方法有很多，这里向您推荐的是大家公认最重要的五个标准。

（1）图书奖项。

选择绘本一个最简捷也是最有效的方式就是照着国外各种图书大奖的获奖

名单进行选购。那些图书奖项都是经过了非常严格和复杂的评选流程才评选出来的，每一本都是精品。按照获奖名单进行选择，会让你省事很多。

（2）大师作品。

选择绘本的第二个便捷方法是选择大师的作品。国际上有很多知名的绘本大师，如安东尼·布朗、李欧·李奥尼、布赫兹、约翰·伯宁罕、艾瑞克·卡尔、波特、宫西达也、五味太郎等，他们的著作都值得阅读和珍藏。

（3）出版社和译者。

对于国外的绘本，要考虑出版社和译者，这两点直接决定了翻译绘本的质量。一些不入流的出版社和译者会把原本经典的图书翻译得令人不知所云，另外印刷的质量也不敢恭维。

国内著名出版社，包括接力出版社、二十一世纪出版社、少儿出版社、湖南少儿出版社等。

（4）分年龄段。

经过上面三条的筛选，基本上已经把劣质的绘本过滤掉了，筛选出来的都是经典绘本了。接下来，就是根据幼儿的年龄段进行选择了。应选择适合各年龄段的绘本，满足各个年龄段的幼儿所需要的教育、情感沟通需求。

（5）考虑幼儿的心智需求和兴趣。

同一年龄段的幼儿可能有不同的心智需求。例如，要培养幼儿整理物品的习惯，那么就可以选择一些和这方面相关的绘本。

2016年下学期董敏名师工作室期末总结

（插入《绘本工作室》总结PPT图片。）

冯雄建名师工作室教研活动

——关于"幼儿进餐习惯培养"的对话实录

一、发放工作室礼物

主持人派发文件袋和笔记本。

二、话题讨论：如何培养幼儿进餐习惯

冯雄建：今天，大家一起来探讨幼儿文明进餐习惯的养成问题。

1. 进餐环节应注意的问题

陈秀全：进餐环节分为餐前、餐中、餐后三部分。

餐前应注意的问题：

（1）注意幼儿洗手的方法。

（2）教师介绍食物。

（3）注意幼儿的心情（看情况而定）。

（4）让幼儿自己取餐。

餐中应注意的问题：

（1）让幼儿安静进餐。

（2）让幼儿保持桌面干净。

（3）让幼儿正确使用餐具。

（4）有的孩子吃得多，有的孩子吃得少，教师应注意幼儿饭量要适中，适量添餐。

（5）让幼儿进餐时细嚼慢咽。

（6）对于一些特殊情况，如有的孩子挑食、偏食，要个别引导。

餐后应注意的问题：

（1）让幼儿收椅子，收餐具。

（2）让幼儿擦桌子。

（3）让幼儿漱口、刷牙。（蒲凡：中班幼儿也要刷牙，只是不使用牙膏。不能让幼儿频繁使用牙膏。）

（4）让幼儿换鞋。

（5）让幼儿散步、玩玩具、看书。

2. 幼儿在进餐过程中存在的问题

（1）随意大声聊天，收拾习惯不良。

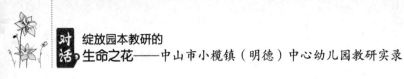

（2）吃饭慢、挑食偏食。

（3）偷偷倒饭。

（4）含饭（小班幼儿刚入园的时候不会嚼饭，以及使用餐具）。

讨论一个问题：抹布究竟适不适合放在桌面上？

蒲　凡：我觉得抹布放在桌面上很脏，如果幼儿不小心把饭和汤洒出来，教师马上用抹布收拾干净会更好。我们中班不提倡把抹布放在桌面上。

冯雄建：我们的要求是让幼儿吃完饭学会清理自己的桌面。教师可以根据实际情况去实行，一开始就要定好规则去执行，这样比较好。

3. 提高幼儿进餐能力

冯雄建：比如使用筷子方面，如何提高幼儿的进餐能力？

蒲　凡：这个可以分为两方面，如果是心理方面的，可以采用鼓励的方式；如果是动作技能方面的，可以让父母引导多练习。

（1）家长配合（让幼儿在家多使用筷子，毕竟在幼儿园使用筷子的机会少，可以让幼儿在家多练习）。

（2）区域里提供类似筷子夹珠的材料。

（3）娃娃家（可以让幼儿在娃娃家中学会照顾娃娃，培养动手能力）。

（4）观看相应视频。

（5）在环境中贴上步骤图。

（6）反复训练才最重要。

4. 进餐公约

冯雄建：像这个进餐公约就比较适合中大班，你们觉得该用什么方式去引导孩子，该制定什么样的相关公约呢？

（1）照片展示，以图画形式记录。

（2）让幼儿自己制定公约，自主协商。

（3）告知幼儿遵守公约可以有奖励。

（4）餐前倡读（进餐前可以让孩子读一读，强调公约的重要性）。

5. 自助餐

冯雄建：我们幼儿园每个月都会举办一次自助餐，在举办自助餐的时候，你觉得对幼儿有什么影响？

（1）让幼儿懂得数量关系（不同食物会有一定的数量限制）。

（2）在节约粮食这方面，让幼儿懂得按需来取食物。

（3）让幼儿懂得个人卫生。

（4）让幼儿懂得自助餐的要求。

（5）使用各种工具（如大小不一的勺子、筷子、牙签。可以提前告诉孩子注意安全）。

三、问卷星调查表派发的统计说明

冯雄建：通过微信转发问卷，只要在手机上填写就可以，最后我们会统计大概的数据。

蒲　凡：这种问卷是不是不能知道哪个班做了？哪个班没做？

冯雄建：是的，这份问卷不能统计班级数，但能统计家长的年龄段。

四、确定个人子课题

冯雄建：这次重新确定子课题，要围绕培养幼儿文明进餐习惯这个总课题来确定，所有的子课题都要朝这个方向发展。

蒲　凡：能不能多给几天时间去思考，因为像我们班的吃饭聊天问题、椅子忘收拾的问题、幼儿不漱口问题等都有必要解决。

冯雄建：我觉得这个问题需要班里的三位教师共同去研究和协商。

蒲　凡：当时只有两个人，阿姨去洗东西了。要做到三个人去监督是很难的，可以让小值日生去帮忙监督。

冯雄建：教师还是要起主要作用，根据班级实际情况，像中大班漱口情况可以让小朋友去监督。

蒲　凡：因为阿姨的时间和我们不一样，她们去拿餐具的时候，要到11点15分到20分才正式开始，前20分钟进行餐前演讲或分餐具，而阿姨分完菜就准备去洗东西了。然后第二位教师也去吃饭，最重要的是教师在课室里面的监督，像摆椅子、换鞋，在散步之前的环节教师都起到监督作用。但漱口这一方面，我就很难去抓，因为只有一个人，看到外面的情况就看不到漱口的情况，有时候只能通过检查嘴巴来查看漱口的情况。每个班的环节都是不一样的。两位教师的值班时间不一样，所抓的重点也不一样，所选子课题可能要针对班上的某个点、大多孩子普遍存在的问题进行研究。

冯雄建：对啊，现在就是围绕进餐环节来确定。我们班也存在这样的问题。通常两位教师都会监督幼儿进餐环节，这样有一位教师吃饭的时间就会拖延，耽误自己的休息时间，这个要看教师怎么去调配。

蒲　凡：像小班的时间还充足一点，中班幼儿想快点玩玩具，在刷牙的时候就不注意，教师也没法儿顾及。

冯雄建：要根据个人习惯去研究，开展过程中要及时拍照保留原始资料。

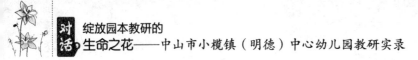

　　蒲　凡：比如在进餐前，让值日生学会分餐，让幼儿在进餐中保持安静，以及桌面干净。

　　众人讨论：吃饭聊天是可以还是不可以？

　　教师1：我认为还是要约束幼儿。

　　陈秀全：我觉得适当的聊天还是可以的。

　　教师2：我觉得幼儿的自我控制能力还不够，需要约束。

　　蒲　凡：小朋友和大人还是不一样，没有大人的自律，但还是要让他们养成吃饭不聊天的习惯，像外国的西餐厅就要求进餐安静。

　　冯雄建：像我们班幼儿刚开始吃饭会聊天。我记得有一次我问他们有没有吃过西餐，西餐厅里吃饭是很安静的，让他们来模仿吃西餐，当音乐响起，就要安静地进餐，小朋友都会按照教师的要求去做，慢慢地就养成了安静进餐的习惯，所以教师要学会去引导幼儿。

　　蒲　凡：我们会注意到班里哪些孩子拖拉，哪些孩子聊天聊得比较起劲，重点纠正他们。想要养成安静进餐这个习惯需要一定的时间。

　　冯雄建：要不停地关注孩子的进餐行为，利用适当的鼓励和奖励；同时也要关注孩子的饭量，适当增减食物。

　　蒲　凡：我也是采用这样的方法，但是还有比较特别的孩子，有的孩子每次都吃一点，添了饭也不会吃，对于特殊情况要特殊对待。要与家长配合，有的幼儿不吃饭，只吃零食，这些要与家长沟通解决。

　　冯雄建：这样的情况与家长有很大的关系，家长本身的观念会影响孩子。

　　蒲　凡：对于孩子的进餐行为我们不能逼迫，这会给他们造成很大的心理压力。

　　冯雄建：现在你们可以开始写一些教育随笔和幼儿个案，积累材料。让陈倩蔚介绍一下经验吧。

　　陈倩蔚：每一次写的教育随笔就是你课题的材料，在你系统整理时会起到关键作用，就像骨架的"肉"，理论的东西可以后期增加，由此可见，平时的个案和随笔是很有用的。

　　冯雄建：可以在区域中投放材料，例如，厨房区可以设计让孩子去怎么操作，通过什么方法来提高幼儿进餐的技能。

2016年下学期冯雄建名师工作室期末总结

冯雄建名师工作室期末总结，如下图所示。

2016学年度下学期小榄镇（明德）中心幼儿园

冯雄建名师工作室学期末总结

工作室第一次教研

1. 合作的力量。
2. 参加工作室后你想成为一个什么样的老师？
3. 通过工作室工作方案，确定课题"如何提高幼儿的自理能力，培养良好习惯"。
4. 三年发展规划具体目标及工作安排。

工作室第二次教研

1. 工作室班委安排。
2. 学习《指南》中幼儿自理能力内容。
3. 讨论幼儿自理能力调查问卷表（家庭）。
4. 建立工作室邮箱。

工作室第三次教研

1. 话题讨论：幼儿良好进餐行为习惯的培养。
2. 幼儿进餐环节包括哪些方面的内容。
3. 问卷星调查表统计说明。
4. 确定个人子课题。

教师们共同研讨文明进餐包括哪方面的内容

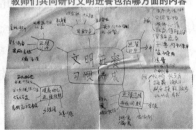

工作室第三次教研

工作室第四次教研

1. 针对本班孩子挑食，不喜欢吃黑色的食物，我设计"紫菜蛋花汤"活动。老师们先现场观摩上课的流程，再集中一起研讨。
2. 分析讨论：幼儿挑食问题应对策略
（1）观察课例"紫菜鸡蛋汤"你发现了什么问题？
（2）有什么地方可借鉴？
（3）有什么好的建议？
（4）如果是你，你会怎么开展活动？

工作室第五次教研 工作室成员的个人总结

一起来，握小勺，一口一口舀饭吃

起锅　　　分享

介绍紫菜

第三部分： **总结与分析**

名师工作室的建立对于我园教师而言无疑是一种新的尝试，也是一种新的挑战。面对未知与挑战，教师们从不却步，带着一颗求知与无畏的心，三位名师带领着一群同样智慧美丽的成员开展了一系列丰富精彩的课题研究活动，以下是对本园名师工作室的总结。

1. 课题把握明确，计划内容详尽

三位名师分别围绕青年教师的成长、绘本的相关研究以及幼儿自理能力的培养来开展教研。良好的计划是成功的一半，在工作室活动正式开始前，三位名师分别针对选定的课题进行资料搜集，制订详细的工作室计划。计划内容包括工作室的指导思想，工作室的定位、目标及特色，工作室成员的分工，工作室的规章制度以及具体工作内容与方法，等等。计划内容详尽，从工作室的总体方向到工作室每次的教研主题都详细地列明。正因为有导师们如此认真细致的准备，工作室才能顺利有序地开展，教研活动才得以有条不紊地进行。

如果说课题是目标，计划便是指引我们通往目标的方向。只有目标具体，方向明确，我们才能坚定不移地朝目标进发。

2. 活动形式丰富多样，教研氛围浓郁

三位名师拥有多年的教育教学经验，在课题研究方面有着自己独特的见解。为了让教研活动更加丰富精彩，更好地促进工作室成员的专业成长，名师们不断创新教研方式，调动教师们的研究兴趣。在活动形式上，张雪媚老师十分注重青年教师的共同体验，设计了温馨的游戏环节，让教师们在游戏中增进对彼此的了解，加强团队之间的联系。此外，为了给青年教师们提供展现自我的平台，张老师还举办了工作室内部成员的辩论赛，让教师们在紧张的筹备与激烈的比赛中获得自我的成长。冯雄建老师则重视理论与实践的结合，通过"课例展示+启发讨论"的形式，让教师们在实际操作中寻找解决问题的办法。董敏老师更擅长引发思考的教研方式，在教研活动中，开展"茶话会"，在轻松自在的氛围下，与教师们探讨对绘本的认识与运用。

对教研活动形式的不断丰富与创新不仅让教研活动更具趣味性，也让名师工作室成员之间的关系更加密切，让工作室更具家的感觉。

3. 教师重视理论学习，提高了实践水平

在工作室教研活动开展的过程中，教师们十分重视对理论知识的学习。例如，张老师组织成员们一起学习《幼儿园教师行为规范》，学习身为幼儿教师应具备的行为举止要求；董老师在教研中与成员们一同讨论学习幼儿各年龄段特点及如何根据幼儿年龄特点选择合适的绘本；冯老师在组织学习课题相关知识的同时，还注重结合《指南》中的相关内容，让教师了解《指南》中对幼儿自理能力的描述及应达到的目标内容。

课题的研究不仅要依靠理论的学习，更重要的是要与实践相结合，将理论运用到实际操作中，并用实践来检验理论，让理论知识更真实且可行。在进行理论学习的同时，教师们还需将所学运用到实际教学中，在实际操作中，发掘适合孩子的教学方法。在冯老师的工作室总结会上，我们看到了每位成员针对自己班中的孩子运用了不同的方法，让孩子们养成了进餐的良好习惯，教师们的实践水平也在不断提升。

第四部分：温馨小策略

1. 注重倾听，了解成员需求

工作室活动的开展需要导师和成员们的相互配合。在教研活动开展前，导师们非常注意倾听成员的需求，了解成员希望通过工作室活动得到哪方面的提升，以便在设计教研活动的时候考虑成员们的需求，让教研活动成为切合大家需要的有效活动。在教研活动结束后，还关注成员的意见，对教研活动进行了反思和改善。

2. 分工明确，注重资料的搜集

工作室活动的开展需要导师和成员的分工合作，包括教研资料的准备、PPT的制作、拍照、录像、记录等，只有明确分工，教研资料的搜集和整理才能有序进行。

第七节　嫁接、移植、创新
——用别人的优秀成就更好的自己

第一部分：　我们的做法

　　嫁接就是将一棵植株的组织融合到另一棵植株的技术。移植就是将植物移动到其他地点种植。嫁接和移植都是园艺工作中广泛应用的方法。在教育工作中，我们也需要不断地向别人学习，与外界对话，与同行对话，这样才能更好地认准自己的位置，看清自己的短处，看到别人的长处，不卑不亢地学习。"它山之石可以攻玉。"在学习的过程中，我们要善于嫁接、移植、创新，用别人的优秀成就更好的自己。

　　为了更好地向别人学习，我园努力提供和创造各种机会，让更多的教师可以走出去；而每次教师们学习回来，我们都会创设分享的机会和平台，让教师们可以更好地展示学到的内容，把学到的知识运用到教育实践中去。

第二部分：　对话实录

　　以下是我园部分教师在外出学习后的一些心得体会以及分享交流的记录。

学习"新西兰学习故事"的体会

周圣丹

首先，很感恩幼儿园给予的每一次学习的机会，通过学习，我们开阔了眼界，看到了自身的不足，也体验到了明德的优秀。今天我和叶老师要跟大家分享和交流的内容是"新西兰学习故事"。我们一共学习了四天，因为时间有限，所以今天我们只能按照自己的理解去跟大家分享我们的所见所学。可能我的理解会有很多不足的地方，请大家批评指正。

在讲学习故事之前，我想讲讲这次的学习地点——深圳实验幼儿园（以下简称"深实"）。这也是我第一次到深实，之前就一直听说，却从来没有亲临。这次终于见到庐山真面目了，在这里我想先跟大家讲讲我对深实的第一印象。

现在深实一共有四个部。其中百花部和侨香部是跟我们普通的园所差不多的，这里我就不多讲了。让我觉得眼前一亮的是行·学苑和哈啰孔子这两个部。深圳有很多大的集团和企业，包括大家都熟悉的华为、万科等。

"行·学苑"的理念就是跟着爸爸妈妈去上学，这个行·学苑是建在万科大楼里面的，共三四个班，为混龄教学。因为处在大公司内，所以资源也很多。比如他们的搭建活动就是请万科最好的设计师给他们上课，这就是最好的资源。爸爸妈妈也容易参与，

因为孩子就在公司里学习。这种新型的幼儿园很受各大公司的欢迎，听说后续他们还会在其他公司增设，当然这也是大深圳得天独厚的条件。另一个是哈啰孔子，听这个名字就知道它一定是走传统风格的，虽然现在还没有办好，不过我也很期待。对于具体的情况大家有兴趣可以去关注一下。

　　深实的环境不是单纯为了好看而做的，让人觉得精致的同时也很实用，下面是课实的两张图片，让我们一起来感受一下。在深实参观的时候，我在每个班都看到了这样的伸展图，具体他们怎么操作的我并不清楚，是否好用也不得而知，放出来给大家看看，仅供参考。

　　德惠双修，成为自己。我记得某朋友在给老婆的生日祝福上写了一句话，"你不仅是妈妈、是妻子、是女儿，你更是最好的自己"。我觉得深实的教师给我的感觉就是如此。你进到班级一定会看到教师们的介绍或是照片，孩子的成长档案里也会有教师的介绍。这种介绍很随和，很平等，她们会介绍我是谁，我的家庭，包括老公、孩子、我的兴趣爱好，等等，会让孩子觉得教师跟我们是一样的。在帮助孩子发展的同时，她们也在努力成为最好的自己。她们甚至会利用周末的时间去学习，而且她们学习的东西很广，不仅局限在自己的专业，也专研其他她们感兴趣的东西。这也造就了她们专研的态度，只有自己丰富了，才能丰富孩子，不是吗？

　　接下来，跟大家讲讲"学习故事"。在讲"学习故事"之前，我想先讲讲这几天我在学习过程中的所见所闻。

第一，Wendy老师给我的感受。在我之前遇到的很多专家当中，我觉得很多的专家都专家化了，需要我们仰视，比如拍照、做自我介绍，而Wendy老师告诉我们无论何时都要记住做个平凡人（不忘初心）。

第二，学习氛围。第一天，我们比较迟才到深实，前面有一段内容我没能定下心来听。我们是分组的，到讨论环节的时候，同组的一个园长让我发表一下意见，我顿时蒙了；后来回答问题环节，我原本以为大家都会低下头，生怕叫到自己，没想到大家都抢

着回答，很多甚至可以纯英文回答。让我感受到比我优秀的教师比我更上进、努力，这一点对我的触动太深刻了。

进入"学习故事"环节，这次的学习分为以下几个板块：

第一个要讲的是玩耍/游戏。首先，Wendy老师引出玩耍/游戏是什么的问题，并用一些名师的话来帮助我们理解。

由此我们可以看出，在国外的教育中，教师对"play"是很强调的；而这里也提到了孩子学习发展中很重要的一点，那就是心智倾向。那么什么是心智倾向呢？我个人认为，其实就很像《指南》中所说的学习品质。良好的学习品质涉及一些关键词，

▲大多数的时候，我们的孩子都经历些什么经验呢？
▲作为一个孩子，在目前的环境中，日复一日，会有什么样的感受？
▲我们正在教孩子什么？我们到底为了谁在这么做？

如"积极主动、认真探索、不怕困难、敢于探究、乐于创造"，而这些正是Wendy老师在讲游戏时想要传达给我们的关注点。

我觉得"学习故事"就可以给我们带来这一点难忘的感受。第二期的时候，我在学习之前做了预习，因为第一期我没有听，我怕我听不懂。回来后，我也反思了。我觉得"学习故事"这样的记录方式和我们传统的评价最大的区别就在于正能量。传统的评价更多的是记录孩子的问题，再提出解决方案；而"学习故事"是记录孩子的亮点，再提出支持。这种亮点并不是说孩子的学习成绩有多好，而是如我们刚刚游戏中所提到的心智倾向，也就是和学习品质有关。学习并不是一条直线。在上周我们的教研中，有位教师讲他们班玩变形金刚时会有停滞不前甚至倒退的现象，其实在孩子的

人们将忘记你说了什么，
人们将忘记你做了什么，
但是人们永远不会忘记你带给他们的感受。
——Maya Angelou

学习中，有很多类似的阶段。孩子的学习更像是这条线。在跟教师们讨论的时候，有位教师说，自从运用了"学习故事"，班上就有一股暖流，教师们对待工作更积极了，觉得孩子们更可爱了，家长也更配合了，教师在饭堂聊得更多的是孩子的闪光点，而不是缺点。听了这些，也许大家有很多疑问，甚至并不赞同。

　　接下来讲讲实际运用。可能大家对这方面会更关注。在一线怎么运用，而深实用到了"成长档案"中。首先我们看到的是"成长档案"所处的一个环境，很温馨。"成长档案"如下图所示。

　　这是一位教师幸福的根本所在，也是家长习惯的氛围，更是孩子所需要的东西。我觉得好的教师更像是一个小组长，和孩子一起学习，一起进步，我们只是聚集大家，而不是牵着大家走。

学习故事——"蛋花小丸子"

叶穗明

　　今天，美味厨房区的食谱是蛋花小丸子。你拿起蓝色的围裙开始穿上，身后的结不好系，于是你用语言请求欣欣帮忙，并说"谢谢你"，同时，你也主动帮助欣欣系腰带。因为你懂得互相帮忙会节约很多时间，所以很快你就坐下来开始操作了。

　　你拿了一个碟子和勺子，接过教师手中的面粉，舀了一些面粉在碟子上，再加了两勺水，然后用勺子搅拌。因为水放多了，变糊了。所以你加了一勺面粉，但还是糊，你又加了一勺面粉。

因为有过往实际操作的经验，所以现在你不再用勺子搅拌，而是用一只手揉，终于可以揉成一个面团。你微微地笑了，并用手摸了摸脸，脸上立刻印了一个可爱的白手印。

你迫不及待地用食指和拇指捻了一个面团，放在手心上开始揉，揉成一个圆溜溜的小丸子。就这样，你和同伴一起揉了一个又一个小丸子，不一会儿，就有了满满的一碟小丸子。

这时，你对遥遥说："水开了，水开了，看锅里冒烟了。"你和同伴商量后决定把一块黄糖放进滚烫的开水里，然后把做好的小丸子小心翼翼地放进糖水里。遥遥说："妈妈在家煮东西也会盖上盖子，这样会快点熟。"于是你立刻盖上盖子。

你利用空隙的时间和同伴一起擦桌面和清洗餐具。你会把使用过的工具按类别整理好，并准备好干净的碗和勺子。

水开了，大家围过来看见小丸子都浮起来了，你说，以前煮饺子时饺子浮起来表示熟了，小丸子应该也是一样。大伙都同意你的说法。你接过欣欣递过来的蛋花，倒进锅里，和同伴们一起等了大约一分钟。终于，蛋花小丸子做好了，你用勺了舀了半碗，可以开吃了！

在整个制作过程中，你会使用简单的工具，遇到困难能克服；你能与同伴互助，会协商；你能倾听和接受别人的意见，在群体活动中表现得积极和快乐。在升上小学后，老师相信你一定能很快适应小学生活，成为一名快乐的小学生。

深圳实验幼儿园参观学习记录表

时间：2016学年下学期。

记录人：冯雄建。

2017年6月8日，我们将参观深圳实验幼儿园百花部和侨香部，为了能确保参观学习的效果，我们设计了以下问题，请您在参观前仔细阅读，并且记在心中，带着问题有的放矢地进行参观学习，以实现学习效果的最大化。我们还将在学习结束后，利用业务学习的时间开展交流分享会，请大家提前做好准备。

类别	关注问题	学习记录
区域活动的组织	深圳实验幼儿园区域活动的流程包括哪几个部分	深圳实验幼儿园区域活动的流程包括： 做计划—自主选择—幼儿操作—分三组总结
	每个流程在组织过程中有哪些值得您学习的地方？（每个流程分别写，包括教师的语言、行为，孩子的语言、行为，等等）	值得我学习的地方是： 做计划流程。 "秘密花园"计划牌已记录了以下五个问题： 1. "秘密花园"在几楼？大班在一楼，小班在二楼，中班在三楼，"秘密花园"在四楼（打钩）。 2. 什么时间去？周二下午。 3. 今天的任务是什么？给花浇水。哪里有水龙头？ 4. 发现了什么？ 5. 说感受：开心（太热了，太晒了）；不开心（花不好浇）。孩子"做计划"是隐形学习有关数的知识
区域创设及区域材料	您所参观的班级总共创设了几个区域？分别是哪几个区域？请用画图的方式将班级的平面图描绘出来	娃娃家、小医院、操作区、建构区、阅读区、美工区、创想空间、自然角、快餐厅、生活区
	每个区域分别有什么材料？请列出每个区域所有材料的具体名称。（请用拍照的方式尽快记录下来，回来后，再按照区域进行重新整理）	美工区

续 表

类别	关注问题	学习记录	
区域创设及区域材料	每个区域分别有什么材料？请列出每个区域所有材料的具体名称。（请用拍照的方式尽快记录下来，回来后，再按照区域进行重新整理）	生活区	
		语言区	
		建构区	
		操作区	
		角色区	
	您所参观的班级中，区域活动计划牌是怎样的？（拍照插入文档中）		

续 表

类别	关注问题	学习记录
区域创设及区域材料	各区域有名称牌和区域规则吗？您觉得有哪些值得您学习的地方	
环境创设	您所参观的班级环境创设体现的总体风格是怎样的？是什么色调？主要运用了哪些材质？给您的总体感觉如何	小四班的班级环境整体风格简约温馨。 主要色调：白色和木色系列。 主要材质：竹席、竹帘、竹网、白色树枝。 总体感觉：简约、温馨；物品摆放有序，美工区孩子的作品展示具有艺术性
	各个区域之间用什么来做隔断？（包括悬挂的、墙面的、地面的）	
	环境创设中有哪些功能墙面？（如值日生等）	
	该班级环境创设中，最让您记忆深刻的地方有哪些？（例如，温馨的感觉是通过什么方法或材料、家私营造的）	

续表

类别	关注问题	学习记录
总体	对于本次到深实的参观学习，您收获最大的是什么？有哪些可以用到自己的班级当中？预计什么时候完成	本次到深实的参观学习收获最大的是：混龄班进行区域活动的形式，打破了班级格局，扩大了孩子交往的范围，可与不同的教师、不同的同伴交往。 第一个月先建立好班级常规，然后两班混合，最后才是级组混合。每个班根据大主题方向，再根据教师个人特长创设一个特色一个主题，如小一班：青蛙；小二班：狐狸和葡萄；小三班：萝卜；小四班：蛋。根据本班孩子的自我服务能力生成主题，在下学期进行深化。 以家长助教的形式代替半日活动观摩的形式，能让家长更直观深入地了解孩子的能力及孩子在每一个活动中的表现，能让家长体会教师带班的不易，更懂得感恩和配合教师的工作。 先向园长申请，如通过，下个学期开始实施。 环境创设了许多的功能墙。 值日生、午睡流程图、进餐流程图、学习握勺子流程图可以用到自己班中。 预计18周完成

★附：6月8日当天的活动流程。

上午：百花部。

9：00—10：00园所介绍及跟岗要求（剧场）。

10：00—11：00班级区域活动（小班）。

下午：侨香部。

2：30到达，拍照留念。

2：40—3：20环境观摩。

3：20—4：00座谈。

学习内容	区域活动和环境布置
学习时间	2017年6月8日
学习地点	深圳实验幼儿园百花部和侨香部
组织单位	小榄镇（明德）中心幼儿园
学习成员	冯雄建

续 表

活动照片1	
活动照片2	

活动详细记录及心得体会：

2017年6月8日一早，在陈园长的带领下，我们带着问题来到了深实进行参观学习区域活动的创设、开展和环境布置。

早上，我们先是来到深实的老园区百花部，这是重建后的幼儿园，是一个充满国际味、书香味和人情味的园所。幼儿园户外精心设计了七巧板、生态养耕区，每一个地方每一个角落都是风景。运用已有的场地，孩子们可得到各种不同能力的锻炼，如攀爬、走平衡木、爬斜坡等。首先由陈老师向我们介绍幼儿园的概况以及跟岗要求，接着，我们开始跟岗。我带着问题走进小四班，该班的主题是"蛋"。班级特色区域是生活区，教师将KT板挂在幼儿床前，展示"蛋"的主题内容，如蛋蛋知识知多少、黑熊换鸡蛋，等等。另外还有水果的主题：我眼中的水果、水果的世界。上学期，我们班也尝试过在小朋的床旁边贴上一日活动流程图和主题的相片，但给人的总体感觉特别凌乱，于是就取消了。课室显得空荡，无法体现整个学期主题活动的开展。参观完小四班的主题展示后，我马上借鉴并落实于行动。班级体现比较多功能性的主题墙，如小小管理员、起床流程图、午睡流程图、我们的约定以及一日生活流程图等，直观性强，适合小班年龄的小朋友。美工区则用不同的方式展示孩子的作品，分为剪纸区、涂鸦区等。区域活动做计划是在早餐后马上进行，虽然我到了小四班以后没看到孩子们做计划的环节，但我看到"秘密花园"计划牌已记录了以下五个问题：1. "秘密花园"在几楼？大班在一楼，小班在二楼，中班在三楼，"秘密花园"在四楼（打钩）。2. 什么时间去？周二下午。3. 今天的任务是找什么？4. 发现了什么？5. 感受：开心（太热了，太晒了）；不开心（花不好浇）。

教师的引导较为全面，孩子在晨谈活动中认识了楼层和方位，明确了时间和自己去"秘密花园"的任务；教师引导孩子学会观察，并把自己的发现、感受和大家分享，培养了孩子的表达能力。下午，我们来到了深实的分园侨香部，这是我第二次来到这里。每个班一进门都有一个"屏风"，每个班都有一个主色调，班级每一个角落都隐藏着不同的教育内涵。我们还参观了美术室，教师们将废物变成艺术品，用各种瓶子装饰成有趣的动物卡通造型，用废旧的刷子在上面涂上颜色并悬挂一排做装饰。最值得我学习的是，他们利用纸箱叠成梯状，把不同颜色的卡纸卷起来放在格子里，既可以当隔断装饰，又方便需要用时取放。

我要把看到的、学到的都付诸行动，一样一样落实到自己班级中。

第三部分: 总结与分析

以下是根据教师外出学习的心得体会及分享记录得出的总结与分析。

1. 站在巨人的肩膀上能看得更远

幼儿教育领域的知识总在不断更新和补充，为了能跟上时代的步伐，以及让孩子得到更好的教育，我们不能囿于本园内的学习，而是要勇于接受新事物，善于嫁接、移植和创新别人的优秀之处。外出学习是一条帮助我们发现和建构的良好渠道，每年，我园都会开展各种形式的外出学习，每一次学习都是极为珍贵的机会。我园教师可以借此机会得到不同程度的启发与提升，学习借鉴别人的优秀之处，并逐渐内化为自身的知识体系，将所学应用到我们的日常工作、生活中。这不仅开阔了我们的眼界，拓宽了我们的知识面，还能让我们少走弯路，站得更高、看得更远。

2. 注重学习资料的搜集和整理

正因为每一次外出学习的机会都来之不易，教师们需要在有限的时间内把观察到的、听到的、体会到的事物都一一做记录，作为学习资料保存下来，以便以后进行回顾与分享。所以，学习资料的搜集与整理工作显得尤为重要。为了让教师们的学习之旅更高效和更有意义，我们建议教师们带着目的和问题去观察与记录，形成珍贵的一手资料。我们每次外出学习都专门设计了问题记录表格，让教师们针对问题在观察学习中获得答案。通过文字与图片的形式记录下来，不仅清晰有条理，而且便于与其他教师分享。如对话实录中"参观深圳实验幼儿园记录表"中设置了四个方面共十六个问题，主要关注区域活动及环境创设方面，带着问题进行参观学习可以让教师更加深入地挖掘其内在的教育意义，有利于发挥学习之旅的最大价值。

3. 注重学习的分享与反馈

在组织外出学习之前，我们会对教师们进行分组，或以级组为一组，或以班级为一组，或随机组队，然后分配不同的学习任务，目的是让教师们的学习更具体和更有方向性。例如，在对幼儿园进行环境创设观察时，我们让教师们按级组进行分配，分别观察小班、中班和大班在环境创设上的特点，形成不同的学习资料。在学习之旅结束后，我们更加注重学习的分享与反馈，会及时写下学习的心得体会并进行分享交流。从教师们的学习心得可以看出，每一次的学习都带给了教师们新的想法与感受，这也是对外出学习的重要反馈，我们

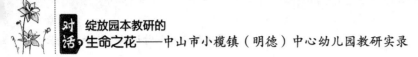

希望每一次的外出学习都能满足教师们的实际需求。在对话实录针对"学习故事"的分享中，除了对该幼儿园的情况以及"学习故事"培训的主要内容分析以外，教师还根据对"学习故事"的认识尝试撰写了"蛋花小丸子"学习故事，让参加分享的教师们也感受到了"学习故事"的独特魅力，虽未能亲身参与其中，但教师们已深深被"学习故事"所感动。分享与反馈能让我们的学习之旅升华、结晶，成为我们夜空中闪烁着智慧光芒的颗颗耀眼的星。

第四部分：温馨小策略

1. 借鉴并不意味着按图照搬

不可否认，学习的最终期望是能将所学为己所用，即"移植"。但真正的"移植"并不意味着将创意原封不动地复制过来，而是重在"创新"。我们必须明白不是所有的创意都适合我们的实际情况，不是所有的资源都能为我们所用，我们需要了解我们自身及孩子的需求和具体情况，将创意与我园的实际相结合，从而进行二次创作。而每一次创新都是赋予它的另一次生命，这样，我们所学习到的知识才能真正成为属于我们的东西。

2. 学习必须懂得取其精华

在外出学习的过程中，教师们常常会遇到很多新奇有趣的想法和创意，常常会思考如何获取这种意想不到的效果。尽管每次学习都有其精华部分，但并不是所有的资源都是适合我们学习的，常常需要教师们懂得分辨出其精华所在，就像在茫茫星空中寻找那颗能指引我们方向的最亮的北斗星。

第八节　与花共赏
——在光影之间感悟教育观与儿童观

第一部分： 我们的做法

　　电影是一种特殊的表达方式，它既来源于生活，又高于生活。一些优秀的电影作品能激发人的思考，洗涤人的心灵。如何充分利用这种特殊的艺术形式来促进教师教育观和儿童观的改变呢？在业务学习的时间里，我们和教师们分享了多部关于幼教的电影。下面以《看上去很美》和《小人国》为例，让我们通过教师们分享的观演感受，了解教师们对教育真谛的感受，从而促使教师反思自己的教育行为。

第二部分： 对话实录

　　以下是电影《看上去很美》和《小人国》观影前后的过程，以及教师们分享的感受。

电影《看上去很美》分享会对话实录

一、分享电影的背景和原因

　　我无意中在网上发现了这部电影——《看上去很美》。它是由王朔的原著改编、由张元导演的一部电影，讲述的是20世纪六七十年代的幼儿园生活。

当我一看到这部电影的名字时，就觉得表面现象和本质必定截然不同。果然不出我所料，看完之后，我的心情特别沉重。作为一名幼儿教育工作者，从专业的角度去看这部电影，心中有很多很多想分享和交流的点。我们常常希望通过各种理论学习，试图去改变教师的教育理念，树立正确的教育观、儿童观，可效果并不明显。为此，我灵光一闪，这部电影本身不就是一个很好的对话主题吗？于是我决定组织全园教师进行一次电影分享活动。

为了更好地组织这次电影分享，我再次仔细地观看了电影，并根据自己的经验，边看边将故事中的一些重要情节记录下来，以便在交流的时候更加高效。以下是我记录的剧情中的重点事件。

二、剧情中的重点事件

（1）李老师带着孩子们玩游戏（李老师扮演大灰狼）。

（2）剪辫子（剪辫子会更干净，为你好）（剪完后，唐老师第一次奖励红花，但他却把红花扔了）。

（3）添饭举右手，添汤举左手，吃饭中途去厕所会扣红花。

（4）尿床（梦见自己光着身子去尿尿）。

（5）统一起床拉大便（不扣小红花）。

（6）对红花提出的抗议（幻想自己有红花）……

（7）方枪枪想表演穿衣服，说自己穿衣服（很努力，想表现）；使劲拉屎，自觉洗手。可为什么没有小红花？（唐老师想奖励）结果尿湿裤子。

（8）我要告诉老师；脱了裤子；被南燕戏弄；站在高高的窗户上，回答老师，我是从另一个窗户飞过来的。

（9）珍藏一朵小红花，送给被批评的南燕；被扔，又捡起来。

（10）江若海爸爸来接（后勤部副部长），奖励红花。

（11）爸爸的钢笔；假媳妇；叛徒（被孤立）；玩木马、望天（向往自由）；北燕也被孤立，两人一起玩；拿纽扣当作药，给北燕脱裤子打针，被老师批评。

（12）军人踏步；方枪枪装死；老师说："将你禁闭。"

（13）第二次尿床（做梦；几位老师一齐批评他，笑话他）；后来老盯着老师。

（14）在课堂上，教师扮演大猩猩；方枪枪开始觉得老师是个大妖怪，说北燕给李老师吃了；去厕所检查有没有尾巴；于倩倩被李老师变成了小妖怪；在澡堂检查屁股。

（15）睡觉；我能在南燕床底下躲一躲；商量打老师（用绳子、鞋带）；高晋被捉走。

（16）玩打仗的游戏；抢枪（开始打人，开始明白强权的作用）；打人、推翻积木、捣乱（狼吃羊，应该把狼打死）；狗头军师；太老实（毛毛）；老师让方枪枪说"对不起"，他说"×你妈"，被关进黑房；找孔园长求救（没人教）。

（17）我笑狗呢（北燕）；无奈；（被冷处理）一段时间。

（18）"快点告诉老师我出队了，快点告诉老师我出队了，跑开"出队；去医院方向；看见军人胸前的大红花。

三、组织全体教师观看电影

业务学习一开始，我就告诉大家，今天的学习内容是看电影。现场一片轰动，跟平常业务学习的气氛截然不同，我想这个决定是正确的。教师们发亮的眼睛，带着满满的期待开始了观影之旅，学习现场从热烈到安静，再到沉思……

观演结束后，我们就电影展开了对话之旅，每个人都似乎有很多想说的话，于是大家你一言我一语地讨论开了。以下是教师们观影后的对话。

四、教师观影后的对话

陈倩蔚：看到这部电影，我有种很熟悉的感觉，因为我也有过相似的童年，特别是午睡。

陈秀全：这部电影给我印象最深的是方枪枪跑去小公园那一幕，那是他向往自由、渴望自由的表现。还有一幕就是他说李老师是魔鬼，其实我觉得唐老师和李老师是有区别的。

李美恩：我觉得要从背景上去分析整部影片。首先，这是军区幼儿园的特色，衣服要求是统一的，还有就是绝对地服从，这是整部电影的历史背景。

张雪媚：虽然故事发生在20世纪60年代，但教师的出发点是好的，只是方式方法有所不同，电影中的园长有值得反思的地方。

石泽满：导演的目的是想反映当时幼儿教育的现状，应该要适度。

钟小英：现在我们的教育是比较尊重孩子的，做错事情会去了解，不会随便批评，我觉得电影中唐老师的做法是比较好的。

邓尔珍：看完这部电影，真的觉得自己被吓到了！电影中教师对待孩子的态度真的令人发指。我自己也在反思两点：第一，关爱孩子，我们自己做到了吗？第二，如何关注孩子的心理成长？

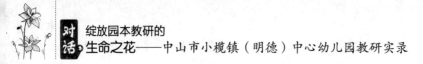

刘建琴：教师关注的只有黑与白，只关注表现特别好和特别不好的孩子，却忽视了中间部分表现一般的孩子，如方枪枪，其实是一个很有爱心的孩子，却因为教师的贴标签，导致后来变得越来越糟糕。

朱　欣：这部电影上到园长、教师下到孩子都是绝对的服从。人格上没有得到应有的尊重，当然，我觉得也有历史遗留的问题。他们滥用了爱的权利，用爱的名义去伤害孩子，我觉得幼儿教师不能不学教育学、心理学。另外，我觉得溺爱就是害，教师在处理事情的时候应该对事不对人。

叶穗明：看了这部电影，我在思考一个问题，我们应该塑造怎样的人，我有三点反思：我们教师应该塑造怎样的人？我们有没有塑造方枪枪这样的人？我们幼儿教师该怎样做？

陈　微：一朵小红花既是对孩子的束缚，也是教师的累赘。

焦淑燕：教师因小辫子而不喜欢方枪枪，在当时那个时代是可以理解的，要在时代的背景下去理解儿童观。看到电影中的红花，我个人也觉得红花榜的问题确实是弊大于利。

李甫易：对于方枪枪打针的这一事件，教师不分青红皂白，不明事情的真相就批评方枪枪，我觉得这是很不对的。教师应该要了解清楚事情的缘由，再做正面引导。

郑伟焕：我觉得通过这部电影能看出当时的教育观和儿童观，也许教师是爱孩子的，但是他们的方式方法却很令人无法认同。他们看不到孩子身上的闪光点，整部电影没有温暖的画面。

陆　春：从电影一开始，教师对待新生的态度就比较冷漠，我觉得我们更应该注重幼儿独立人格的培养，多用观察、询问的方式走进孩子的内心，真正了解孩子的想法。另外，我觉得在电影中，教师对孩子的这种安全保护意识也是不足的；对待孩子很不公平，尤其是对待江若海的态度。

蒲　凡：我个人是从三个不同的角度去看待这部电影的，分别是家长、教师和电影人的角度，其实从不同的角度去看，会有不同的感受。像电影中的两位教师，因为他们是全托的，一整天下来，其实老师已经很累了，对待孩子的耐心自然会少。其实电影中的唐老师还是很关注孩子的个性的，但后面也被同化了。

卢小媛：看完这部电影，我感觉很不舒服，我在想如果方枪枪在我班上，我会怎样对待？这部电影让我触动很大。

五、感悟

影片《看上去很美》是一部反映20世纪60年代前后学前教育的影片。该影片从一个幼儿的角度讲述了教师教育观念和行为的不当，使幼儿从一个普通的孩子变成一个特殊生的过程，反映了当时学前教育存在的问题。看完该影片后，引发了我诸多感想。

这部影片让我们警醒地认识到不管身处何种年代，教育的原则首先要以幼儿为本。我们所制定的规则、实施的教育行为不是为了束缚幼儿，压抑幼儿的天性，而是要让幼儿得到更好的发展。其次，该影片也提醒我们，孩子是多样化的、是独特的，是需要我们理解和关爱的，不是每个教育策略都适合所有的孩子。最后，该影片让我认识到，其实教育并不是那么容易的事情，但也不是那么可怕的事情，它是一门艺术，是一门怎样培养人的艺术，是一门涵养丰富而全面的艺术，而教师就是这门艺术的缔造者和改善者，用汗水和智慧来谱写动人的乐曲。《看上去很美》就应注释为：童年是完美的，上幼儿园也应是件很美好的事情；但看上去很美，其实并不怎样美。希望通过我们全体幼教工作者的努力，让幼儿园生活真的很美！

电影《小人国》分享会对话实录

一、分享电影的背景和原因

在我国，关于幼儿园的纪录片资源不多，较为经典的便数《幼儿园》和《小人国》了。《幼儿园》拍摄于2001年武汉的一所寄宿学校，真实地反映了当时中国传统学前教育的情况；而《小人国》是北京师范大学教授张同道用了两年时间，在北京一所名为巴学园的幼儿园拍摄而成的纪录片。记得我初次看这两部纪录片的时候，心情激动不已。《幼儿园》让我开始想要做一名优秀的幼儿园教师，不想再让片子里的情节在更多孩子身上重演；《小人国》则让我看到了模范的榜样。纪录片中同样的情景在幼儿园中也经常会发生，往往一些"小事情"也会让教师们很头疼。但纪录片中大李老师的处理方式触动了我，我希望通过分享电影，让教师们可以从大李老师的身上得到启发。

以下是我记录的剧情中的重点事件。

二、剧情中的重点事件

（1）夏日北京的早晨，一辆班车开到幼儿园门口，孩子们进屋吃早餐。可是，一位4岁小女孩辰辰却拒绝进屋，坚持在门口站着——她已经等了两个

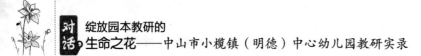
星期。

（2）一个小时后，一位4岁男孩南德来了，他就是辰辰等待的好朋友。辰辰和南德一起玩过家家的游戏，吃饭时，辰辰把自己碗里的饭舀给南德吃，睡觉时也紧挨着南德。

（3）老师问辰辰："在幼儿园里你最喜欢谁？"她毫不犹豫地说是南德。老师又问其原因，她回答道："他是我的好朋友。"

（4）池亦洋身材高大，强健有力，连续抢了栋栋的棍子，打哭佳佳，惹起公愤。

（5）最近，老师和小朋友的鞋子总是莫名其妙地丢失。镜头转到刚刚满2岁、还穿着尿布的锡坤身上，他吃力地把足球扔进比他还高的垃圾桶，然后是鞋子和小玩具。

（6）秋季足球赛鸣哨开战，守门员池亦洋连续丢了三个球，他急得用手拦球，大李老师判他违规。

（7）池亦洋不服裁判，与大李老师发生冲突，还破口骂人。于是，他被罚到反思角。不久，他扬言要掐死佳佳，又连续被罚进反思角。几番冲突后，小朋友们离他而去，池亦洋成了孤家寡人。

（8）一天晚上，一群小朋友的家长来到幼儿园找到园长大李老师，要求她开除池亦洋，以避免自己的孩子再受到池亦洋的欺负。大李老师告诉各位家长，池亦洋身上也有闪光的地方，他给其他的男孩子树立了男性的榜样。大李老师答应家长们，会好好改造池亦洋。

（9）锡坤在教室里把所有的东西都扔在地上，弄得满地狼藉，他却兴奋得满地跑。大李老师一直在一旁看着，并不阻拦，等他玩够了，大李老师才和他一起将东西归位。

（10）室外爆发冲突，池亦洋挺身而出，迅速而公正地解决了佳佳和栋栋的矛盾，带领一群小男孩进行军事训练，升国旗、唱国歌，俨然一位小将军。

（11）一个雪花飘飘的早晨，辰辰像往常一样在门口等待南德，但她并不知道她等待到的是一个坏消息。大李老师陪同辰辰站在雪中，她知道这是辰辰的最后一次等待，在家长的坚持下，辰辰和南德将被分去不同的幼儿园。等待40多分钟后，南德终于来了，大李老师不得不告诉他们分开的消息。

（12）这是今年的第一场雪，孩子们在原野上疯跑、喧闹、打雪仗，唯独不见辰辰的身影。

三、组织全体教师观看电影

《小人国》是一部值得每一位幼儿教师观看的纪录片，我相信我们的教师在观看《小人国》后也会萌生出不同的感受和看法。于是，在一个美好的下午，我组织教师们一起观看了这部特别的纪录片。《小人国》当中运用了很多温暖的色调，却不失真实。在观影的时候，我们就如同在听一个美好的故事，不疾不徐，却又影响深远。

在观看《小人国》后，每位教师都感触良多，他们从各方面感受和分析了该影片，每个人都有自己独特的感想。以下是教师们的观影后对话。

四、教师观影后的对话

黎倩仪：我也遇见过像辰辰那样执着的孩子、如池亦洋那样霸气的男生，也有类似锡坤那样调皮、爱搞事的小朋友。但是同样作为教师的我们，当遇到这类孩子时，却很少像大李老师那样，按照孩子们的行为轨迹，探索孩子各种行为的背后原因，甚至和他一起"疯狂"，也许这些是我最需要注意和改进的方向。

黄晓红：我很欣赏他们的教育理念，即给孩子充分自由，不会因为脏、危险而剥夺孩子玩耍的权利；欣赏他们的教学方法，能做到因人施教。"孩子是脚，教育是鞋"的标语印刻在了我的心里。鞋子舒不舒服，只有脚知道；教育成不成功，只有孩子明白。

陈倩蔚：这一次，我将关注点放在孩子们的行为上。我们往往在乎的是常规，却忽略了孩子们行为背后的动机。

陈泳仪：看过了《窗边的小豆豆》，再来看《小人国》，觉得《小人国》把《窗边的小豆豆》里面的巴学园真实地再现了出来。可能大家印象最深的是池亦洋小朋友。在平时，如果我们身边出现了这样的孩子，可能大家都会指责他是个坏孩子，甚至会有人觉得这个孩子是不是有问题，但是他很幸运地遇到了懂他的大李老师。

余嘉敏：我希望以后我的孩子能进像巴学园那样的幼儿园，度过一个单纯而美好的童年；希望他能遇到一位像大李老师一样的好教师，真正地懂孩子、引导孩子。其实家长也很希望我成为这样的老师吧。

谢　峰：每次看完《小人国》，我都会感受到大李老师的魅力。大李老师和孩子做朋友，用道理、耐心守护孩子的童真。作为一名幼教工作者，应该要学会观察孩子、了解孩子，耐心俩听孩子说的每一句话。

任江艳：电影看完了，看着片中孩子点点滴滴的成长，是那么熟悉，这

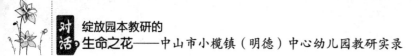

些也正是每天在自己身边发生的事情。我们每天都以爱的名义规定孩子只能这样，不能那样，这是真的爱孩子、保护孩子吗？这是孩子们成长过程中真正需要的吗？

张丽媚：在巴学园里，孩子们不受教师的约束，以及课堂的管制，可以自由发挥、尽情玩乐。大李老师处理问题的许多方法值得我们学习。当遇到小朋友们做错事情时，她总是会蹲下身，耐心地告诉孩子这样做是不对的，告诉他们不对的原因是什么，应该怎样做。

张雪媚：辰辰——执着、可爱；池亦洋——霸道、叛逆中又具有领袖气质、男子汉的气概，纪录片中每一个孩子的个性都很鲜明，我很佩服大李老师的耐心，能充分给予孩子们成长的时间和空间。

胡　婵：在了解了这个看似没有任何规则和要求的巴学园后，我深深地体会到若要有效打开孩子的心灵，必须学会倾听、相互尊重、亲近孩子，因材施教、让教育回归本源。

石泽满：作为一名幼教工作者，看了《小人国》这部纪录片，我深受感触。孩子能在巴学园这样的环境中生活是多么幸福的事情，因为教师们在教育中给了孩子们真正的自由。

柳懿君：大李老师说的话和一些做法让我很受触动，她从不放过"改造"和正确引导孩子的机会。此外，她会以欣赏的眼光去看待每个孩子身上的闪光点。

蒲　凡：在我从教的11年里，我深刻体会到，其实孩子比我们成人更加聪明，在情感方面更加易显和丰富。其实他们要求得并不多，只是希望得到更多的关注和理解、帮助和引导而已。

黄春燕："孩子是脚，教育是鞋。"这恰恰也是在警示我们的家长和教育者，留给孩子的不是给他们什么，而是他们需要什么。

李甫易：对池亦洋来说，遇到大李老师是他的福气。这一过程告诉我们要善于发现孩子的闪光点，不能因为孩子的某些缺点就判定一个孩子是好是坏；教师在教育孩子时更要讲究方法。

刘建琴：朴实的电影和当今的教育有一定的观念相撞，但相比之下，有更多地方是值得我们去学习的。教师应该做到真正地去尊重幼儿，不随便给孩子贴标签，能用心地去发现孩子的闪光点，因材施教，并用自己专业的知识引领家长们。

陆　春：观看完电影《小人国》，让我感触最深的是大李老师对孩子的耐心和宽容。一开始，攻击性非常强的池亦洋不断攻击他人，这遭到家长们的抗议，一致要求园方开除他，但大李老师却力排众议地维护他。后期，大李老师与池亦洋斗智斗勇，这对池亦洋的改变确实不少。

董　敏：影片中大李老师的教育理念是让我感受最深的，从允许辰辰每天执着地等待、在家长会上维护池亦洋到允许锡坤到处探索……这些事例都可以看出大李老师的教育观：理解孩子、尊重孩子、等待孩子。

栾　阔：在观看《小人国》的过程中，我总是会忍不住感动和会心一笑，巴学园的教师们给了孩子们充分的信任与自由，让孩子在广阔的天空中翱翔。

朱　欣：其实影片里让人印象特别深刻的几个主要角色在我们身边处处可见。但遗憾的是，不是每个孩子都能像巴学园里的孩子那样幸运，因为他们有一位无时无刻不在影响和关注孩子，用爱心、耐心、关心浇灌着孩子成长的大李老师。

叶穗明：在一般人看来，影片中那个爱探索的小家伙锡坤是一个爱给教师添乱的孩子，而影片中的大李老师却很赏识孩子，要给孩子一个自由探索的空间，这种教育方法很值得我们学习。

胡惠琳：这部纪录片给我的第一感觉就是这个幼儿园的小朋友真幸福。一位教育专家曾说过：做幼儿园教师一定要有爱心，还要学会等待。影片《小人国》让我们处处感受到了这种等待。

陈　微：这些事例都既真实又不带修饰地展示了孩子的幼儿园学习生活，同样也反映了教师的因材施教，最触动我的是教师能做到与孩子平等地讲道理。希望自己在以后的教学活动中能更多地运用这一方法。

刘健敏：该纪录片为我们呈现了一个既陌生又真实的儿童世界，其中的许多镜头都让我感觉似曾相识。这次学习令我受益匪浅。

黄桂枝：纪录片中那一幕幕轻松质朴的生活画面让我觉得我需要学习的东西太多太多，同时，也让我有太多太多的感触和感慨。真心地希望天下所有的孩子都能生活在巴学园，在自由发展中长大，回归大自然。生活就是教育。

冯敏姗：在观看了《小人国》这部电影后，我深深地被撼动了！在巴学园里，教师让孩子们不受过多的条条框框所束缚，自由地活动，真正地做到了让孩子在玩中学，做中玩。更让我感动的是，影片中那位充满了智慧和耐心的大李老师和孩子们之间相处得就像朋友一样。

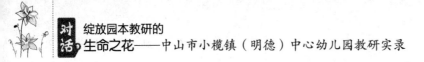

五、感悟

《小人国》里记录了孩子们的"小王国"，他们有自己的快乐，有自己的烦恼，也有着自己世界里的规则，俨然就是一个"小社会"。我们总觉得孩子的世界天真快乐，因为他们都擅长遗忘，擅长遗忘那些不愉快的回忆……

在纪录片中，认真等待的辰辰、活泼调皮的锡坤、"孩子王"池亦洋只是巴学园中三个普通的孩子，也许在我们幼儿园中也能发现有类似的身影。巴学园的园长大李老师无时无刻不在影响和关注着孩子们，用爱心、耐心、关心浇灌着孩子们的成长。我们又能否成为这样的大李老师呢？

《小人国》让教师们感动，但同时也让教师们陷入沉思与反省，我们在用欣赏的眼光看待巴学园中的教师和孩子，同时也在用反省的态度思考我们和孩子的关系。正像影片里小车上写的那样，"孩子是脚，教育是鞋"，要想孩子走得又快又稳，那么教育就必须量好每个孩子的"尺码"，做最合适的"鞋"。该放纵时放纵，该约束时约束，"一视同仁"只能用在相互关系上，而不能用在教育方法上。孩子的成长不是模板的复制，我们更应该关注每个孩子的天性和喜好，如大李老师一般，因材施教，尊重孩子的个性差异，保卫孩子自由的权利。

愿我们都能成为孩子成长路上的守梦人，守望成长、静待花开。

第三部分：总结与分析

根据观影教研的开展情况与教师们的观影心得反馈，我们梳理后得出以下总结：

（1）本次教研我们选择以教育电影《看上去很美》和《小人国》为主要内容，通过组织教师们共同观看电影，教师们感受到了电影中传递的观点及感动，从而对自身的教育行为进行反思。在观影现场中，我们发现了教师们会心的笑容和眼中闪烁的泪光，电影中熟悉的场景、相似的人物仿佛让我们看到了日常工作中的自己，也许这就是电影的魅力。通过观看电影来引入教研内容，让我们感受到不一样的教研氛围，这是一种新的尝试，一种新的机会；让我们发现更多的问题与策略，这是一种新的触动，可以引发我们更多的思考。

（2）影片《看上去很美》与《小人国》讲述了不同的幼儿园学习生活，尽管内容各异，但带给我们的启发却是相似的。《看上去很美》中描绘了一个以制度规则为先的"红花会"幼儿园情景，每个孩子都在为得到红花奖励而努力表现。而得不到红花的方枪枪因试图挑战与反抗规则而遭到教师和小朋友的孤立。《小人国》则展现了一个充满着自由与爱的巴乐园幼儿园情景，尽管幼儿园中的每个孩子性格各异，但他们都能得到教师的重视与尊重。亲切的大李老师宛若孩子们的天使守护着他们的成长。虽然两部电影呈现的是不一样的幼儿园生活，却让我们共同思考着相同的问题：如何成为一名善于观察孩子、引导孩子的教师？如何遵循孩子的脚步，让他们在自由与爱中健康快乐地成长，这也是我们一直在追求和探索的命题。

（3）在观赏了电影以后，每位教师都分享了自己的观影所得及感受，对于《看上去很美》，教师们的感受如下：

① 电影中描述的是一个军区幼儿园，幼儿园中要求幼儿绝对服从，必须遵守幼儿园的规则；而奖励红花也是建立在遵守规则上。这是在培养"统一"的人，同时，也剥夺了孩子们自由选择的机会。

② 关于"红花榜"的问题，教师们都表示"小红花"成了教师控制孩子们的手段，孩子们为了得到红花而极力表现，失去了本来的童真和快乐。

③ 教师对于孩子比较冷漠，没有看到孩子身上的闪光点，电影中也没有温暖的画面，教师缺乏对孩子心理需要的关注。

《小人国》给教师们的启发如下：

① 教师应给予孩子充分选择的自由，不能因为脏或危险而剥夺孩子玩耍的权利；教师应让孩子感受大自然，懂得为自己的行为负责。

② 教师应遵循孩子们的成长轨迹，探索孩子"做坏事"背后的原因，甚至和他们一起"疯狂"，这样才能引导孩子走上正确的道路。

③ 教师应学会观察孩子、了解孩子，耐心地倾听孩子说的每一句话，因材施教。教育不能要求整齐划一的标准，这样教育才能回归本源。

组织观影的目的是让教师们通过切身感受，体会不同的教育观与儿童观所带来不同的教育结果，明白自己的教育理念与行为将影响孩子的成长甚至一生。只有铭刻在心的感受和观念才能成为支撑我们一路向前的动力，树立正确的教育观与儿童观是我们守护孩子的重要一步。

第四部分：温馨小策略

（1）在教育电影的选材上，我们需要关注的是幼儿园的实际情况以及教师们日常工作中会遇到的问题，从而寻找切合幼儿和教师们需要的题材。例

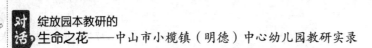
如，教师们在面对幼儿自由与规则的问题上很苦恼，电影《看上去很美》和《小人国》展现的正是过分依靠规则制度与正确使用规则的强烈对比，对我园教师具有特别的教育意义。

（2）在观看电影以前，我们可以提出一些与电影内容相关的问题，引导教师们在观看电影的同时寻找答案，随后与大家分享自己的思考所得。这样的观影教研才是有效的，不只是纯粹地观赏电影。

（3）为了更好地发挥教育电影的作用，我们建议教师们根据班里的实际情况，提供合适的教育电影给家长们观看，并给予恰当的观影引导，让家长们也能感受到正确的教育观与儿童观，以利于教师们开展家园共育工作。

第 三 章

花间采蜜

——对话儿童的学习与发展

在百花盛开之际，整个校园繁花似锦，空气中弥漫着馥郁的气息。勤劳的小蜜蜂们忙得不亦乐乎，时而吸花蜜，时而采花粉，时而跳起了圆圈舞，或忙碌着酿蜜，或辛勤地筑巢，或照料着同伴。无论是单独行动，还是群体合作，它们都在享受美好春光的同时，创造着属于自己的幸福。这如同幼儿园里的孩子们，在教师们用心孕育的大花园里，在户外奔跑、在室内探索；或安静地阅读，或扮演着角色。无论是独自玩耍，还是团队合作，都在开心快乐的笑声中，享受着属于自己的童年生活。对话孩子，才能更好地走进孩子的世界；读懂孩子，才能了解孩子行为背后真正的需求，才能根据孩子的需求，为他们创设良好的成长环境，提供丰富的材料。如同花间采蜜，在你来我往之间，在温情萦绕之间，用爱传递，创造惊喜无限！

第一节　小荷才露尖尖角
——了解孩子的年龄特点

第一部分： **我们的做法**

幼儿是天生的学习者，从一出生起，他们就在用自己的方式认识和理解周围的世界。了解幼儿的年龄特点，理解幼儿的想法和思维是教育的基础与前提。每个孩子都是独一无二的个体，相同年龄阶段的孩子有着许多共性的特点。只有充分了解孩子的年龄特点，才能让我们在教育实践中更好地理解孩子的行为，用接纳和包容静待花开。

自开展个别化学习以来，我们发现，教师们常常看见了孩子的操作行为，但是却看不懂孩子行为背后的意义。如何根据孩子表现出来的行为，了解幼儿的学习风格和学习需要，从而进一步改善指导策略，是我们一直在思考的问题。我有幸从网上买到了《读懂幼儿的思维：幼儿的学习及幼儿教育的作用》一书，书中的图式理论为幼儿教师解读幼儿的思维和需要提供了钥匙。图式是一种幼儿反复出现的行为模式，通过这种行为模式，幼儿经验被同化并逐渐得到协调；图式是幼儿在各种情境中表现出来的行为和思维模式，反映出幼儿的认知兴趣，体现着幼儿理解周围世界的能力。理解幼儿的思维和需要是教育的基础，只有这样，我们才能为幼儿提供进一步学习的机会。我们应采用多种方式方法扩展幼儿的图式，为他们活跃的心智提供更为丰富的养料，以丰富和加深他们对于周围世界的认识与理解。为此，我们利用业务学习的时间与教师们学习分享了关于图式的相关理论，为教师们了解孩子打开了另一扇窗。

第二部分： **对话实录**

以下是我园教师三人合作小组对幼儿的年龄特点进行讨论的结果。

小班幼儿的年龄特点

小组成员：谢峰、焦淑燕、张丽媚。

一、小班幼儿的行为、情感及思维特点

由于3~4岁的孩子刚从婴儿期步入幼儿期，一方面，他们不免带有一些婴儿的特征；另一方面，由于身心发展迅速，他们又开始具有幼儿期的显著特点。因此，小班幼儿的年龄特征十分突出。

1. 动作发展快

小班幼儿正处于身体迅速发展的时期，而动作发展又是其重要标志。他们身体和手的动作已经比较自如，可以掌握各种粗动作和一些精细动作。由于动

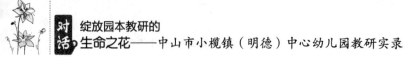

作发展的需要，因此小班孩子特别好动。由于骨骼肌肉的发展和大脑调节控制能力的不断增强，因此在小班这一年中，孩子动作发展的进步非常快。

3岁幼儿在动作发展方面已经表现出明显的个体差异。我们发现，这些差异与他们的先天身体素质、性别、个性及早期教养环境有关。

2. 认识靠行动

幼儿的动作发展对他们的身体发育，以及思维发展都具有重要作用。刚刚度过婴儿期的3岁幼儿正处于直觉行动到具体形象思维的过渡阶段，他们的认识在很大程度上要依赖行动。同时，3岁幼儿的口语表达和人际交往能力与中班、大班相比还较差，只能通过自己的行动表达需求。

3. 情绪支配作用大

情绪对3岁幼儿的支配作用很大。他们容易激动，而且一旦激动起来就难以控制。他们对成人表现出强烈的依恋，初次离开父母，会表现得极为不安。小班幼儿不仅依恋成人，而且伙伴之间的交往对他们的情绪也有很大影响。他们的认识主要受外界事物和自己情绪的支配，他们的许多活动也都是"情绪化"的。

4. 爱模仿

爱模仿是3岁幼儿突出的年龄特征。他们喜欢模仿教师、家长和小伙伴。小班幼儿是在模仿中学习成长的。模仿可以成为他们的学习动机，也可以成为他们学习他人经验的过程。幼儿的模仿并不是消极被动的临摹，他们的模仿同样具有创造性，是有自己个性与情感的表达。

5. 常把假想当作真实

幼儿常把自己假想的事情当作真实的事情，而有夸张性的表现。成人不理解幼儿的这一特点，往往误认为他们在"说谎"。幼儿之所以喜欢游戏，就是因为他们沉迷想象的情景，把自己真的当成了游戏中的角色。这一特点在三四岁的幼儿身上十分突出。

6. 常把动物或物体也当作人

幼儿常常把动物也当成人，甚至觉得没有生命的物体也会说、会动、会想，是他们的同类。他们常和娃娃说话，跟小椅子再见，这是幼儿思维拟人性特点的体现。正因如此，三四岁的幼儿喜爱童话故事，自己也常生活在童话世界之中。

二、小班幼儿的语言特点

随着发音器官的成熟，语音、听觉系统及大脑机能的发展，幼儿的发音能力迅速加强。到了三四岁，幼儿的语音发展有了一个大的飞跃。大多数3岁以上幼儿对声母发音不会感到困难，部分3岁幼儿会对辅音的发音感到困难。3～4岁也是幼儿词汇飞跃发展的时期，实词在幼儿3～4岁时增长的速度比4～5岁时要迅速。幼儿所说句子的复杂性也逐渐发展，3岁时，幼儿词汇量猛增，句子的修饰语显著增加，并具有一定的语法规则。根据朱曼殊等人的研究，幼儿3岁时使用修饰语的能力显著增强，达到50%左右。3岁幼儿的语言中仍以简单句为主，复合句在简单句的发展过程中同时并行地发展起来。在语言表达能力方面，虽然3～4岁幼儿已能讲述自己生活中的事情，但由于词汇贫乏，因此表达显得不流畅，常常带有一些多余的口头语，甚至有少数幼儿显得口吃。同时，他们在集体（如班级）面前讲话往往不够大胆、不自然。

中班幼儿的年龄特点

小组成员：董敏、陈微、张丹霞。

一、从行为上看

中班的孩子爱动、爱跳、爱玩，活动性强，喜欢用感官去探索事物；在集体中行为的有意性增强，自我控制力与小班相比略有增强；注意力比小班孩子更集中，大概能延长到20分钟；能接受成人的指令，具有初步的责任感，自理能力增强，能为集体做自己力所能及的事。

二、从思维上看

中班的孩子初步具有一定的生活经验，理解成人语言时往往容易偏向感性经验；虽然开始对事物进行简单的概括和分类，但仍以具体形象思维为主，对事物的理解能力逐渐增强，具有生动丰富的想象力；难以分辨假想和现实，有时脱离实际并非真正意义上的撒谎，只是用想象代替现实。

三、从语言上看

中班的孩子已能清晰地与人交谈，词汇量与小班的孩子相比更加丰富，能够独立讲故事，能讲述日常发生的各种事情；喜欢跟周围的人交谈，偶尔会表述比较复杂的语句，但是对事物现象和动作之间的联系理解不够，于是会出现说话断断续续的情况；会初步根据交谈的不同对象而调整语言，对简短的社会性语言能理解并加以运用。

四、从情感上看

中班的孩子自我意识开始增强，喜欢获得成人的肯定，通过成人的积极评

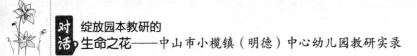
价而获得自我肯定；关心他人的意识开始萌芽，情绪逐渐趋于稳定，会学着控制自己的情绪；初步具有代入能力，即尝试进入他人角色，理解他人的感受。但是，对自己特别在意的事物容易受到情绪的影响，会发脾气，甚至容易情绪失控。

五、从身体发展上看

中班的孩子身体增长速度加快，大肌肉运动能力增强，体力较佳，可以步行一定的路程。基本动作更为灵活，不但可以自如地跑、跳、攀登，而且可以单足站立、抛接球、骑小车等；小肌肉运动逐渐增加，手指动作比较灵巧，可以熟练地穿脱衣服、扣纽扣、拉拉链、系鞋带，还会折纸、穿珠、拼插积木，完成精细动作。动作质量明显提高，既能灵活操作，又能坚持较长时间。喜欢有更大的空间活动，以及有更多选择的机会。

六、从规则意识上看

中班的孩子初步具有了规则意识，比小班孩子更懂得遵守纪律的重要性，懂得要排队洗手，依次玩玩具；初步有了大是大非的观念，但是，具体分辨是非的能力还比较弱，只知道受表扬是好事，受指责是坏事。虽懂得表扬自己是好事，批评自己是坏事，但还是需要成人加以引导和分析，才能更好地进行判断。

大班幼儿的年龄特点

小组成员：叶穗明、陈秀全、周圣丹。

一、大班幼儿的行为特点

1. 活动更有目的、有计划

大班幼儿在行动之前会对自己要做的事情有一个大致的想法，他们的行动更有目的性和计划性。不过，这种目的性和计划性不是自然发生的，而是有赖于成人的引导。

2. 活动的自主性、主动性得到提高

大班幼儿不再满足追随、服从，而是有了自己的想法和主见，他们在活动中的自主性、主动性水平明显提高。

3. 自我控制能力得到提高

大班幼儿的自我控制能力明显提高，表现在他们对动作准确性的控制上，又表现在他们对自己行为的控制上，有一定的自我约束能力。

4. 规则意识逐步形成

大班孩子会学习控制自己的行为，会遵守集体的一些规则。例如，游戏结束了知道要把玩具整理好放回原处，知道上课发言要举手，等等。大班后期的儿童特别喜欢有规则的游戏，如体育游戏、棋类游戏等，但这一时期的儿童对于规则的认识还没有达到自律。规则对儿童来说还是外在的，儿童在规则的实践方面还会表现出以自我为中心的特点。

5. 平衡能力明显增强

能进行难度较大的大肌肉运动，如攀爬、滑行等。在平衡游戏中能较自如地控制自己的动作。

二、大班幼儿的思维特点

1. 大班幼儿的思维出现了抽象逻辑思维的萌芽

虽然大班幼儿的思维还是以具体形象的思维为主，但与小、中班相比已有了明显的提高，出现了抽象逻辑思维的萌芽。

2. 在认识事物方面

大班幼儿不仅能够感知事物的特点，而且能够进行初步的归纳和推理。

3. 初步理解周围世界中比较隐蔽的因果关系

大班幼儿的好奇心已不再满足了解事物的表面现象，而是要刨根问底。

三、大班幼儿的语言发展特点

1. 可以完整、连贯地说话

大班幼儿能听懂较为复杂的句子，能够发清全部语音，能理解一段话的意思；语言的连贯性有所加强。

2. 词汇量进一步丰富

大班幼儿初步了掌握语法结构与书面语音，可以与成年人自由交流。

3. 说话配合肢体动作，变得富有感情

大班幼儿不但可以完整、连贯地说话，而且变得大胆、生动、有感情，并喜欢在讲话过程中配合做肢体动作。

四、大班幼儿的情感发展特点

1. 情绪、情感仍有外露性

虽然大班幼儿不像以前那么容易有情绪的变化，但有时不愉快的情绪持续的时间还是比较长。

2. 思想情绪感已不那么外向，渐渐有了内隐性

虽然大班幼儿情绪情感的调节能力已逐步加强，但是情绪仍有不稳定性和

易冲动性，也容易受各种因素的影响而发生变化。

3. 高级道德情感明显发展

对于大班时期的幼儿，成人能体验到的情感，他们也能体验到，并且此时幼儿的情感体验与社会的需要有较多联系，能有意识地控制自己的感情。大班幼儿的高级情感特别是道德感明显发展。幼儿已能把自己的行为和行为的规范相比较，产生强烈的道德体验；其是非感、集体感、友谊感、爱周围人的情感已具有一定的稳定性。这一时期的幼儿理智感也得到了较快的发展。突出表现是好奇好问，对一些智力活动、智力游戏产生浓厚的兴趣。

大班幼儿的年龄特点

小组成员：陈倩蔚、石泽满、胡惠琳。

一、5～6岁幼儿的语言发展特点

1. 发音较清楚

5～6岁的幼儿能听懂较为复杂的句子，语言的连贯性有所加强。

2. 词汇量丰富

5～6岁的幼儿能较好地用语言与同伴、成人进行沟通和交流，能生动、有表情地描述事物。

3. 能自由表达自己的想法

5～6岁的幼儿有强烈的语言要求，乐于谈论每一件事。

4. 开始对文字产生兴趣

5～6岁的幼儿会创造自己想象的文字，能较独立、专业地阅坊图书，理解能力不断增强。

二、5～6岁幼儿的思维特点

5～6岁幼儿的思维出现了抽象逻辑思维的萌芽。他们的思维与小、中班时期相比有明显的提高，在认识事物方面，他们不仅能够感知事物的特点，而且能够进行初步的归纳和推理。随着抽象逻辑思维的发展，5～6岁的儿童开始能根据事物的本质属性进行初步的概括分类，如把人们饲养的身上有皮毛、四条腿的猫、兔、猪归为家畜类。然而，由于受知识、语言、抽象概括水平的制约，这一阶段的儿童对类概念的掌握还是比较初级的、简单的，还不能掌握概念全部的精确含义，缺乏进行高级抽象概括的能力。

这一阶段的幼儿求知欲和探索欲强，常常会提出"这是什么""为什么""怎么做"等问题，会使用一些材料和工具进行操作，做科学实验等，渴望寻求科学的答案，喜欢动脑筋的和富有创造性的活动，如猜谜等。

三、5~6岁幼儿的情感发展特点

5~6岁幼儿情感的稳定性和有意性逐渐增强，他们对人对事已有了自己的看法。在与同伴的相处中能保持友谊。同时他们的情感也增强了，能较正确地评价自己和同伴的行为。

在相互交往中，该年龄段的儿童开始具有合作意识。他们会选择自己喜欢的玩伴，也能与三五个小朋友一起开展合作性游戏。他们逐渐明白公平的原则和需要服从集体约定的意见，也能向其他伙伴介绍、解释游戏规则。

四、5~6岁幼儿的行为特点

见134页相关内容"大班幼儿的行为特点"

请您回忆：

在平时的教育教学活动中，您是否经常会发现以下这些现象：

1. 孩子刚学会走路时，总是喜欢走来走去，每次拿一样东西不断地往妈妈的膝盖上放。

2. 在玩沙子时，孩子不断地把沙子舀到小桶里，压实，然后倒掉，重新再来。

3. 有些孩子特别喜欢圆形的物体。喜欢小汽车。喜欢绕圈跑。

关于图式的一些问题
——2015学年上学期第三周业务学习
2015年9月14日

图式的概念

图式是一种反复出现的行为模式，通过这种行为模式，经验被同化并逐渐得到协调。

图式是幼儿在各种情境中表现出来的行为和思维模式，它们反映了幼儿的认知兴趣，体现了幼儿理解周围世界的努力。

几种不同的图式：

★动态垂直
★来回
★旋转
★上下
★围绕
★覆盖和容纳
★穿越

关于图式的一些问题：

1. 为什么有些幼儿会对某种特殊的活动着迷并不断重复？

2. 图式建立后，幼儿会发生哪些变化？

3. 在确定了幼儿的图式后，教师应当做些什么？

我对图式的了解……

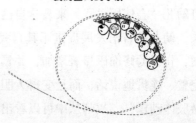

第三部分： 总结与分析

根据教师三人合作小组的讨论结果，我们得出以下结论：

一、以小组形式进行研讨，其效果更佳

以往，我们通常采取集体教研的形式，这样的研讨结果往往是零散的、不够深入的，且无法在保证效率的同时，让每位教师都参与讨论当中。本次教研采用三人合作小组的研讨形式，在提出教研主题后，给予充分的时间让教师们进行讨论和总结。研讨的结果显示，这样的教研形式是较为有效且全面的。教师们也表示，在教研过程中，每位教师都有阐述自己观点的机会，并且小组内能就一个问题或现象进行深入的讨论，提高了研讨的积极性和深入度。另外，我们对幼儿的年龄特点讨论分为小小班、小班、中班及大班，针对教师们所在的级组进行分组，力求使我们的研讨更具针对性和实用性，让教师们能从自身的经验出发，结合班级情况来进行探讨。俗话说："三个臭皮匠，顶个诸葛亮。"实践证明集体的智慧是无穷的。

二、举例说明更生动

尽管教师们的讨论方向不尽相同，但基本上都能从幼儿的行为、认知、情绪情感、语言及思维方面进行讨论。在进行描述的过程中，教师们都喜欢用举例说明。这一方法能更生动具体地体现幼儿的年龄特征：在谈及小班幼儿的行为特点时，教师以"他们常和娃娃说话，跟小椅子再见"为例子；在谈及中班幼儿的动作发展时，教师举例"手指动作比较灵巧，可以熟练地穿脱衣服、扣纽扣、拉拉链、系鞋带，还会折纸、穿珠、拼插积木，完成精细动作"。

三、从教师们的研讨结果来看

教师不仅能对某一年龄段的幼儿进行横向分析，还能对不同年龄段的幼儿进行纵向分析。在同一年龄阶段，教师从幼儿的行为、认知、情绪情感、语言及思维方面进行了横向分析，但通过对不同年龄段幼儿特征的对比，还可以了解幼儿某一方面特征在不同年龄阶段的表现，即进行纵向对比分析。例如，小班幼儿"会使用'我'来表达自己的需求和愿望，开始把自己从客体中区分出来，幼儿的言语发展促进了其自我意识的萌芽"；中班幼儿"3岁时词汇量猛增，句子的修饰语显著增加，并具有一定的语法规则"；大班幼儿"不但可以完整、连贯地说话，而且变得大胆、生动、有感情，并喜欢在讲话过程中配合做肢体动作"。教师从中可以看出语言特征随着年龄增长的变化趋势，有利于

针对不同年龄段的幼儿制订不同的教育教学计划。

第四部分：温馨小策略

第一，了解孩子的年龄特点是教师进行教育的重要前提。每年9月，我们都会和教师们分年龄段复习一下自己所教年龄段孩子的特点，帮助教师更好地了解孩子们的共性特点，在此基础上，再根据孩子的个性特点因材施教。

第二，随着科学的发展，以及心理学研究的不断深入，教师们还可以多读一些关于心理学方面的书籍，以便更加深入地了解孩子在身心发展过程中的各种表现，为教育提供更加全面的依据。

第三，尽管图式理论仍未得到权威的认证，但在日常的观察中，我们确实可以发现很多这样的规律。掌握这些规律，并根据幼儿学习的特点有所侧重地提供相关的材料，给予适宜的指导，也是帮助和促进幼儿发展的一条重要途径。

第二节　花语的秘密
——儿童观察记录

第一部分：我们的做法

精心地观察和解读幼儿是每一位幼儿教师的基本功。幼教实践证明，对于幼儿教师来说，会观察儿童行为并且能读懂儿童行为，明白儿童行为背后的意义和需要，并能采取正确的指导策略，是日常教学中非常重要的一环。观察记录能使教师从儿童的视角来理解儿童，以开放的心态、宽容的情怀对待儿童，真正做到尊重和信任儿童，以儿童为中心。为此，我们充分利用业务学习的时间，和教师一起学习各种不同的观察记录方法，一起设计观察记录表格，一起尝试将这些观察记录方法运用到教育实践中去，一起走进孩子的世界和孩子们一起成长。儿童就像万千世界中散发着馨香的娇嫩花朵，他们如此灿烂，如此与众不同，而教师的观察和记录就是走近他们的一条幽静小道，能帮助教师细细品读，读懂花语中的秘密。

为了让我园教师能更好地读懂孩子，学习并掌握儿童观察记录的方法和要领，我们组织了以"儿童观察与记录"为中心的学习教研活动，其中包括以下几点：

（1）"记录，让儿童的学习看得见。"要求让教师初步了解关于观察记录的理论，初步对观察记录有整体的认识。

（2）"观察记录的几种方法。"让教师初步了解每种观察记录的方法。

（3）"儿童行为观察、记录与评价。"让教师深入学习每种观察记录的方法；学习确定观察目标和目的，记录详尽的观察情况，将自己的发现与工作实践联系起来。

（4）读"儿童行为观察、记录与评价"。让教师分享一些观察记录的实例，以观察和记录更多的细节。

（5）"观察记录案例分析实际操作练习。"让教师用多种方式做记录，了解各种方法的长处与不足，并探讨不同的观察记录可以用在教育教学的哪些方面。

第二部分： 对话实录

下面是教研活动的一些片段。

业务学习：记录，让儿童的学习看得见

——与自己的对话实录

一、关于观察的名言

我既没有突出的理解力，也没有过人的机智，只是在观察那些稍纵即逝的
事物并对其进行精细观察的能力上，我可能在普通人之上。 ——达尔文

对微小事物的仔细观察，即是事业、艺术、科学及生命各方面成功的秘诀。

——史迈尔

世事洞明皆学问，人情练达即文章。

——《菜根谭》

对儿童有何种理解会在很大程度上影响教师对教育教学目标的确定、对
教育教学内容的选用、对教育教学手段的采用，以及对教育教学评价方式的运
用；同时，还会在很大程度上影响儿童与教师、儿童与儿童以及儿童与家长之
间的关系，影响教师对环境的布置以及对环境布置所赋予的意义，等等。总而
言之，对儿童学习的理解在某种程度上会决定或改变整个教育教学的面貌。对
教师来说，寻找一条可以帮助他们正确理解儿童学习的有效途径显得十分重
要。在人们寻找这种有效途径的过程中，观察与记录作为一种重要的方法与手
段被凸显出来，并日渐成为教育实践工作者所关注的焦点。

但是如何才能更好地掌握观察、记录的技能技巧，需要教师在学习和实践

中不断地修炼。在阅读了大量书籍之后，我有一个很深的感受，那就是如何判断和选择。在上周的外出学习中，上午的专家和下午的专家所讲的内容有着很大的矛盾，让我感觉越听越不知道自己该怎样做。在不断的思考中，我想起了一部电影《功夫熊猫》，在这部电影的最后结尾时，"熊猫"的爸爸交给它的秘籍居然是一本"无字天书"，原来最高的境界是"无形胜有形"。想到了这点，我茅塞顿开，深刻地明白了其中的道理，明白了有形与无形之间的关系。只有在熟悉掌握了有形的知识和技能后，才能逐渐悟出无形的理念，并让这种无形的理念站在更高的位置引领我们不断前进。就像我们经常在教育中说到的"教无定法"，虽然我们都明白这个"教无定法"的道理，但如果我们连最基本的方法都不能掌握，那么我们是不可能修炼到更高的境界的。

我们对孩子的了解有多深？（实操：请写下您对班上6号小朋友的印象。）

二、我们现在的状况

状况1：教师的真实感受

"观察太枯燥了，要不是为了交资料，我才不想做观察记录。"

"我觉得要弄明白该写一些什么是件很困难的事情。"

"要在同一时间一边观察儿童，一边写下观察的东西，实在难以做到。"

"为什么我们非要观察呢？"

状况2：父母的问题

"我很想知道他为什么这样做。"

"为什么她不明白我想要她做的是什么呢？"

"他很淘气，不乐意和别人分享玩具。"

"大人走开几分钟，让她一个人待一会儿都不行，真是令人头疼！"

"他想自己吃饭，结果弄得一塌糊涂，让我实在无法容忍，于是我不让他自己动手。"

通过学习更多儿童发展的知识和观察儿童做一些什么，教师和家长会对儿童为什么做某些事情，什么时候可能会做一些什么事情有更多的了解；而如果没有相关的知识，我们就不知道儿童想要告诉我们的东西，就会误解儿童的行为，这无疑会给大家的生活带来困扰。

状况3：教师的实际状况

毕业于专业的幼儿师范学校，学校并没有设置关于观察的课程。

我们对孩子的了解更多的是源于自己的经验和主观判断。

区域活动的开展与继续推进需要我们对孩子有更深入的观察和了解，从而进一步指导孩子的发展。

我们在日常生活和教育中亟须学会观察儿童。

我们与家长的深度沟通源于对孩子的深入了解。

为此，我将自己的思绪进行了整理，并开始思考在业务学习过程中，我的观察记录这一系列内容的培训应从何开始，如何才能真正有效地组织教师们找准切入口，让观察记录真正为我们的教育教学服务，促进教师的可持续发展。为此，我对这一系列的内容进行了梳理，并计划如下：

（1）让教师初步了解关于观察记录的不同理论。

（2）让教师们在培训活动中感受观察记录的重要性，知道我们为什么要观察儿童，我们应该怎样观察儿童。

（3）让教师初步了解每种观察记录的方法。

（4）让教师深入学习每种观察记录的方法。

确定观察目标和目的。

记录详尽的观察情况。

将自己的发现与工作实践联系起来。

（5）让教师以多种方式做记录，认识各种方法的长处与不足，并探讨不同的观察记录可以用在教育教学的哪些方面，实践并进行运用。

（6）让教师分享一些观察记录的实例，以观察和记录更多的细节。

（7）让教师尝试将观察记录与《指南》中各领域的目标联系起来。

（8）让教师学习观察记录后做评价，并制订新的教学计划。

三、观察的特征

每个儿童都有自身独特的发展速度，而遗传因素和环境都会影响儿童发展的步调。但是，所有儿童在总体上又都遵循共同的发展序列，如《指南》中的典型表现。我们在观察儿童的时候，也可以看看他们的发展是否遵循了一般的发展模式。观察是在实践中检验我们所学理论知识的重要工具，作为评估手段的直接观察，具有四个关键特征。

第一，幼儿的行为可以在自然的情境中观察到。

第二，当幼儿的行为发生的时候，可以被记录下来或编码。

第三，记录行为的观察者是客观的、无偏向的。

第四，幼儿的行为可用清晰、明确的术语来描述，而无须观察者的介入。

四、需要注意的事项

第一，单独一次观察仿佛用照相机拍一张照片，虽然照相机不会说谎，但

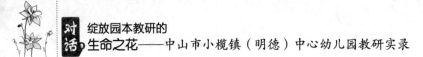
它可能歪曲事实。我们不能根据单一的一次观察来评价一个儿童。我们可以对一个问题加以重视，但要多关注一段时间，以便得出有根据的结论。

第二，我们进行观察这一举动本身，会使儿童的行为方式发生改变。他可能会变得拘谨或有点尴尬，也有可能表现得特别美好。

第三，我们要关注儿童的需要和他们各不相同的已有经验。

关于记录和纪录

记录：

聚焦的是结果。

注重标准化。

要求客观化。

纪录：

聚焦的是过程。

注重情境化，没有统一的标准。

不完全客观，带有主观性，注重文化背景。

从瑞吉欧的记录案例谈起。

小水坑的智慧

小雨过后，地上的积水变成了一个小水坑，这都得感谢地上的一个窟窿，以及些许的暖阳。幼儿们十分欢喜，假如成人不限制的话，这一汪积水可成为一个让幼儿们尽情探索的世界。

评述1：幼儿个个充满着期盼，雨停了，他们穿上雨鞋，一脚踩进了小水坑。当他们愈来愈接近水坑时，他们看见了水坑中自己的倒影。这时候，有一个小女生只看到自己上半身的倒影，这全身反映出来的局部倒影实在让幼儿们感到很好奇。

评述2：幼儿们一步步地慢慢走，他们注意到水波与倒影的改变。"水本来懒得不想动，但是我们走进水坑的时候，就会产生小水波，这些水波会越变越大。""嘿，我可以看见我自己。""我也是。""可是颜色都是脏脏的！"……他们注意到那些混浊的泥沙是如何影响到这一面镜子的。

评述3：一个幼儿弯着腰说道："救命啊！我们都在水里了。""我们可以摸到树梢了（树的倒影），因为这是另外一个世界，一个水中世界。"另外一个幼儿说道："好像被映入镜子，又好像住在水底下。"他们注意到自己的影像好像被液体浸散了。

评述4：教师把一面镜子放在地上，一个幼儿记得上次泥泞的水坑，说道："嘿，这次的颜色是亮的！"一个小女生把她的手放在镜子上，说道："救命啊！我掉进了另外一个很深很深的世界里。"也许是镜子里蓝色天空的倒影看起来像一个永无止境的世界，一个穿越地心的大洞。

评述5：现在幼儿们把所制作的图片剪下来，直立在镜子的周围，这些图片的正面描绘得很精细，不像影子，图上的线条可以重新显现在倒影里。

评述6：幼儿们将图片摆放在镜子的周围。其中一个幼儿说道："越靠近小水坑，越可以看见每一样东西，但是假如离水坑越来越远，可以看见的东西就会越来越少了。"这时，另外一个幼儿提出反驳："不一定是这样，假如我低头靠近看的时候，我只能看见我自己啊！"这可能意味着越靠近看，看见的事物越少。

评述7：幼儿们继续探索倒影的主题，他们在白纸上画出一个小水坑，然后把剪下来的图片放在画的周围。但是因为没有镜子，所以他们必须自己画出倒影，从真的水坑到镜子，再到图画，在整个过程中幼儿的构想开始完善。

评述8：教师提供给幼儿手电筒，让他们能够探索影子与倒影的形成。在对比之下，幼儿了解了倒影并非表面上看到的那样。

评述9：幼儿注意到所有的剪图都包括轮廓内描绘丰富的细节图像，以及影子里没有细节的灰色图像两部分，而倒映在水坑的影像则真实地反映出适当尺寸的身体局部。

评述10：拿着手电筒的小女孩已经画出她自己的形状，正在研究自己镜中的影像，以改进画画的技巧。她站在一面镜子上，说着："看，我可以看见我的小裙裤。"她抬起左脚并注意镜中所呈现的影像。

评述11：她小心翼翼地将图片的左脚往前折，然后小心地画出左脚底部的倒影。她很诧异，镜子居然可以让人看见事物的另外一面。教师灵活使用这些道具，使幼儿们的想法被呈现出来。他们会提出有关光线、空间以及不同角度的更有趣的问题。

评述12：一位小女孩清楚地画好了影子与倒影，回想当时她是如何用手电筒投射出影子的方法来探索影子的变化，从中可以看出最后幼儿是如何建构出影子与倒影变化的图形的。影子是黑色的，而倒影在混浊的泥水中看起来是阴暗的但能捕捉住颜色；另外影子总是与脚相接在一起。当没有直接站在水坑边缘或镜子上时，有时候倒影不一定和脚相连（如身体局部的倒影）。

评述13：幼儿们利用绘画构建出倒影与影子，并且将所画的人物以及小水坑放在一起。这些图像呈现出投射的角度与细节等知识，可以帮助幼儿表达得更清楚，进而巩固他们的认知。有些局部的倒影之所以显得短小，乃是人物摆放在远离水坑边缘的缘故。

幼儿们对自己的发现做出总结：

"当太阳出现时，影子就会出现。如果你站在水边，就可以看见倒影。"

"当太阳不见时，水中的倒影就消失了。光的渐渐消失可以让每一件东西渐渐消失。"

"不，你错了，倒影不是紧紧地黏着你，倒影是很深的并且有颜色，但是，影子是在你身旁，而且没有颜色，是黑黑的。"

以上记录来源于瑞吉欧·戴安娜学校的一个方案活动，在瑞吉欧·戴安娜学校，教师一直注意观察、收集和记录儿童在学习过程中的具体实例；教师也会经常聚集在一起，对关于儿童学习的记录进行深入的讨论。在这个案例中，教师很详细地记录了儿童是如何在水坑中、在镜子上、在纸上和用手电筒等来探究影像与影子的。教师之所以会做到这样细致入微的生动记录，是因为他们认为，记录有一个直接的作用，那就是能使儿童的学习过程、他们所付出的努力和最终的学习成果都变得清晰可见，可以成为教师理解儿童学习的宝贵的研究资料。这些评述是由《儿童的一百种语言》作者之一、美国著名幼儿教育专家乔治·福门教授所做的。

近年来，乔治·福门教授致力于对儿童"寻常时刻"进行。"寻常时刻"是指"占据儿童一天中绝大部分时间的时刻"，当一天结束时，寻常时刻就构成了儿童的生活经历。一个儿童尝试从塑料包装中挤出冰棍，或尝试解开纽扣，这些都是寻常时刻的例子。虽然寻常时刻很寻常、很微小，甚至很不起眼，但的确是儿童思维方式的缩影，是儿童探索事物、解决问题和建构知识的学习时刻。教师"一旦深入理解了它，也就理解了儿童。它让儿童的学习经历"变得可见。

以下是一个寻常时刻的记录案例。

彼得玩玩具车

彼得已经发现在他按住玩具车并使它向后驶动之后，他一松手，玩具车就会自动向前行驶。

有一个一端被放置在三块平木板上制成的塑料斜坡，彼得试图让上了发条的玩具车冲上这个斜坡的顶端，但玩具车并没有冲到顶端。彼得重试了一次仍然不行。之后他又试了一次。在第四次尝试时，他将玩具车向后拖得很远，似乎是为了让发条上得更紧。结果玩具车恰巧在斜坡顶端停住了，但还是没有到达平台上。他重新将玩具车的发条上得更紧，但仍是同样的结果。这时他暂停尝试，而去观察斜坡的一端是如何搁在三块木板上的。他移走了其中一块木板，也就降低了斜坡的坡度。而后，他胸有成竹地使玩具车冲出去。他看到玩具车成功地驶上了斜坡的顶端且冲到了平台上。

对彼得玩玩具车的分析

彼得持有数个概念。细想他试图使玩具车冲上斜坡所用的第一个策略：他将玩具车向后拉了很远的距离。他的假设一定是向后拉的距离直接关系玩具车在前行中所能移动的距离。当这一方法行不通时，彼得改变了斜坡的坡度。他的假设必定是斜坡的坡度越大，爬上去所需的力量越多，而斜坡的坡度越小，所需的力量就越有可能使玩具车到达顶端。在后面的情形中，彼得正运用着一个反向功能关联：A越少（坡度），B越多（玩具车移动的距离）。

两个案例给我们带来的启示

小水坑的智慧：

此为记录在主题活动中的运用。

彼得玩玩具车：

此为记录在日常生活中的运用。

此为记录在区域活动中的运用。

此为记录在游戏活动中的运用。

"观察并记录，让孩子的学习看得见！让我们共同携手，从记录走向纪录。"

"让我们走进观察、留下记录，快乐地体味每个儿童的独特之处！"

"业务学习：记录，让儿童的学习看得见的PPT，如图所示。"

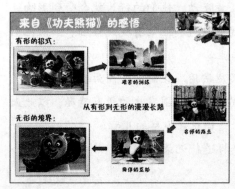

观察记录的特点及注意事项

❖ **观察的四个关键特征：**
第一，幼儿的行为可以在自然的情境中观察到。
第二，幼儿的行为发生的时候，可以被记录下来或编码。
第三，幼儿行为的观察者是客观的、无偏向的。
第四，幼儿的行为可用清晰、明确的术语来描述，而无需观察者的介入。

❖ **几点说明：**
第一，单独一次观察仿佛用照相机拍一张照片，虽然照相机不会说谎，但它可能歪曲事实。我们不能根据单一的一次观察来评判一个儿童。我们可以对一个问题加以重视，但要多关注一段时间，心便得出有根据的结论。
第二，我们进行观察这一举动本身会使儿童的行为方式发生改变。他可能会变得拘谨或有点尴尬，也有可能表现得特别美好。
第三，我们要关注儿童的需要和他们各不相同的已有经验。

关于记录与纪录

❖ **记录：**
聚焦的是结果。
注重标准化。
记录要求客观化。
例子：幼儿发展观察记录表

❖ **纪录：**
聚焦的是过程。
注重情境化，没有统一的标准。
不完全客观，带有主观性，注重文化背景。

关于寻常时刻

❖ 近年来，福门教授致力于对儿童"寻常时刻"的记录研究。寻常时刻是指"占据儿童一天中绝大部分时间的时刻"，当一天结束时，寻常时刻就构成了儿童的生活经历。一个儿童尝试从塑料包装中挤出冰棍，或尝试解开纽扣，这些都是寻常时刻的例子。虽然寻常时刻很寻常、很微小，甚至看起来不起眼，但的确是儿童思维方式的缩影，是儿童探索事物、解决问题和建构知识的学习时刻，教师"一旦深入理解了它，也就理解了儿童，它让儿童的学习经历"变得可见。

与您共勉

❖ 记录，让儿童的学习看得见。

❖ 让我们共同携手，从记录走向纪录。

❖ "让我们走进观察，留下记录，快乐地体味每个儿童的独特之处"！

业务学习：观察记录的几种方法

——与自己的对话实录

一、叙事观察法与自由描述

　　叙事观察法与自由描述观察法是我们一开始就会用到的观察方法，就是观察单个儿童或一群儿童，并记录下你所看到的情境。它要求我们安静地坐着，尽可能不引起儿童的注意，因为如果与儿童互动，他们的行为就会受到影响。要让孩子不跟你说话，一个有效的方法就是避免和他们有视线接触。如果他们意识到你在写东西，那你可以说你在写作业。

　　书写观察需要一段时间，在写的时候应该用现在时态，因为我们是在情况发生的时候做的记录。虽然我们首先要描述当时周围发生的所有情况，以此来设定情境，但重要的是，我们要记住重心是你正在观察的儿童。

　　下面是一个例子，你可以从中了解怎样进行记录。

　　观察环境：小班的"娃娃家"。

明明套上一件白色的长袍，戴上一对兔子耳朵后，开始跳来跳去。安安在电话机旁边坐下来，而后又站起来向碗橱走去。他拿出了两个碗，把它们放在地板上，然后走过去把明明叫过来。

安安把明明带到碗前面并让他蹲下来："把它们吃光，小兔子。"明明蹲下来假装吃东西。

安安开始发出"丁零零……"的声音。他跑到电话机旁，拿起听筒接听。

"姨妈要来看我们。"

明明似乎没有听到这句话，但一分钟后，他站了起来，走到化妆箱前，拿出了一条裙子套在兔子套装外面。他向安安走去，并用短促、尖细的声音说："嗨，我来看你们了。"

安安看着明明，接着离开了娃娃家，走到做手工的桌子那里。

二、检查清单观察法与预编号

检查清单观察法可用于记录单个儿童或儿童团体的活动。检查清单法与叙事、书写的观察不同，后者只要求你将看到的写下来，而前者要求你预先做好准备工作，先考虑清楚你想从儿童身上观察一些什么。检查清单观察法在学校中运用得较多，通常用来记录孩子的进步，并以此来开发相应的课程。我们现在都有让孩子自由选择的机会，这个时候，记录他们的学习成就就显得必不可少了。这里需要指出的是，我们记录的是儿童的成就，而不是他们没能做到的某事。当然，在我们这样做时，可以识别出儿童的需要。

检查清单

活动	明明	安安	小力	小华	东东
单脚跳	√			√	√
双手向上抛球	√		√		√
能快跑15米		√		√	
单手持沙包向前投掷	√			√	√

儿童可能无法在一天内完成清单上的内容，也可能不是按给出的顺序来完成的，这些都不要紧，而且年龄越小的孩子越不可能做到"按指令做"。但是如果将这些评价活动以游戏的形式呈现出来，就能得到更为真实的结果。

三、时间抽样观察法与结构化描述

时间抽样观察法是指在整个时间段内每隔一段时间做一次记录。对于观察之间的时间间隔及每次观察的时间长度，通常可以根据整个记录的时间安排来

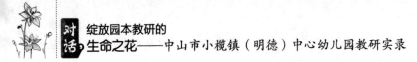

决定，而完整的观察记录时间通常取决于你开展观察的主要理由。比如，如果我们想发现一个儿童是否能够在听故事的时间段集中注意力，那我们可以计划每分钟看一下这个儿童，并记录下他在做什么。记录可以是这样的：

上午10：01，他安静地坐着，看着教师。

上午10：02，他专心地看着教师呈现给大家的图片。

上午10：03，他向上拉他的袜子，并把袜头部分小心地翻下来。

上午10：04，在教师叫他名字的时候，他回应了。

上午10：05，在教师针对故事内容提问的时候，他举手发言。

如果一个儿童具有攻击性或表现得不太合群，我们可能需要观察一个上午甚至一整天。这个时候，你的观察间隔时间可以定为20～30分钟，那我们的观察记录可能是这样的：

上午9：00，进入教室，回头看站在门口的妈妈。教师和他说话，他走进教室并坐在地板上。另一个儿童和他说话，他没有做出反应。

上午9：30，他与一组儿童（6个）一起做数数活动。一个儿童要求他递一下铅笔盒，他没有反应。当对方提高声音再次要求时，他把铅笔盒推到桌子对面，但与对方没有任何视线接触。

上午10：00，他在另一个儿童旁边画了一幅画，看了旁边儿童的图画几眼，并稍微向该儿童靠近。

教师靠近他："真是有趣的图画，你能告诉我你画的是什么吗？"他微笑，但没有说话。"是辆公交车吗？"他点头，仍然没有说话。

上午10：30，在进行户外活动时，他站在操场的墙边。之后，他慢慢挪动，站到户外活动教师的旁边，没有说话。一个儿童踢了一个球到他面前，他踢了球一脚，并跟在后面走了几步。那儿童问他："你想玩吗？"他点头，加入游戏，但没有再说话。

四、追踪观察法与结构化描述

追踪观察法是指追踪一个儿童很长一段时间，观察其去了哪些地方，做了一些什么。观察结果的记录可以是描述性的叙述，也可以用图表将结果表示出来。在实施观察法之前，应该预先规划好观察儿童的场地，如教室、户外活动场地等。最显而易见的运用通常是记录一个儿童在自由活动时间从事哪些活动。这种观察记录会让你了解他是专注一项活动，还是不停地换活动。你也可以用这种方法来记录某个儿童在某个时刻的各种社会性交往活动。

五、饼图和直方图观察法与结构化描述

饼图和直方图是以图形来表示对全班儿童的观察结果的一种非常有用的记录方式。比如，我们想要了解有多少儿童掌握了接球之类的动作技能，那我们可以设计一项游戏活动，按照一定的距离把球抛给儿童。然后记录下来，在3次的接球游戏中，有多少儿童接住了3次，多少儿童接住了2次，多少儿童接住了1次，以及多少儿童1次也没有接住。如果结果显示孩子们对这个活动感到困难，那么我们可以练习这项技能的其他活动，并重复观察这些活动。

这些方法在收集关于儿童的信息时有许多用处，同时这些收集到的信息还可以为教室、活动区材料、户外场地的各种设施、设备的使用情况提供客观的依据。比如，我们可以观察环境中的某一个区域，看看其中某样东西被使用了多少次。得出的结果可能会有助于我们思考将来怎么摆放环境中的物品，或让我们发现以后需要多加注意的地方。

1. 理解儿童的需要和经验

我们在前面讨论了很多种观察方法，以后将会更详尽地对它们加以探讨。我们之所以要开展观察，原因之一是要满足儿童的需要。每个儿童都是独特的，要了解他们的特点，我们需要做以下工作：

（1）对他们做一些什么感兴趣。

（2）倾听他们在说一些什么。

儿童会用各种各样的个性化方式来表达他们的需要。比如，一个儿童为了获得成人的关注，可能会尖叫；而另一个儿童则可能用咬别人一口来表达他的需要。两种行为本质都是反社会的，但如果我们观察了这些行为是怎样产生的，我们就会理解它们产生的原因。

例子：

辉辉（1岁10个月）在花园里玩皮球。他把皮球抛到空中，而后想踢皮球。他走过去用脚碰撞到皮球，使皮球向前滚动。当皮球滚到椅子下面时，他高兴得"咯咯"笑，并叫道："进球！"

这时，两个大孩子（3岁和4岁）走出屋子来看。当皮球滚到他们身边时，他们把皮球捡起来，并开始你扔给我，我扔给你地玩。辉辉站在旁边看，等着他们把皮球扔给他，但他们并不带他玩。当皮球掉到辉辉身边的时候，辉辉把皮球捡起来，用双手抱在胸前。4岁的大孩子走过来把皮球从辉辉手中抢了过去，并把球踢向3岁的大孩子。辉辉再次想要抓到皮球，但3岁的大孩子抢先捡起了皮球，并大笑着把皮球高举到头顶。当她放下手臂时，辉辉跑过去咬了她

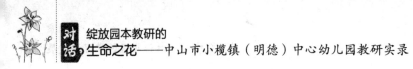

的手臂一口。这个3岁大的小女孩尖叫起来。成人听到后，赶忙跑出来查看发生了什么事。辉辉站在那里，看起来一脸迷茫。

"你这个淘气的孩子。"辉辉妈妈说道。

以咬人事件为例，上面这个观察可以帮助我们厘清咬人事件的问题所在。

辉辉必须明白咬人是不对的，但是在他学会用语言表述之前，需要有一个人愿意努力理解他。

儿童总是想让你看见他们看到的东西，让你和他们一起观看、一起体验。当儿童朝你大叫"看"的时候，他们的兴奋感是很强烈的。如果我们观察儿童活动的整个过程，不是仅仅赞赏他们最后的作品，我们可能会为他们的能力而惊叹。比如，一个儿童把一幅湿淋淋的棕色的画放到了晾干画作的架子上，幼儿园的教师说："我希望在你放学回家之前它会干。"

当他妈妈看到她的画时，她说："很好，亲爱的！你今天还做了什么？"

下面的观察记录将告诉你这幅画意味着什么。

观察：

琳琳（4岁1个月）穿上围裙后走到画架面前。她拿起棕色颜料罐里的刷子，在纸上画了一个圆圈，她在圆圈里滴了两点颜料后，把刷子放回了颜料罐里。她拿起红色的刷子在纸的上半部分画了一条弯弯曲曲的线，而后在这条红线下面画了一条绿色的线。她微笑着说："一条彩虹。"

她后退一步站了一会儿，然后拿出黄色的刷子在"彩虹"旁边画了一个太阳。

"现在我们需要雨。"

（她在画纸上涂了一些棕色的点。）

"现在雨下得很大，这里有个水坑。"

（她开始在整幅画上画许多棕色的线条。）

"雨下得像从天上倒下来一样，奶奶浑身都湿透了。"

（琳琳往后站，看着棕色的图画。）

"我画完了。"

儿童对自己的成就总是相当自豪的，但你必须记得，儿童完成某项任务的能力取决于他们有过的练习量。我们可能过于急切地从我们对某个儿童的观察快速地做出判断，进而推断一群儿童的发展水平。但这样做并不合理。我们在得出任何假设之前，都应该考虑儿童已有的经验和环境因素。

比如，以骑自行车为例，一个3岁的孩子能骑小三轮车，踩脚踏板，并会拐过大的弯角。

如果一个孩子有一辆小三轮车或在幼儿园里玩过，那么上面的观察报告很可能是对的。但有些孩子并没有骑三轮车的经验。如果儿童在某个发展领域表现出落后，那么在测试他们的能力之前，我们应该先给他们提供一些活动，让他们的相关技能得到锻炼。

如果你没有学过驾驶，没有人会期望你去考驾驶证，无论你是什么年龄。

简而言之，儿童需要成年人关注他们的成就，并提供环境支持他们进一步发展。要做好这一点，途径是观察儿童的进步，评估、了解他们各个方面的需求。

2. 你可以观察到的技能

儿童要发挥出自己的个人潜能，需要发展各种技能。作为观察的一部分，你需要确定儿童已经达到了哪个阶段，这样你才能提供合适的技能去促进儿童的发展。对于儿童表现出的某些技能，教师们常常觉得难以界定，不知道这些技能是由儿童的智力发展带来的，还是由儿童的认知发展带来的。

记忆和推理让我们能够对我们没有直接体验过的事件进行有根据的猜测。随着年龄的增长，儿童记忆和推理的技能也日益增长，年幼的儿童首先要能够看出问题是什么，才有可能去解决它。很明显，在面对涉及数的问题时，年幼的儿童需要计数辅助或掰手指才能得到答案，而较年长的儿童只要心算就行了。如果你通过观察儿童的技能了解到他们处于何种发展水平，那么你就能提供合适的活动来促进他们的发展。

3. 观察，与技能的进步相联系

现在，我们来看一个儿童完成三片式拼板的能力。（略）

小结：

我们对各种观察记录的方法有了初步的了解，思考了儿童的需要，也考虑了我们需要促进和拓展他们的一些技能。

下面我们来回顾一下本次业务学习的主要内容。

（1）观察记录的几种方法。

叙事观察法与自由描述；检查清单观察法与预编号；时间抽样观察法与结构化描述；追踪观察法与结构化描述；饼图和直方图观察法与结构化描述。

（2）我们为什么要观察儿童？

为了发现他们独特的特点以及技能，促进他们的发展。

（3）我们能看到什么？

儿童能够做一些什么？他们已经达到什么水平？了解这些可以更好地理解儿童为什么做某事，以强化我们关于儿童发展的知识，让我们从儿童的视角去看待事物。

（4）我们怎样帮助他们？

通过提供活动、资源或支持，促进儿童某些技能的发展。

通过观察儿童，我们可以：

评估他们的需要。

拓展他们的经验。

促进他们的学习。

（5）任务。

分别观察3岁、4岁、5岁儿童完成同一幅拼板的情况。

对儿童之间的能力做一个比较。

注意儿童技能水平的变化。

业务学习：观察记录的几种方法的PPT，如下图所示。

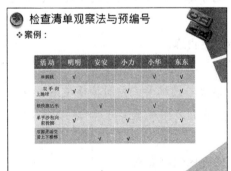

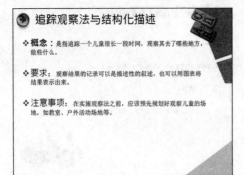

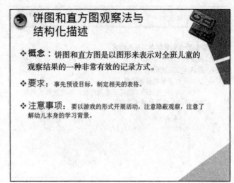

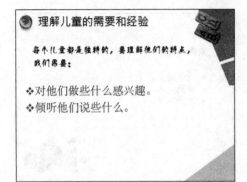

业务学习：儿童行为观察、记录与评价

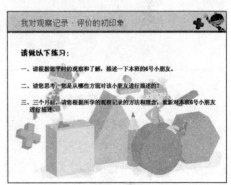

我们对观察记录、评价的已有经验

快速回顾我们曾经学习过的内容

- 观察的几种方法简介。
- 记录，让儿童的学习看得见。
- 三人合作小组的讨论结果。
  （有关问题与困惑、观察记录表的设计、我园在不同的情境中使用过的观察记录表）。
- 学习故事。

观察记录、评价的几个重要原则：

第一，客观。

- 科学观察追求"无限接近客观事实！"

第二，细节。

- 尽可能记录细节，对细节进行评价。

第三，全面观察。

- 生理（身体、身高、体重、运动能力）。
- 认知（语言、感知觉发展、想象力、创造力、思维、概念）。
- 社会性发展（同伴交往、师生交往、亲子交往、情绪的发展、道德的发展、个性的发展、人格的发展、气质的发展、自我概念的发展）。

第四，关系。

- 同伴关系。
- 师幼关系。
- 亲子关系。

业务学习：读"儿童行为观察、记录与评价"

学前儿童行为观察与分析

小榄镇（明德）中心幼儿园业务学习

精心地"阅读"儿童是每一个幼儿教师的基本功

- 对于一位称职的幼儿教师来说，他的第一技能也是最重的技能是读懂幼儿，能够从幼儿的行为和行为变化中分析出他们的情感与需要。
- 主要困难在于如何将儿童发展心理学的理论知识熟练地运用到幼儿行为的观察和分析中去。
- 最重要的是要求一位幼儿教师对幼儿具有由衷的热爱和细致的关注之心。
- 幼儿教师需要具有敏锐的观察能力和严谨的分析能力。

学前儿童行为观察与指导——幼儿教师的专业技能

幼教实践反复证明，对于幼儿教师来讲，会观察儿童行为，能读懂儿童行为，明白儿童行为背后的意义和需要，并能采取正确的指导策略，更为重要。

儿童行为的观察和指导，既体现了一种尊重儿童、关注儿童的理念，也是一项技能。

我们每天都可能面对的问题

运用哪些方法才能正确观察儿童的行为？

儿童的行为具有什么含义，如何解读儿童的行为和行为变化？

儿童为什么表现出这些行为，儿童有什么需求？

当看懂儿童的行为意图后，教师该如何满足幼儿的需求？

如何预防或制止儿童某些行为的发生？

......

我们应该达到的要求

进行儿童行为观察与指导要求教师：会科学记录和分析儿童的行为；能掌握不同年龄阶段儿童的行为特点；能科学解读儿童的行为和行为变化；能科学推测儿童行为背后的想法；能运用科学方法，及时处理儿童的个性化需求，科学评价儿童，实现促成儿童发展的目标。

我们可以从这些方面做起

一、学习行为观察的方法

● 如何收集材料，如何做记录，如何分析材料，如何做结论。

● 观察的方法：

图表法：追踪、社交图形。

抽样法：时间抽样、事件抽样、快照法。

书面法：非结构化记录表、结构化记录。

等级评定量表及检核表，等等。

二、树立科学的儿童观

● 科学的儿童观包括热爱儿童、有公平意识、尊重儿童个体发展和需要、重视每个儿童的情感和情绪体验，等等。

● 虽然儿童表达得并不全面，但儿童说的正是他的亲身体验和感受，只不过限于思维和语言水平，他们不可能像成人那样准确地阐述、委婉地表达，因此，成人应仔细倾听、分析儿童所说的话，反思自己的所作所为，调整对待儿童的方式和行为，成人尊重和重视儿童、平等对待儿童正是落实科学儿童观的体现。

三、掌握儿童的年龄特点

● 熟知不同年龄儿童的一般特点，了解这些一般特点在每个儿童身上的体现，才能在总体上把握各年龄阶段的观察重点。

● 如2岁儿童说谎和6岁儿童说谎的原因就可能不一样。2岁儿童说谎不是说谎，他所说的内容与事实不符，是因为他没有把想象和现实区分开来。而6岁儿童说谎就要仔细分析原因了，如他是不是怕受到惩罚，想得到什么奖励，还是想隐瞒什么，等等。

观察记录案例分析实际操作练习表

姓名：

本案例采用了时间抽样的方法，观察儿童在游戏中的合作行为，具体方式是：轮流观察。具体做法是每人观察3分钟，在第一个3分钟内采用事先的编码（符号）做记录，并配以简单的文字描述。接着以同样的方式记录2名儿童。观察完一轮后，再重新从第1名儿童开始进行第二轮观察，直至游戏结束。请对本案例总结结论，并进行评价和提出建议。

观察：

观察日期：2010年4月21日。　　　　　中班下学期

开始时间：上午9：50分。

结束时间：上午10：10分。

成人数目：2位（教师和笔者）。

儿童数目：6名（5名儿童坐在一张大桌子旁边，另一名儿童小蕾是坐在别
　　　　　的桌子旁边的儿童）；全班共有29人。

目标儿童及年龄：小渊（Y），男，4岁11个月（上过托班和小班）。

　　　　　　　　小菲（F），男，5岁5个月（上过托班和小班）。

　　　　　　　　小蕾（L），男，5岁4个月（上过托班和小班）。

观察方法：时间抽样法。

观察目的：在吃点心和自由玩耍时，3名儿童有哪些活动内容？

观察目标：是否能主动、及时地吃点心？

　　　　　在看书与不看书时分别做什么？

　　　　　围绕书开展什么活动？

　　　　　是独自看书，还是与别人一起看书？

情绪描述：

班级吃点心、看书的时间到了。教师在门口准备了8个点心牌子。儿童在
吃点心之前，需要戴好牌子。吃完点心后，再把牌子放回原处。其他儿童则自
己看书，当看到有多余的吃点心的牌子后，就可以戴牌子去吃。

代码：

E——吃点心。

T-CH（1）——教师与一个孩子互动。

T-CH（ALL）——教师对全体讲解及示范。

SR——独自看书。

3R——三个人一起看书。

SP——独自游戏。

PP——平行游戏。

Pair P——互动游戏。

观察记录：

时间	活动	编码	情境描述
9：51	Y拿着一本书，站在座位旁边，握着书当方向盘模仿开车，开了几下	Y　SP	主班教师让大家吃点心、取书。主班教师有事出去一会儿。现在教室里只有生活教师和观察者。
9：52	Y坐下看关于喜羊羊的书，一页页地翻书	Y　SR	
9：53	Y坐下看关于喜羊羊的书，一页页地翻书	Y　SR	有3个儿童也坐在桌旁看书
9：54—9：56	F在看书	Y　SR	
9：57	L和F与另外一个小朋友小嘉一起看书，做游戏"走迷宫"	L　3R Pair P	Y独自看书
9：58	L和F与另外一个小朋友小嘉一起看书，做游戏"走迷宫"	L　3R Pair P	
9：59	L和F与另外一个小朋友小嘉一起看关于喜羊羊的书，但很快L和F便转向凑到Y这里一起看书	L　3R	
10：00	Y一页页地翻书，看得很认真，L和F也趴在一旁和Y一起看书。	Y　SR 3R	
10：01	生活教师走到Y身边，提醒Y吃点心，Y快速起身拿点心牌子	Y　T-CH（1）	
10：02	Y吃点心	Y　E	
10：03	L跳着冲向F，F跪着说："L，L，大屁股！"重复说了4遍	F Pair P	
10：04	F向上抛了2次书，边抛边说："快看我！"	F Pair P	
10：05	F扔了几次，又拍了一下L的头，然后跑开了。两人咬着书，书被咬得有一个嘴巴形状的印迹	F Pair P	
10：6—10：08	L吃点心	L E	
10：09	小钱跳了几下，Y跟着小钱跳了几下。旁边陆续有三个小朋友也跳了起来	Y PP	
10：10	主班教师推门进入教室了，F和Y赶紧就近找个位子坐下。主班教师开始放音乐，让大家收起书，吃点心和看书的时间结束了	Y　T-CH（ALL）	主班教师进入教室后，教室里很快安静下来

我们的结论：

我们的评价：

我们的建议：

小榄镇（明德）中心幼儿园

2017年3月14日

业务学习：观察记录案例分析实际操作练习

——对话实录节选

本案例采用了时间抽样的方法，请对本案例做记录，并进行评价和提出建议。

一、我们的记录

刘建琴、柳懿君、叶穗明、栾阔：

在吃点心时，除了Y需生活教师提醒外，其他孩子都能自觉看见点心牌去吃点心。Y看书的专注力保持时间较长，开始阶段拿书本当方向盘玩耍，10：09跟小钱跳了几下。其他孩子能个别看书，也能和同伴一起看书。

董敏、黄晓红、任江艳、余嘉敏：

（1）目标儿童Y：①能在教师的要求下去拿书，其拿到书后，先是独自玩了几下；②或许是受周围小朋友的影响，或许是突然发现了更感兴趣的书本，其开始独自坐下看关于喜洋洋的书，对同一事情的专注力保持时间较长；③吃点心需要教师的提醒，独自看书时间较长，也有和同伴一起看书的，但都是受其他孩子主动邀请。

（2）目标儿童F：①没有写是否吃点心；②更多的是描写一起看书（集体活动多）；③不看书时抛书玩，又拍L的头，还咬书。

（3）目标儿童L：①能积极主动地去吃点心；②更喜欢集体活动，主动性较强，喜欢一起看书；③不看书时跳着玩、咬书。

蒲凡、胡婵、吴佳艳、陈倩蔚：

（1）整体表现：班级里基本养成了餐后阅读的习惯，以及个别幼儿会做一些互动小游戏，体现了该班幼儿具有较好的交往能力。

（2）个别性表现：Y喜欢看书，专注力较好；F喜欢交往，愿意与同伴分享，并和L是好朋友，语言发展较好；L喜欢交往，与F是好朋友。

二、我们的评价

刘建琴、柳懿君、叶穗明、栾阔：

Y能较长时间地看自己喜欢的图书；F、L能根据场合调整自己说话的声音，但看书的持续时间较短，独立看书的时间较少。

董敏、黄晓红、任江艳、余嘉敏：

4岁这个年龄段的孩子对同一事情的专注力保持时间较长，容易沉浸在自己的世界里，做事情需要成人提醒。而到了5岁这个年龄段，孩子容易受外因的干扰，同一事情的持续性就没有那么久，容易被新奇事物所吸引，这个年龄段的孩子更注重集体活动。

蒲凡、胡婵、吴佳艳、陈倩蔚：

（1）整体评价：相对于年龄段来说，本班级的常规表现较好，孩子的活动基本能自主安排，大部分孩子能自主完成吃点心、看书等活动，班级较有秩序。

（2）个别评价：相对于本班其他孩子来说，Y看书的专注力较好，不受外界影响，较尊重班里教师的常规要求，性格相对比较安静。F是一个比较外向、活泼的孩子，相对于班里其他孩子的专注时间较短，并且喜欢交往，语言丰富，喜欢表达。L和F关系比较好，喜欢和F交往，并且乐意分享许多有趣的活动，在与F的互动游戏交往中，有一定的依附性表现。

三、我们的建议

刘建琴、柳懿君、叶穗明、栾阔：

可在孩子安静看书后、吃点心前，提醒幼儿遵守生活和语言规则，提供相对安静的地方，尽量减少干扰因素，保证幼儿自主阅读。

董敏、黄晓红、任江艳、余嘉敏：

提供一些符合这个年龄段孩子特点且富有童趣的书籍。为年龄较小一点的幼儿多提供一些图画绘本类，为年龄较大一点的孩子提供一些类似走迷宫、智力游戏等思维方面的书籍。

蒲凡、胡婵、吴佳艳、陈倩蔚：

（1）增加阅读以外的自选小游戏，如玩玩具、聊天、拼图。

（2）如果发现有与Y同样情况的幼儿，教师应该给予其更多的关注，以及交往方面的引导。

正式的观察记录方法——图表法（社交图形）

观察：群体社交图形表。

日期：

儿童数目：

年龄：

环境：幼儿园班。

目的：发现班级中的友谊团体。

目标：分别考察男孩和女孩选择同性还是异性做朋友，是否有在友谊关系方面表现突出的儿童。

观察记录：单独询问班上每个儿童，要求他们说出自己的好朋友。

班别：　　　　　　　　　　　记录人：

幼儿姓名	性别	好朋友1	好朋友2	好朋友3	好朋友4	好朋友5	好朋友6	好朋友7

结论：

评价：

建议：

小榄镇（明德）中心幼儿园

2017年3月13日

《群体社交图形表》统计分析

以下是我园教师对幼儿进行《群体社交图形表》记录后的分析结论、评价及建议（节选）。

一、结论

K1-A班：

（1）大部分孩子的好朋友都是自己小组的孩子。

（2）在友谊关系方面表现较突出的儿童有：何承轩、蔡杰丞、黎嘉怡、蔡成业、郑肖帆。

（3）男孩子的好朋友大部分都是男孩子，很少有女孩子的好朋友。而女孩子的好朋友中常会出现男孩子。

小一班：

（1）男孩子的好朋友大部分都是男孩子，女孩子的好朋友大部分都是女孩子。

（2）好朋友都是同组或座位附近的伙伴。

（3）好朋友之间也有父母本来就是好朋友或者同住在一个小区的。

小二班：

多数幼儿都会选择自己座位旁边或自己小组内部的小朋友做好朋友。

小三班：

随着情绪的稳定和依恋的转移，小班的孩子对同伴的需要越发明显。孩子的性格、兴趣的取向、现有能力、心理需要的差异使他们形成了不同类型的交友模式。大致分为专一型、受欢迎型、攻击型、忽略型。我班受欢迎型的孩子多数为女孩，比较活泼、开朗、积极，与同伴相处会谦让，还有一个特点是说话声音大，常会引起大家的注意。

二、评价

K1-A班：

李伟浩、何昕暄、蔡成业能主动说出自己好朋友的名字。郑肖帆、符桓禹、俞皓允、饶诗媛、冯凯琦等小朋友需要教师的引导才能说出好朋友的姓名。

小一班：

（1）孩子偏向选能力强的孩子（如卢骏烨、林泽宇、陈鸿哲、谭巧希、李旻庭）做自己的好朋友。

（2）活泼爱说的孩子有较多的朋友，对相对文静的孩子来说，好朋友一般为1～2个；而经常被认定为顽皮的孩子，其好朋友一般为1个。

（3）小群体比较明显，一般都是同组的或者父母间关系比较好的。

（4）性格相近的孩子容易成为好朋友。对于安静的孩子，其好朋友也相对安静；对于活泼的孩子，其好朋友也相对较为活泼。

小二班：

符合相应年龄段幼儿的特点。男孩和女孩同样会选择自己附近的小朋友，与其进行互动、交往，时间一长，自己小组或旁边的小朋友就都熟悉了，也成为好朋友了。在各组中也有表现突出的幼儿，很快熟悉自己组的组员。通过其他接触方式又与其他小组认识，会带动部分幼儿认识其他组员，慢慢扩大交往范围。

小三班：

专一型的儿童比较依恋固定的玩伴，兴趣取向、认识判断等行为会受到同伴的影响。受欢迎型的儿童往往乐于接受同伴的请求或共同游戏的邀请。他们乐于帮助他人，在同伴间人气很旺。攻击型的儿童多以自己为中心，喜欢破坏别人的活动，自控力较弱，常常在游戏中与同伴争吵、打人。忽略型儿童胆小、怯懦，不愿加入同伴的活动，也不会攻击他人，但其他小朋友往往会忽略他们的存在。

三、建议

K1-A班：

（1）不定期地进行调组，增加孩子与不熟悉的同伴一起上课、游戏的机会。

（2）增加小组、小团体之间的游戏。如让孩子们进行点名字的活动，活动结束后的相互评价能够让孩子们发现其他孩子的优点和长处。

小一班：

（1）定期进行座位调动，让孩子有机会更多地接触不同个性、不同类型的同伴。

（2）将39个小家庭随意分组，组织家庭小组活动，使较为安静的孩子渐渐懂得社会交往。

小二班：

在同一年龄段也会出现部分交往能力发展迟缓的幼儿，可将交往能力强的幼儿安排在其旁边，以提供较多的交往机会或定期帮助幼儿重新调换位置。

小三班：

攻击型和忽略型孩子在我们班占小部分，他们在交往方面需要教师的更多关注，教师了解了他们的交往类型，就能有针对性地引导他们得到更多同伴的喜爱。可以从以下几个方面着手实施：①培养良好的语言习惯，在交往中学会表达；②学会分享；③在游戏中学会与他人合作，相互影响。

以下是我园部分教师的观察记录活动学习心得（节选）。

周圣丹：

这样的学习让我知道了观察记录不需要美妙的形容词及丰富的想象力。我们只需要客观地描述在真实情景中幼儿学习、探究的实际行为。

张雪媚：

有效的观察记录能获得幼儿的第一手信息，能更好地让教师了解幼儿的发展情况，能为我们做出正确的评价提供真实有效的依据，也能为以后的活动指导提供依据。以后我会结合实际去观察幼儿的行为，适当地记录一些有意义的幼儿行为案例，再对其进行分析，这样不仅能促进孩子的发展，也对自己的专业成长很有帮助。

蒲　凡：

通过对观察记录的业务学习，让我更加知道如何才能做好记录，知道从哪些方面观察幼儿并记录他们的一言一行，知道怎样给出相应的结论，进行评价和给出专业性的建议。

朱　欣：

每个幼儿都是独立发展的个体，作为一名教师，必须先了解每一名幼儿，才能找到较好的教育方法促进幼儿的良好发展，所以说，观察是了解幼儿特点并促进其发展的有效方式。而教师把自己观察所得记录下来进行分析与反思则是促进幼儿良好发展及提高本身素质的重要手段。

石泽满：

对于这次幼儿观察记录的教研，园长不仅从理论上对其进行了剖析，还结合我们一线教师的观察记录，给出了相应的实践作业。多种学习方式使我懂得了观察记录的重要性和必要性，也结合自己以往所做的幼儿观察记录的实际情况进行分析和整理，以此加深对孩子的了解，更好地促进幼儿富有个性地健康发展。

第三部分： 总结与分析

一、收获颇丰

从我园教师的观察记录学习心得中可知，教师们对于观察记录的系列学习效果十分满意。每位教师都能从中得到锻炼，收获颇丰。教师们从对观察记录认识模糊、不知从哪里开始观察、需要观察什么、观察的作用是什么……渐渐懂得观察的目的、方法到学会如何进行记录、评价以及提出有效建议都是这次科研学习的收获。教师们也开始有意识地从班里寻找观察对象，并进行观察记录的实际操作训练，在练习中将理论与实践相结合，让自己的理解更加深刻。对于新知识的学习，教师们总是怀着开放的态度，愿意接受创新与改变，并且孜孜以求。但短短的教研学习并不能让教师们完全掌握观察记录的方法要领，需要她们在教学实践中时常运用，并把观察记录作为了解孩子的一个重要方式，这样才能做到精益求精。

二、练习中的问题与教研内容息息相关

从对我园教师《儿童行为观察、记录与评价》系列练习的内容来看，练习中的问题与教研内容息息相关，练习的目的是引导教师们对观察记录的相关问题进行思考，能从经验中得出自身的结论。三人小组的学习可以激发思想的碰撞，提高研讨的效率。在练习问题的设置上，我们注重"案例+分析"以及"结论+评价+建议"的形式。首先，"案例+分析"的形式可以让教师们具体问题具体分析，善于发现案例中存在的问题，有利于培养教师们的思辨能力。其次，"结论+评价+建议"较为注重对实际问题的处理，我们除了要通过观察了解幼儿行为背后的原因，更要学会客观地、真实地评价幼儿，并能根据原因寻找解决的办法，提出有效的参考意见，通过实践解决问题。

三、以图表法为例观察

在观察记录的方法上，我们以图表法为例，教师们进行了关于《群体社交图形表》的观察记录。以班级中的友谊团体为主，考察班级中男孩和女孩选择谁做朋友，考察是否有在友谊关系方面表现突出的儿童。询问班上的每个儿童他们的好朋友是谁，并通过表格的形式记录下来。随后对表格进行分析，得出结论、进行评价并提出建议。从结论中可以得知，儿童的交友倾向存在以下几点共性：

（1）临近交友原则。在同一小组内、同桌、床位周围或同住一个小区的较易成为好朋友。

（2）男女交友差异。男生的好朋友大多数是男生，女生的好朋友大多数是女生，也有部分男生和女生有异性好朋友。这种情况会随着年龄的增长而逐渐转变，儿童的交友圈会逐渐变得更广。

（3）按性格、兴趣、爱好取向交友。性格、兴趣、爱好一致或类似的幼儿比较容易成为好朋友。例如，活泼的幼儿之间比较容易成为好朋友，文静的幼儿之间比较容易成为好朋友。

（4）受欢迎型儿童易结交朋友。性格活泼开朗、自信积极、愿意分享、体恤别人的幼儿较易受大家的喜欢，经常受到教师表扬和肯定的幼儿会拥有更多好朋友。

为了帮助幼儿扩大交友圈，让幼儿拥有更多的交友机会，教师们根据班里的具体情况，提出了一些可行的建议，具体如下：

① 在环境方面：不定期轮换小组座位，让幼儿能多接触其他小伙伴。

② 在活动方面：多增加小组之间的游戏活动，让小组与小组之间增加互动的可能性。

③ 在家长方面：家长之间多进行交流，让孩子互相到家中做客；家长对于性格较内向的幼儿要多鼓励他与其他幼儿互动。

④ 在教师方面：教师要尽量给予每位幼儿关注，不随意给幼儿贴标签，多给交友能力较弱的幼儿提供表现自己的机会；让每个孩子都懂得发现并欣赏他人身上的闪光点等。

经过对观察记录图表的学习与运用，教师们不仅掌握了图表法的实际运用，还能通过对记录的分析找到现象中存在的问题，并寻求解决办法，帮助儿童更好、更健康地成长，这才是我们学习观察记录的最终目的。

第四部分： 温馨小策略

第一，观察记录的学习不是一蹴而就的，而是需要一个漫长的应用和内化过程。通过从理论到实践，从观察儿童行为表象到尝试分析儿童行为背后的意义，我们只是走出了最初的一步。在未来的教育实践和理论学习中，我们将继续学习观察记录和评价，以便更好地了解和读懂儿童。

第二，随着教育的发展，前沿的幼教信息对我们的学习也产生着重要影响，如近几年兴起的"学习故事"就是一种很好的评价方式。通过学习，我们也将尝试以试点班级为单位的形式开展，希望能用不同的观察记录方法评价幼儿的学习状况，从而更好地改善教育策略，促进幼儿更好地学习与发展。

第 四 章

姹紫嫣红

——对话课程园本建构

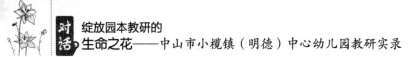

姹紫嫣红的春天孕育着生命的希望。在这一片沃土上，滋养着数不清的生命，积蓄着难以估算的力量。那是生命的起源，是起点也是归宿。再美的花、再绿的叶都要在泥土的滋养下，在润物细无声中悄然生长。只有饱含营养的泥土才能让花更美，让草更绿。如同幼儿园的课程，其承载着幼儿生命成长的重任。对话课程意味着不断深刻地理解教育观、儿童观，不断地学习与反思，不断地创新与调整，不断地修正与完善。在增加与删减之间，在理论与实践之间，选择合适的课程并制订适宜的教学计划，让课程真正成为促进孩子学习与发展的重要载体，让孩子们在三年的幼儿园生活中，生活得更加充盈，童年变得更充实而快乐！

第一节　对话一日活动，在润物细无声中孕育成长的力量

第一部分：我们的做法

生活即教育。幼儿园一日活动皆课程，一日活动的每个环节都蕴含着教育的价值。科学安排一日活动，优化一日活动流程，能更好地发挥一日活动的价值。在对话一日活动的过程中，我们采取了日常交流与问卷调查相结合的方式，设计了一系列的调查问卷表。如为了了解各班在组织活动过程中各个环节所用时间，我们设计了《一日活动各环节详细记录表》；在观摩了各级组的半天活动后，我们设计了《关于我园课程改革的自由畅想》调查问卷；在开展户外自主游戏后，我们设计了《关于我园一日活动安排的自由畅想》等表格。通过设计的这些表格，深入地了解了教师们在不同时期、不同情况下对一日活动的不同感受。另外，我们还在学习《广东省幼儿园一日活动指引（试行）》（以下简称《指

引》）的过程中，通过学习笔记摘要的方式，了解了我园教师对一日活动安排的看法。通过各种途径耐心聆听教师们对一日活动的建议，总结分析并思考在教育实践中如何更好地优化一日活动流程，在润物细无声中孕育成长的力量。

第二部分： 对话实录

为了更好地优化幼儿园一日活动，我们从不同的点切入，在不同的时期都认真听取教师们的意见和建议，具体情况如下：

一、各班特色

（1）大一班：两位教师轻声细语，细心关注孩子；充分利用课室的各个角落开展活动，比较具有特色的有发廊、播音员、采访活动、民间小游戏等；幼儿都比较大方，言语表达能力强，有良好的倾听习惯。

（2）大二班：教师语言组织能力强，有意识地引导幼儿用完整的话语来表达；较好地利用红花本的激励作用；语言区的有声图书很适合大班的幼儿学习，幼儿兴趣较高。

（3）大三班：本班的两位教师比较有经验，很多活动都已经形成了固定的模式；过渡环节用游戏来穿插，非常自然；幼儿的倾听习惯和整理习惯都培养得比较好。

（4）大四班：教师是新老搭配，充分地发挥了互补作用，能充分发挥各自的优点；胡老师指导美工区比较细心和有耐心，张老师在组织能力和随机教育能力方面比较擅长；幼儿的动手能力和合作能力强，主要体现在收拾整理方面与建构区活动方面。

（5）国际大班：教师注重利用好课前、餐前的时间和孩子们做运动、玩游戏；幼儿有良好的进餐习惯和整理习惯；幼儿比较活跃，表现大方，乐于在集体面前表现自己。

二、总体评价

（1）教师们都很谦虚，本着学习交流的态度来参与本次活动。执教的教师能听取别人的意见，评课的教师能看到别班的优点，并在发现问题的时候客观地提出自己的建议。

（2）各班的三位教师分工明确，既分工，又合作。

（3）整个半天活动的流程比较顺畅，活动安排较合理。

（4）教师有意识地把游戏贯穿到教学活动中。

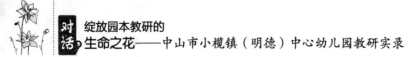
（5）大班的孩子比中班时更活跃，更勇于表现自己了，学习能力、动手能力等都有很大程度的提高。

三、存在的问题与建议

（1）要继续培养孩子良好的日常习惯，如倾听习惯、收拾习惯、良好的坐姿等。

（2）教师要习惯用自然的声音说话，轻声细语，给孩子做出良好的示范榜样。

（3）教师要坐下来弹琴。

（4）有需要的课室或环节（如喝水、集队、如厕等环节）要做好指示标志或控制线，避免拥挤。

（5）教师要细心观察孩子，多倾听孩子，尽量做到集体与个别兼顾。

（6）区域材料还可以更丰富、品种还可以更多样，以适应大班孩子的发展需求。

（7）思考：在现有的幼儿人数和课室环境下，如何更好地利用场地、角落去开设孩子感兴趣的区域？

（8）级组再讨论：晨谈的时间从什么时候开始更合适？避免孩子坐的时间过长。

（9）多与孩子做游戏（如数学游戏、手指游戏、音乐游戏、体育游戏、猜谜语等），让幼儿的学习生活更加丰富多彩。

（10）教师要展露迷人的笑容，多与孩子像朋友一样玩乐。

《关于我园课程改革的自由畅想》对话节选

通过实践活动，让教师们了解我园现行的一日活动安排，以问卷的形式让教师们发表自己的想法和意见。以下是《关于我园课程改革的自由畅想》调查问卷部分内容的节选。

您对我园课程改革有哪些意见和建议？

张丽媚：早上课程安排得比较紧凑，特别是三浴时间难保证每天两个小时，希望以后做出调整。

蒲　凡：调整时间，减少课时量。

焦淑燕：重视各班主题活动过程的体现，关注幼儿对主题内容的生成，而不是级组长想什么教师就教什么，既要统一，又要体现各班幼儿的实际需求。

冯雄建：立足"园本"课程，开展"特色"课程。

张雪媚：①可以级组为单位开展一些教学活动；②可尝试开展每月一次家长助教日，当天的活动都由家长设计和组织，教师协助完成。

余嘉敏：如果有条件的话，幼儿园可增设科学实验室和角色工作坊。

胡玉意：建议上午安排区域和三浴活动，下午安排主题教学活动。

胡惠琳：如能删减一些活动，教师能组织得更充分，每个活动的质量也会更有保障。

栾　阔：有些课程内容由于时间的原因不能进行，或进行得比较仓促，幼儿没有真正领会就已经结束，因此课程要有所取舍。

董　敏：因为人数多，不得不采取分组的形式开展教学，所以每周课程安排得很满。在不能减少班额的前提下，只能减少课程，选取孩子在幼儿阶段最需要的内容进行安排。

陈　微：午睡后的活动量需增加，以保证幼儿每日的运动量。

刘健敏：音乐活动可以选取一些贴近幼儿生活的题材，加入更多不同元素。

李甫易：让幼儿在户外活动时学习更多东西（玩中亲身经历学习效果最好）。

《关于我园一日活动安排的自由畅想》对话节选

我园从本学期开始，进行了户外自主游戏的探索，普通班每周3次，国际班每周2次。在课程调整的过程中，对原有的一日活动安排进行了大范围调整，站在教育教学第一线的您，对我园一日活动安排存在的问题、遇到的困难感触最深，也最有发言权。您的意见和建议对我园课程的完善、一日活动的合理安排都有着重要意义。为此，请您根据我园开展户外自主游戏后的实际情况，谈谈您对一日活动安排的想法。

1. 您觉得一日活动调整后，哪些问题是让您感到最困惑的？

陈秀全：时间安排较满，环节之间太紧凑，让幼儿没有放松的时间。特别是小班花在护理上的时间较多，可否将户外自主游戏和个别化学习错开时间？

胡　婵：我园的户外自主游戏和个别化学习让孩子们真正实现了"玩中学、学中玩"，不仅学到了很多本领，而且思维能力不断加强。就本班而言，困惑有手工、绘画等课程已经安排不下，如何平衡各领域课程的量呢？

刘健敏：在一日活动的开展过程中，时间衔接上没能把握好，觉得上午的时间很忙，该如何处理？

朱　欣：最困惑的是如何恰当地指导幼儿进行活动，让他们通过这样的活动得到最大限度地提升和发展。

陈倩蔚：①户外自主游戏与个别化学习之间如何做好衔接？②每次自主游戏后都需即时总结吗，还是可以根据活动的具体情况另找时间总结？

2. 您觉得我园一日活动的哪几个环节亟须调整或完善？

陈秀全：户外自主游戏和个别化学习是否可以调整一下时间？如果将户外自主游戏和个别化学习分组安排，时间是否更易安排？

胡 婵：一日活动的内容很丰富。在安排户外自主游戏的上午，我一般会用照片的方式记录下来，下午在集体教学活动时进行总结、分享。安排个别化学习的上午，时间合理。

刘健敏：由于生活教师需要和孩子一同参与户外自主游戏，活动后需要和孩子们共同整理场地，因此影响了分水果的时间，也会影响后面个别化学习的时间，建议课间餐少吃要削和切的水果。

黎倩仪：整体制定总表，规定哪个星期哪一天，哪个班级在哪个区域游戏，哪些班需要调整的再个别调整，现在获知信息的时间太突然了，有时会出错。

3. 您对我园一日活动的安排有哪些更好的意见和建议？

周圣丹：①时间多一点，等待少一点。如喝水、如厕等可以让先结束的孩子去做，不统一组织，幼儿在一个时间段内可以自由选择喜欢的区域（如我们班的健康服务站）。②自由多一点，控制少一点。可和孩子们讨论属于我们自己的一日安排，做到孩子们的时间孩子做主，让孩子从中学会支配有限的时间，获得最佳的成效。

朱　欣：刚开始开展户外自主游戏时，比较担心耽误主题活动和区域活动的进行，把情境数学、美劳操作及水果餐环节都投放到区域中，大大地协调了整个一日活动的进行。

黄晓红：①户外自主游戏和个别化学习分组同时上；②冬天可以尝试先进行集体教学，再到户外自主游戏（上午）。

黎倩仪：①如果早操能够充分利用全园的地方，可同时开展小、中、大班早操，对于小班来说，时间会更充裕；②班级增设窗帘和屏风，从而解决分组时空间不足的问题。

陈倩蔚：课间餐可改为奶制品，这样能省去生活教师削水果、分水果的时间，保证户外自主游戏的教师数量。

石泽满：现在的安排使教师没有备课的时间，而个别化学习的材料要不断地更新和制作。

第三部分：　总结与分析

通过梳理教师们的意见和建议，我们总结出了以下几个方面：

一、有针对性地改革

幼儿园并不是盲目地进行课程改革，我们通过半日活动的观摩，分析每班各自的特色，总结出优点，也指出有待改进的地方。通过实地考察，回归教育实践，才能更好地优化我园一日活动，有针对性地进行改革。

二、通过调查问卷了解教师们的看法

我们还设计了《关于我园课程改革的自由畅想》调查问卷，了解教师们对一日活动安排的想法。在问卷中，教师们列举出每周所有的教育教学活动，一日活动安排中既有生活环节，也有教育教学环节，其中，教育教学是一日安排中占绝大部分时间的活动。要进行课程内容调整，就需要明确我园现在班级教育教学活动的开展情况，同时询问教师们最想删减的教育教学活动有哪些，对此，大部分教师反映的是分享阅读、美术活动和主题活动，这一类活动主要是以学习知识为主。通过这份调查问卷，也了解到教师们对课程改革的一些看法：希望课程内容具有针对性；减少课时，给予孩子充足的玩乐时间；增设一些新的设施，如科学实验室、户外游戏区。

三、为幼儿园课程改革做铺垫

除了了解我园的一日活动安排的实际情况和教师们的意见外，我园还组织全体教师一同学习《指引》。《指引》可以说是我们的指导性文件，在学习的过程中，教师们收获满满，能充分深入地了解幼儿园一日活动中的所有环节，以及每一个环节的做法和规则，通过理论的学习，为下一步幼儿园一日活动的课程改革做铺垫。

四、调整一日活动安排

通过各方面的准备和学习，我园进行了户外自主游戏的探索，普通班每周3次，国际班每周2次。在课程调整过程中，对原有的一日活动安排进行了修改。调整后的整个方案实施了一个学期，再向教师们进行调查。调查结果显示：

（1）全部教师都反映两个活动时间安排与衔接的问题。因为两个活动之间的课间餐、喝水、更换衣服等环节都需要一定时间，再加上教师活动后的总结与幼儿的经验分享，上午的整个流程是比较紧的，有的幼儿可能跟不上节奏。还需要考虑幼儿的个别差异和年龄特点，像小班幼儿需要的护理时间较长；而大班教师表示刚开始有点混乱和时间不够，经过一段时间幼儿熟悉流程后，时间问题还是可以解决的。针对这些问题，应该分年级组进行机动性的调整，例如，小班可以两个活动分上、下午进行。关于集体教学活动数量减少的问题，教师需要清楚集体教学活动减少了，那么每次的集体教学就更需要保证质量。首先，教师也要更新观念，活动并不是越多越好，不是让幼儿多上集体教学活动就能学到更多知识，其实在户外自主游戏和个别化学习中，幼儿可以得到更好的发展。教师要做到的是保证每一次集体教学活动的质量和效果，这需要教师更加认真地备课，做好活动设计、活动实施、活动总结三个环节。其次，在户外自主游戏中，教师需要恰当地引导幼儿，而并不是"包办"。要确保幼儿的安全，要启发幼儿去做更多富有想象力、有趣的事情，要学会观察。由于教师们都有一个小本子用来记录幼儿的行为，因此户外自主游戏结束后是需要及时总结的。如果上午时间不够，可以利用吃完午餐后的时间让幼儿进行分享，教师总结经验。最后，户外自主游戏场地的设置是利用了全园的空间设计的，也充分地利用了各种现有的和新增的材料。材料不在多，最重要的是让幼儿学会一物多玩，探索各种玩法，这些都需要教师给予引导。

（2）在问卷调查中，教师们都给出了很好的建议，最主要的是对户外自主游戏与个别化学习时间进行调整。教师们提出两项活动分上、下午进行，或分组进行；两项活动进行调换，先进行个别化学习，后户外自主游戏，孩子们户外自主游戏回来后可直接换好衣服，休息片刻就开始吃午饭。还有一些其他建议，例如，在室内增设材料，保证下雨天也可以在室内进行自主游戏等。

教师们关注的主要问题都是活动时间安排、环节与环节之间的衔接，考虑到幼儿的年龄特点，充分利用时间，减少幼儿的消极等待，在有限的时间里做更多的事情。同时每个班级的情况都是不一样的，教师要根据班级的实际情况进行调整和取舍。经过一段时间的适应，有很多教师都能总结出适合自己班级幼儿的做法。

幼儿园的课程改革是一件重大的事情，只有充分地了解一日活动的安排内容，参考学习《指引》，听取各方的意见，才能更好地制订合适的课程改革方案。自从我园增加了户外自主游戏，一日活动有了较大的调整，刚开始肯定会有困难和障碍，而经过不断的对话，聆听多方的声音，不断地调整，回归实践，一日活动的流程得到了更好的优化，在取舍之间见证"明德人"的智慧。

第四部分: 温馨小策略

一、取其精华，去其糟粕

对话一日活动，在润物细无声中孕育成长的力量。成长是一个过程，只有各方都给予力量，才会让新事物成长得更快。想让新事物成长得更快，要有"取其精华，去其糟粕"的精神，课程改革要保留原有的好方法，保留值得学习的内容，删减掉不合适的内容。

二、加强理论教育

加强对教师们的理论教育，让他们学习《指引》，一方面提高教师们的专业素养；另一方面，让他们知道课程改革的重要性和急迫性，从而支持课程改革。

三、聆听教师建议

让教师们参与一日活动的课程改革，聆听教师们的建议。两份调查问卷充分体现了这一点：教师们是一日活动的实施者，每一个环节都与他们息息相关，只有了解了他们的想法，才能确定适合本园的一日活动安排。

四、不追求一蹴而就

课程改革不是一蹴而就的，而是需要一段时间的适应和调整，才能更好地制订合适的课程改革方案，在润物细无声中不断地成长，最终长成大树。

第二节　创设户外自主游戏乐园，在朗朗笑声下见证成长

第一部分: 我们的做法

《指引》的出台，让我们对自主游戏对幼儿发展的重要性有了更多的认识。根据我园户外条件及开展课程的实际情况，我园充分挖掘户外资源，创设环境，提供材料，在课程中增加了户外自主游戏环节。基于我园户外场地的实际情况，将场地划分为十多个不同的区域，包括玩沙区、玩水区、攀爬区、建构区、小勇士大挑战区、变形金刚区、小小工人区、管道区、娃娃家区、捞珠区、涂鸦区、泥巴区等。户外自主游戏环节的安排充分给予了孩子在户外

探索的机会和时间，在朗朗笑声中见证了孩子的成长。

第二部分：对话实录

　　户外自主游戏从无到有，从开展初期到不断完善的整个过程充分展现了教师们的智慧。以下是户外自主游戏开展过程的部分记录。

教研活动：关于我园户外自主游戏的设想

关于安吉游戏

❖ 游戏的价值：发展幼儿的想象力、创造力和社会交往能力，促进幼儿情感、个性健康的发展。
假想——想象力的源泉。
最自由的——创造力的前提。
通过规则协调玩伴——交往合作的基础。
积极的情感体验——情感个性健康发展的保障。

关于安吉游戏

❖ 游戏的两大功能：
　　游戏的情感发展功能：情感补偿、情绪宣泄。
第一，使幼儿避免现实的紧张感和约束感，使幼儿象征性地实现现实中不能实现的愿望（情感补偿）。
第二，游戏会将现实要求降低到儿童能够接受的水平；使儿童从被动的承受者变成主动的执行者，从而为儿童发泄在现实中不被允许的冲动提供了安全的环境（情绪宣泄）。

★案例：中班垫子上的娃娃家游戏。
思考：这个游戏体现了怎样的情感发展功能？

关于安吉游戏

❖ 安吉游戏的做法及发现
"闭上嘴巴管住手"
　　我们把真游戏还给孩子。
　　什么是真游戏？我们从孩子那里拿走了多少？统统还给孩子，少去干扰孩子！
　　改革（解放教师、成就儿童）。
　　去形式化的痛：撕标牌、清货架、拔钉子、去装饰。
　　游戏放权的焦虑：去高控、给自主。
　　赋予幼儿游戏的自主权，怎么玩、和谁玩、玩什么，这些都由幼儿自己决定。

关于安吉游戏

❖ **安吉游戏的做法及发现**
"睁开眼睛竖起耳"我们发现孩子
快乐。
专注。
专注地做自己喜欢的事叫幸福。
冒险与快乐。
不用教，孩子自然习得。
不用教，孩子本来就会。
不用管，孩子很自律。

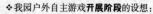

关于我园户外自主游戏的设想

❖ **我园户外自主游戏开展阶段的设想：**
采取分步走的形式，逐步开放，并根据游戏的进展情况，及时调整：
以班级为单位，以场地划分范围，让每个班级的孩子对每个场地及相关材料都进行基本的熟悉。（预计一到两个月）
开展就近范围内的混龄或混班游戏。（预计一到两个月）
扩大混龄或混班的范围。
全园自由选择。

教研：关于我园户外自主游戏材料的设想

——对话实录节选

区域名称：大型建构区（大操场）。

讨论人员：董敏、栾阔、陈倩蔚、张雪媚、胡婵、邓尔珍。

一、我园已有的材料

轮胎、梯子、木块、波波池的模具、大型方块积木。

二、需要收集的材料

木板、奶粉罐、月饼盒、大型泡沫、栅栏、大型纸箱、食用油罐子、大油桶、椰子汁瓶子、铁桶、木箱子、粉红色木桌。

三、需要购买的材料

大型房子模具、粗细不一的木桩、粗的PC管、板桥凳、泡沫砖块、方凳、双人梯、梯子凳、粗麻绳、独轮推车、布条、大型体操垫、安全帽、大铁盆、粗竹子竿。

备注：麻绳可以用来打结、拉东西，体操垫可以用来拼装和爬行，布条可以用来拼搭网，铁盆可以用来装水。

区域名称：小型建构区。

讨论人员：朱欣、张丹霞、陈秀全、张丽媚、石泽满、周圣丹、任江艳。

一、我园已有的材料

小块积木、拼接玩具（塑料）。

二、需要收集的材料

鞋盒、一次性纸杯、奶粉罐、月饼盒、角色服饰（头饰、用具等）、场景的设置（材料：红、绿灯）、小汽车、小人、小动物、花草、纸箱、各种饮料

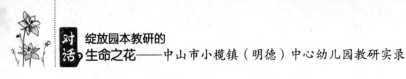
罐、泡面碗、废弃光碟、各种各样的纸罐。

三、需要购买的材料

角色服饰、头饰、材料柜子、砖头纸盒、塑料积木、栅栏、汽车、小人、小动物、雪糕棒。

区域名称：角色游戏（小公园）。

讨论人员：陆春、刘建琴、冯敏珊、黄晓红、黎倩仪。

一、我园已有的材料

泡沫垫、大箱子、纱幔、塑料大积木、桌子、椅子。

医生：小床、枕头、杯子。

发廊：桌椅、颜料罐、篮子（圆形稍大）。

教师：小黑板、大书、图片、粉笔、粉笔刷、指挥棒、磁铁。

二、需要收集的材料

警察：服装、手套、帽子、对讲机、警棍。

医生：血压仪、听诊器、服装、药箱、针筒、药盒/瓶、手电筒、绷带、耳温枪。

发廊：吹风机、镜子、色板、直发夹、卷发夹、围布、洗发水瓶子、染发膏瓶子、梳子、喷水壶、毛巾、喷头。

表演：假发、表演服装、小舞台、彩带、面具、项链、手链、头饰、梳子。

三、需要购买的材料

帐篷、绳子、夹子、货币。

区域名称：玩水区。

讨论人员：冯雄建、刘健敏、陈微、黄春燕、李甫易、陈泳仪。

一、我园已有的材料

水池、小的玩沙工具。

二、需要收集的材料

水枪、勺子、水桶、各种大小不一的塑料瓶子。在墙面上贴透明的水管、开关、水的流动方向，做成水管迷宫，根据自己拧开的不同的水阀，观察水的不同方向。（计划存放的地点：未形成常规时，放置在该区域水区和沙池的中间）

三、需要购买的材料

水管（粗、细不一）、铁网、海洋球、水车、水闸开关、钓鱼工具、假鱼、大的PVC水管。

区域名称：玩沙区（一楼）。

讨论人员：冯雄建、刘健敏、陈微、黄春燕、李甫易、陈泳仪。

一、我园已有的材料

玩沙工具、塑料积木。

二、需要收集的材料

废旧轮胎，吊在树上的秋千，挂各种地中海装饰物的挂网或麻绳，大型的玩沙工具，手推车、花洒，假花、假草，各种塑料拼搭玩具、瓶子、栅栏，各种示范、说明图片。

三、需要购买的材料

秋千、粗麻绳、地中海装饰物、大型玩沙工具、手推车、大铲子、假花、假草。

区域名称：攀爬墙。

讨论人员：冯雄建、刘健敏、陈微、黄春燕、李甫易、陈泳仪。

一、我园已有的材料

攀爬墙。

二、需要收集的材料

攀爬安全的示范图片、攀爬墙上粗的打结用的绳子、吊梯。

三、需要购买的材料

攀爬装备、安全带、帽子、护膝、麻绳吊梯。

区域名称：涂鸦区（一楼）。

讨论人员：冯雄建、刘健敏、陈微、黄春燕、李甫易、陈泳仪。

一、我园已有的材料

涂鸦墙面。

二、需要收集的材料

粉笔涂鸦墙、水粉涂鸦墙。

三、需要购买的材料

罩衣、颜料、水粉笔、材料架。

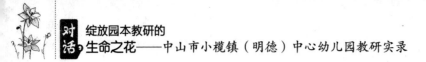

我园自主游戏区域调整表

	地点	原区域	调整后区域
1	大操场（靠近厨房）	大型建构区	小勇士大挑战（挑战区）
2	大操场（靠近保健室）	大型建构区	小小建筑师（大型建构区）
3	后门小操场	小型建构区	变形金刚（大型建构区）
4	小公园	角色游戏区	角色游戏区
5	小公园旁	玩沙区1	玩沙区1
6	小公园旁	戏水池	嬉水区
7	沙池1旁	攀爬墙	攀爬区
8	沙池对面的墙面	涂鸦区	涂鸦区
9	办公室旁	玩沙区2	玩沙区2
10	门口大型器械区	小型建构区	小小工人（搬运区）
11	K1-B班外走廊	小型建构区	小小建筑师（小型建构区）
12	后操场	角色游戏区	挑战区（竹梯轮胎区）
13	后操场墙面		管道玩水区
14	植物园		泥沙区

2016年我园户外自主游戏区域轮换表（上午）

	地点	区域划分	第4周	第5周	第7周	第8周	第9周	第10周	第11周
1	大操场	大型建构区（厨房旁边）	大一班	大二班	大三班	中一班	大四班	中三班	中二班
2	大操场	大型建构区（保健室旁边）	大二班	大三班	中一班	大四班	中三班	中二班	小一班
3	厨房旁边	小型建构区	大三班	中一班	大四班	中三班	中二班	小一班	小二班
4	小公园	角色游戏区	中一班	大四班	中三班	中二班	小一班	小二班	小三班

续 表

	地点	区域划分	第4周	第5周	第7周	第8周	第9周	第10周	第11周
5	小公园旁沙池1	玩沙区1	大四班	中三班	中二班	小一班	小二班	小三班	大一班
	小公园旁	戏水池							
	攀爬墙	沙池1旁							
	K1-A班后面墙面	涂鸦区							
6	办公室旁沙池2	玩沙区2	中三班	中二班	小一班	小二班	小三班	大一班	大二班
7	门口游泳池旁	小型建构区	中二班	小一班	小二班	小三班	大一班	大二班	大三班
8	门口大型器械及旁边空地	小型建构区	小一班	小二班	小三班	大一班	大二班	大三班	中一班
9	K1-B班外面走廊	小型建构区	小二班	小三班	大一班	大二班	大三班	中一班	大四班
10	后楼国际班门口	角色游戏区	小三班	大一班	大二班	大三班	中一班	大四班	中三班

温馨提示：

（1）请提前通知孩子带好水壶及防晒的帽子，玩沙、玩水区的班级在天气热的时候，直接穿小拖鞋，赤脚进去玩沙、玩水，天气较冷的时候可穿小雨鞋和小罩衣（家长自行准备）。

（2）自主游戏时间为星期二、四、五上午8：50—10：00，统一播放音乐。在自主游戏开展初期，各班教师要先行熟悉各个区域的材料，确定教师站立的位置，确保所有的孩子都在教师的视线范围内。每次游戏开展时，教师们要带上小本子进行观察记录，观察记录所用的小本子每两周交由行政检查一次。

（3）自主游戏活动后，组织幼儿进行总结分享活动，并填写该区域材料增添建议表，需收集的材料由班级或幼儿园及时收集。

（4）此表格为试行安排表，将根据自主游戏开展的实际情况随时做出调整。

（5）请以级组为单位，做好自主游戏期间如遇下雨情况的课程安排，各班教师要熟知所调整的课程，确保一日活动的顺利开展。

（6）自主游戏活动后的护理工作按照"三浴"活动的参考指南进行。

2016年我园自主游戏区域轮换表（上午）

	地点	区域划分	第15周	第16周	第17周	第18周	第19周	第20周
1	大操场（厨房旁边）	小勇士大挑战1	大三班	大三班	大二班	大二班	中一班	中一班
2	大操场（保健室旁边）	大型建构区	中三班	中三班	中一班	中二班	小二班	小二班
3	厨房旁边	变形金刚	大四班	大四班	大三班	大三班	大一班	大一班
4	小公园	角色游戏区	小三班	小三班	小二班	小二班	中二班	中二班
	原植物角	泥沙区						
5	小公园旁玩沙区1	沙池1	中二班	中二班	小三班	小三班	大三班	大三班
	小公园旁	嬉水区						
	沙池1旁	攀爬区						
6	K1-A班后面墙面	涂鸦区	大二班	大二班	大一班	大一班	中三班	中三班
7	办公室旁沙池2	玩沙区2			小一班	小一班	大四班	大四班
8	大门大型器械处	小小工人	大一班	大一班	大四班	大四班	大二班	大二班
9	K1-B班外面走廊及旁边空地	小型建构区	小二班	小二班			小一班	小一班
10	后操场	小勇士大挑战2	中一班	中一班	中二班	中一班	小三班	小三班
11	后操场墙面	管道玩水区	小一班	小一班	中三班	中三班		

开展户外自主游戏第一阶段反思及调整

一、各个区域需要补充的材料和需要完善的地方

（1）玩沙区1（大操场）：增加一些PVC短管用来引水，把簸箕用架子架起来，增加玩沙的小勺、装沙的小桶和瓶罐。标识：用小脚印贴画做好孩子去洗脚的指引标识，把不同类别的玩沙工具分别放在不同的箱子里。

（2）玩沙区2（二楼）：增加一套木制玩沙工具，参考下图。

（3）嬉水区（大操场）：各班发动家长携带一些不同类型的水枪和玩水用品来幼儿园。

（4）涂鸦区（大操场）：制作装颜料的小木盒，旁边加装木条和钩子用来挂罩衣。有机玻璃上加装清洗管，下面安装水槽。发动家长携带一些石头、PVC砖头等给孩子涂鸦。参考下图：

（5）娃娃家（小公园）：发动孩子带一些旧锅碗瓢盆及摇椅来幼儿园。参考下图：

（6）攀爬区（大门口旁）：增加两条木梯和麻绳。参考下图：

（7）小小建筑师（大操场）：增加奶粉罐、木板、竹筒等物品，把所有建构区相关材料整理到这个区。参考下图：

（8）小勇士大挑战（大操场）：增设一套28件大型组合件，与之前的油桶、组合梯、轮胎整理在同一个区域。

（9）变形金刚（小操场）：注意小零件的保管。

（10）小型建构区（大堂前空地）：再次整理建构区的材料，将其分成两部分。

（11）小勇士大挑战（后操场）：在竹梯轮胎区增加一些大水桶推车。材料有新购置的竹梯10件套，加上后楼的轮胎。参考下图：

（12）管道迷宫区（后操场）：提前设计好管道走向，购买水晶珠。参考

下图：

二、建议增设区域

（1）粗泥沙区（原植物园）。

教师准备小铲子，孩子准备水鞋，注意防污。参考下图：

（2）搬运区（门口大型器械旁）。参考下图：

 嘿咻，嘿咻，小吊车

 小工人 你来搬，我来搬，我们都是

 快来，快来，帮帮我

建筑工地

关于我园自主游戏材料准备的自由畅想

区域名称：大型建构区（大操场）。

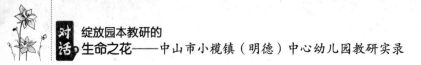

讨论人员：董敏、栾阔、陈倩蔚、张雪媚、胡婵、邓尔珍。

类别	具体材料名称	计划存放地点	备注
我园已有的材料	轮胎、梯子、木块、波波池的模具、大型方块积木		
需要收集的材料	木板、奶粉瓶、月饼盒、大型泡沫、栅栏、大型纸箱、食用油罐子、大油桶、易拉罐、铁桶、木箱子（装水果）、粉红色木桌		
需要购买的材料	大型房子模具、粗细不一的木桩、粗的PVC管、板桥凳、泡沫砖块、方凳、双人梯、梯子凳、粗麻绳、独轮手推车、布条、大的体操垫、安全帽、大铁盆、粗竹子竿		麻绳可以用来打结及拉运东西；体操垫可以用来拼装和爬行；布条可以用来拼搭成网；铁盆可以用来装水

2016年我园自主游戏开展初期情况记录表

为了更好地推进我园自主游戏的开展，在开展初期，需要各班教师详细记录自主游戏开展的相关情节和在开展过程中存在的问题，并提出相应的解决策略，思考需要补充的材料等，以便及时地为孩子们提供适宜的材料和良好的操作环境，并为其他班级下次开展相应活动提供参考。为此，请以班级为单位认真填写以下内容：

班级：大二班。

自主游戏区域：大型建构。

1.该区域自主游戏开展的具体情况

通过教师具体介绍后，再开展，整体效果还是不错的，孩子们积极投入，并且特别喜欢，所有拼搭的材料也能恰当运用，虽然不够巧妙，收拾环节也比较乱了一点。

2.该区域自主游戏开展过程中存在的问题

（1）收拾整理麻烦。

（2）拼拾技巧稍差。

（3）材料数量不够。

（4）播放音乐不够科学。

（5）教师分工还可以更明确、更科学。

（6）放积木的筐利用形式不够科学。

3. 完善该区域自主游戏的策略

（1）增添一些相应的指示标志，可以用不同颜色的容器分装不同的材料，使幼儿收拾时效率更高、效果更好。

（2）整个过程播放的音乐盖过了教师的声音，教师不好把控整个过程，建议在幼儿出来时和收拾材料时播放音乐就可以了。

4. 该区域需要增加的材料

小推车、积木、装积木的容器、指示性标志。

我园开展自主游戏初期存在的问题与困惑

参与讨论者：胡婵、余嘉敏、栾阔。

尊敬的各位老师：

我园自主游戏已经开展有一周时间了，共开展了三次自主游戏活动。通过教育实践，相信大家对自主游戏已经有了初步的概念，同时，我们也在开展的过程中发现了很多需要解决的问题，存在很多的困惑。您在我园自主游戏开展过程中扮演着重要的角色，我们希望能倾听您的声音，了解您的想法，为此，请您与同伴一起进行探讨，为自主游戏的开展提出宝贵的意见和建议，让我园自主游戏开展得更好。请您认真思考以下问题并进行填写：

1. 您认为自主游戏材料的投放是否充足？还需增添哪些材料？您对材料的清洁卫生和消毒方面有哪些要求？

材料投放不是很充足，还需要根据孩子游戏的进行，再适当添加实用的材料。

上周，中一班只讲了"角色扮演区"，我认为这个区的材料还可添加一些角色代表性强的材料，如形象性强的衣帽，场地规划需要再明显一些。材料要每周定时清洗、晾晒。

2. 自从自主游戏开展以来，您班上的孩子反应如何？有什么样的变化？

（1）孩子们很开心，每周对自主游戏都很期待，主动来问教师什么时候开展，还会和好朋友讨论下次一起玩什么材料。

（2）孩子们在和好朋友一起游戏的过程中学会了合作、交流，收获了友谊；同时，由不熟悉材料到熟练运用材料，并且可以自己用材料来创造新玩法以及在原有材料的基础上不断探索、发掘新玩法。

关于我园一日活动安排的自由畅想

从本学期开始，我园进行了户外自主游戏的探索，普通班每周3次，国际班每周2次。在课程调整的过程中，对原有的一日活动安排进行了较大程度的调整，站在教育教学第一线的您对我园一日活动安排存在的问题、遇到的困难感触最深，也最有发言权，您的意见和建议对我园课程的完善、一日活动的合理安排都有着重要的意义。为此，请根据我园开展户外自主游戏后的实际情况，谈谈您对一日活动安排的想法。

1. 您觉得一日活动调整后，哪些问题是让您感到最困惑的？

一日活动调整后，现在上午的时间全部是户外自主游戏、个别化学习及其他活动。其他课程全部被调到了下午，如主题、情境教学、安全、音乐、美术等，下午的课程内容变得很多，而且有些需要分组，这样教师就没有时间备课，如要备课，就不能分组活动了。

2. 您觉得我园一日活动的哪几个环节亟须调整或完善？

户外自主游戏结束后的分享总结环节是应在现场进行，还是回到教室后进行？如在现场进行，需把收玩具的音乐时间缩短；如在教室进行，需在课间餐后、个别化活动前的这段时间进行。

3. 您对我园一日活动安排还有哪些更好的意见和建议？

对课程的选取要进行科学的取舍，合理选取课程内容，不能"什么课程都想要，什么课程都想专"。

《指南》精神下幼儿园户外自主游戏开发

——全省园长提高班经验分享

《指南》精神下幼儿园户外
自主游戏开发

中山市小榄镇（明德）中心幼儿园 伍春虹

《指南》提出："幼儿的学习是在游戏和日常生活中进行的，要珍视游戏和生活的独特价值。"

《指南》要求：保证幼儿每天连续不少于一小时的自主游戏。

第三部分：总结与分析

　　我园自开展户外自主游戏以来，经历了从认识了解自主游戏、收集创设材料、开设游戏区域、正式开展自主游戏到对自主游戏活动的反思与不断调整的历程。一路走来，尽管我们没有丰富的前人经验，但教师们怀着一份赤诚，携着一份热情，摸着石头过河，终于初见成效。这一切都离不开团队的努力与协作，以及对自主游戏坚持不懈的探索。以下是对我园开展户外自主游戏的经验总结与分析。

一、认识和了解自主游戏

　　在开展户外自主游戏之前，我们必须认识和了解何为游戏，明白游戏的价值和功能，以及教师在游戏中充当什么样的角色，如何发挥游戏对幼儿的作用等，只有懂得了游戏的意义和目的，才能创设真正属于孩子的自主游戏，才能将自主权交给孩子，才能让孩子在自由选择中得到内心的满足和成长。由此可见，掌握正确的游戏观念尤为重要，它是我们开展户外自主游戏的重要前提。

二、对自主游戏的设想

良好的计划是成功的一半。对于我园的户外自主游戏，我们进行了初步的设想，包括对游戏区域的规划、材料来源的设想、时间安排以及开展阶段的构思、培训的内容和方式计划等，如此一来，我们对自主游戏就有了大概的工作方向，并不是盲目随性地开展，我们坚信计划的作用，不打无把握之仗，不做无准备之事。

三、对自主游戏材料的设想

材料是自主游戏的灵魂，丰富的材料可以提供给孩子更大创作的可能性，在材料收集的过程中，我们充分挖掘我园现有的材料，盘活已有资源。此外，对于幼儿园缺乏的材料，我们充分发挥家长的资源优势，以幼儿园或班级为单位收集材料，尽量做到物尽其用，合理分配，并及时购买相关材料，保证材料的充足性和多样性。由于不同游戏区域所需要的材料要求不同，因此，我们对教师们进行分组，以小组为单位共同讨论该区域所需要的材料。教师是组织游戏活动的引导者和反思者，没有谁比她们更了解游戏和孩子的需求，分组讨论不仅能提高效率，还能集思广益，为自主游戏材料的收集提供更多可能。

四、设置游戏区域

我园在场地规划上考虑到孩子的发展需求，提供了多种多样的活动场地。麻雀虽小，五脏俱全，我们希望每一寸土地、每一个角落都能得到充分的利用。在设置自主游戏区域的时候，我们考虑到游戏区域的多样性，根据场地的特点和活动需要，将幼儿园的户外场地设置成了不同的区域，分别是大型建构区、小型建构区、角色游戏区、玩沙区、玩水区、攀爬墙、涂鸦区，这些区域让孩子有机会尝试不同的游戏，在游戏中发展认知能力、观察能力、思维能力、想象力以及运动平衡能力等。为了保证孩子们尽量多地尝试不同的自主游戏，在保障户外游戏中班级秩序的情况下，我们对班级的户外自主游戏进行每周轮换，一则让孩子们有充足的时间和更多的机会进行自主游戏；二则避免在自由选择的过程中某些区域人数过多，某些区域没有人参与，最大限度地发挥各区域的作用。

五、对自主游戏的反思

对于我园教师来说，自主游戏的开展是一个新的挑战，一个新的冒险，我们从未知走向了解，从理论迈向实践，一步一个脚印，印证着我们的汗水与付出。在自主游戏正式开展以后，我们更多地关注教师们对自主游戏的反馈，通过教师的眼睛发现自主游戏存在的不足，以便改进和完善。为了更好地促进我园自主游戏的开展，在自主游戏开展一周后，我们通过问卷调查的形式，让教师们根据对这三次自主游戏的了解和观察畅所欲言。经过对开展初期的观察，教师们发现在自主游戏过程中还是存在着一些细节性的问题，包括材料的提供、收拾整理的时间、播放的音乐、拼搭的技巧、教师之间的合作等，这些问题的发现能让我们更好地审视计划与实际的差距，孩子和教师们对自主游戏的反馈为我们提供了改善的动力与方向。任何事情的成功都不是一蹴而就的，任何计划都需要在不断的实践中改进与完善，我们愿意随时随地接受任何批评与建议，也珍惜每一个促进我们进步的机会。

六、初见成效

经过教师们的共同努力，我园户外自主游戏正有条不紊地开展着，在开展过程中，尽管我们发现了一些细节安排上的不足，但经过思考与改进，我们的自主游戏日趋完善。在自主游戏时间，孩子们欢快地奔向他们的游戏场地，随意驰骋在想象的乐园，在阳光下展露出最真挚的笑容，在草地中挥洒着自由的汗水，他们看似随意，但在玩耍的过程中，学习的种子正悄悄地生根，默默地发芽。慢慢地，我们能看到他们在游戏中表现的专注、认真、坚持、合作、创意无限……这些宝贵的品质在自主游戏中得到自由发展，孩子们也在朗朗笑声中获得成长，这些不正是我们希望看到的吗？相信自主游戏的作用，相信孩子们的能力，放开双手，撤掉栅栏，我们将会看到孩子们更多精彩的画面。

第四部分： **温馨小策略**

一、强调计划的作用，做好准备工作

我园户外自主游戏的顺利开展离不开前期充足的准备工作。在计划阶段，我们从安排全园教师进行业务学习及了解自主游戏的重要理念到安排材料、环境的准备时间，以及自主游戏的开展进程规划，一切皆有计划可循，在保证按时完成任务的同时，也可保障完成的质量。

二、善于及时聆听教师的声音

让教师的声音变成一个个改善户外自主游戏的方案和策略，让他们感受到自己的意见被尊重、被接纳、被采用，并见到成效。

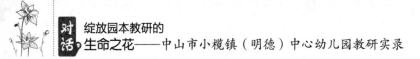
三、重视教师角色的转变

在自主游戏中，我们强调教师角色的转变，教师从游戏的组织者和控制者转变为观察者与引导者，将主动权交给儿童，让自主游戏真正成为孩子的游戏。在开展初期，教师们对自身角色的把握时常发生混乱，会习惯性地去干预孩子的游戏，但随着自主游戏的慢慢推进，孩子们熟悉了游戏规则，教师们也渐入佳境，学会了如何观察和记录孩子的言行，也学会了在保障孩子安全的前提下放开双手，让孩子尽情地操作与探索，在自主游戏中成长与发展。

第三节　营造个别化学习氛围，从专注的眼神里透出未来

第一部分：**我们的做法**

区域活动的学习能为孩子提供一个直接感知、实际操作和亲身体验的机会，是孩子特别喜欢的活动之一。我园区域活动的开展经历了几个不同的时期，开始的自由摸索——向中山市机关第一幼儿园学习（蒙氏理论指导下的区域活动）——向上海市虹口区实验幼儿园学习（蒙氏理论指导下的区角活动）——向深圳实验幼儿园学习（高瞻课程理论指导下的区域活动）——我们自己对区域活动的理解。每一个历程我们都在学习中思考，在实践中感悟，最终形成了自己对区域活动的再认识，并将其更名为个别化学习活动，我们希望通过营造良好的个别化学习氛围，提供更适宜的材料，让幼儿自由操作和探索，从专注的眼神里透出未来。

第二部分：对话实录

个别化学习从无到有，从开展初期到不断完善，充分展现了教师们在这个过程中的智慧，以下是个别化学习开展过程的记录：

我园区域活动开展的设想

一、各种区域活动的类型

（1）蒙氏理论指导下的区域活动。

（2）角色游戏型的区域活动。（上海、南京）

二、我园区域活动的现状

（1）曾经开展过区域活动，有一定的原始经验。

（2）虽然有分区域，但在课程中没有安排区域活动。

（3）区域材料少，以平面材料为主，形式比较单调。

三、今后我园区域活动开展的设想

总体设想：

（1）在新的教学大楼建成后，我园将开展以蒙氏理论为指导的区域活动与角色游戏性区域活动相结合的形式。

（2）在新的教学大楼建成前，我园将先开展以蒙氏理论、高瞻课程理论为指导的区域活动。

（3）由于我园教师对蒙氏理论、高瞻课程理论的学习仍缺乏深入的了解，因此在现阶段，我们将先从学习区域活动的流程开始，在开展区域活动的同时，一边学习理论知识，一边进行调整，其中，实验班以高瞻课程为主，其他班级可以先学习机关一幼的区域活动。

四、现阶段我园区域活动具体工作的开展

（1）各班需根据孩子的年龄特点及班级的实际情况来进行课室区域的布置，在空间位置上显示出明显的区域划分界限。

（2）在环境布置方面，要根据相关环境进行区域创设，如区域标志、分区卡、区域背景图、蒙氏线、轻柔的音乐、坐垫等。

（3）在课程安排上，每周最少2节区域活动，最好能安排每周4节，可根据班级的实际情况做出安排。

（4）在区域材料的准备方面，既可与集体教学相联系，也可以与教学内容无关，但是材料的制作一定要适合孩子的年龄特点，与教育目标相适应。

（5）开始进入阶段，采取逐步增加人数的方法，注重形成常规教育，包括走线、取卡、取材料、收拾材料、放置材料、小结环节等，其他细节方面的要求可参照蒙台梭利教室常规内容。

（6）重视教师的观察作用，牢记"观察在前，指导在后"的原则。现阶段的重点在于首先观察孩子对区域材料的选择情况、使用情况、是否感兴趣、操作水平。其次观察孩子选择区域、取放材料等情况。

（7）及时反馈材料的使用情况，每周选出1~2份孩子最感兴趣的材料，分析孩子感兴趣的原因，为以后制作材料提供实践基础。

（8）及时总结反馈在开展区域活动过程中存在的问题，在教研活动中及时开展研讨活动，调整区域活动开展的策略。

业务学习：《走近高瞻课程——仰望我们努力的方向》

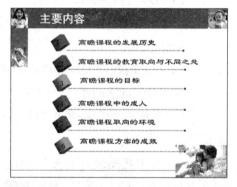

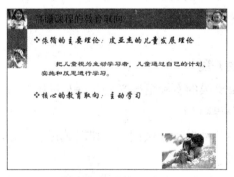
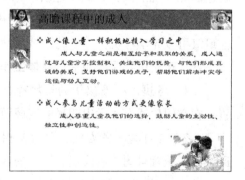

美工区活动观摩及讨论分析

教研活动实录

一、引入

各位老师：

中午好！上学期，我们用了三次业务学习的时间来学习讨论关于美工区的实践与理论。下面我们先简单地来回顾一下：第一次业务学习，我们从一张调查表出发，了解了各班美工区的实际情况。如有的在美工区使用美劳DIY的内容，有的使用自选内容，有的综合使用等，教师们就各自的经验做了交流和分享，十分精彩。第二次业务学习，我们从实践到理论，通过认真学习《指南》中艺术领域的内容，为我们美工区活动的开展寻找理论的依据。第三次业务学习，我们再次从理论回到实践，通过一个孩子从小班到大班美术作品的展现，以及一项美术活动中大部分孩子雷同的作品展现，通过纵向比较和横向比较两个不同的维度，让大家感受并反思我园美术开展活动的现状。另外，我们还学习了幼儿绘画能力发展的几个阶段等，在实践中领悟《指南》中艺术领域的精神。今天，我们将利用第四次业务学习的时间，再次将问题聚焦到第一次业务学习的内容——美工区材料的投放与使用。下面，我们先通过观摩录像来看看美工区开展的实际情况，这是上学期，也就是2014年11月5日在中一班记录下的一个美工区的活动，非常感谢冯老师为我们提供了这样一个很好的教研案例，待会儿可能会讨论到活动优点，同时也会指出不足，希望冯老师用平和的心态面对自己的活动，因为所有的评论都只是指向活动本身，而不是批判教师，所以也希望教师们能够提出有建设性的意见和建议，让讨论变得有意义、有价值，让对话更加深入。由于一个小时的时间确实太短，无法让更多的教师发言，因此，我们设计了一张关于本次活动思考问题的表格。现在已分发到大家手上，请大家快速浏览一遍，然后我们带着问题开始观看录像。这张表格记录的是您与自己内心的对话，请认真思考，可以边看边记录关键的词语。

二、观看完录像后进行讨论

（1）下面请用3分钟的时间填写好问题一：您对本次活动的想法，包括优点、存在的问题、建议、总体感受等。一会儿请几位教师（不同年龄层的教师代表）分享一下各自的观点。

（2）刚才个别教师分享了自己的感受，下面，请您就本次活动提炼出三个您认为最值得讨论的问题。这个环节有点难，大家可以用两分钟的时间和身边的教师讨论一下，同样用三分钟的时间写下来。一会儿请几位教师（不同年龄层的教师代表）分享一下各自的观点。

（3）刚刚看了大家的问题，每个人在不同的经验背景下都提出了各自的想法，这一点非常好。其实这些问题是没有标准答案的。为了找出这项活动应该聚焦的问题，我自己也做了深刻的思考，列出了很多的想法。例如，环境的准备、物质的提供、环节的梳理、难易程度、完成后的作品该如何展示，等等，最后，我把它聚焦到了以下三个问题中，请大家记录下来：①该活动发展了孩子的哪些精细动作？②不同年龄段应如何充分发挥操作步骤示意图的作用？③本活动是否有利于促进幼儿创造力的发展？记下来后，请大家思考我为什么要把注意力聚焦在这几个问题上，请几位教师来谈一谈。一项活动要呈现的东西有很多，值得讨论的问题也很多，但是，如何从纷繁复杂的表象中抽丝剥茧，将本质的问题抽离出来，需要我们用专业的精神和能力来进行判断和选择。我不能说这几个问题一定是准确的，但是我想从自己的思考角度和大家一起来分享。第一个问题"该活动发展了孩子的哪些精细动作"其实就是"活动的目标是什么"，谁来分享一下有哪些精细动作（搓、卷、按、拧、涂、压、剪、撕等）？在这项活动中，我们为孩子们提供了多种动作发展的机会，我们可以思考哪些是孩子已经掌握了的，哪些是需要进一步发展的，为后面活动的发展提供了哪些经验？再看第二个问题"不同年龄段应如何发挥操作步骤示意图的作用"。为什么要列出这个问题？是因为操作步骤示意图实际上就是孩子学习的脚支架（鹰架）（例如，生活中的看说明书、折纸等，这些都是我们在生活中应该具备的能力），我们需要思考的问题是，我们在活动中是否有效地发挥了这张操作步骤示意图的作用，在不同的年龄段，应该怎样从小就培养孩子这种看图学习的能力。第三个问题是"本活动是否能促进幼儿创造力的发展"。就活动本身而言，我们看到了孩子专注的操作、良好的习惯……但我们需要思考的是，长此以往，是否能够让孩子的想象力和创造力得到更好的发展，美工区怎样安排、怎样提供材料才能真正有利于孩子们创造能力的发展。这里的三个问题，每个都值得我们在今后的活动中去探索与践行。如问题二：在小班使用操作步骤示意图时，教师可以先示范，再让孩子们观察，让孩子们将步骤图与教师的动作联系起来。在中班，可以让孩子们尝试看图自由操作的步骤，在个别难点的地方，教师再适当给予示范和支持。到大班，直接让孩子们自己看图进行操作，教师只需对能力相对较弱的孩子给予个别指导就可以了。当然，这其中的时间不是固定不变的，而是要根据孩子的能力水平来决定，但教师的心中一定要有一个目标，记得匡欣老师在家长会上说了这样一句话："有一种爱叫放手。"我们在要求家长的同时，首先应该考虑的是我们自己是否已经做到。

三、思考探讨这些问题背后的理念

（1）相信孩子。我们总担心孩子们做得不够好，总想一步步地牵着孩子走，却忘了只有摔过跤，孩子才能明白如何越过障碍物，或者选择不同的路线。

（2）给予支持。创设合理的物质环境，营造温馨的人文环境，恰当运用脚支架，及时给予，适时撤掉，用科学的方法鼓励和支持孩子进行探索。

（3）让教师的爱变得更加理性。前几天在微信上疯传的视频"国外1岁半宝宝在家的24小时"给予了我们很好的例证。当时我一看到这个视频，首先想到的是李姝静老师在课题开题报告会中提到的如何用专业的眼光去判断这个片子的真假，由此，我想起我女儿言言的成长历程，她在不到1岁的时候就可以独立吃葡萄、用汤匙喝粥，说明孩子是有能力完成这些的。后来在腾讯新闻中再次看到了关于这个视频的评论，证明视频是真实存在的，也说明了孩子的潜能是很大的，需要教师们用科学的方法和理性的爱去帮助孩子把潜能更好地激发出来，而理性的爱体现的恰恰是我们教师的专业水平。

四、结语

成长需要有痛苦的挣扎。之前我们在体验式家长会中播放的"鹰的重生""蝴蝶的蜕变"都是很好的例子。然而，回到现实，我们知道安全感对于人来说是特别重要的，而安于现状，用一贯的行为模式去工作和生活会让人止步不前，要改变这种现状，只有通过自身的努力才能实现。亚洲首富说过这样一句话："鸡蛋从外打破是食物，从内打破是生命。"人生亦是如此。如果你总是等待别人从外打破你，那么你注定会成为别人的食物；如果你能自己从内打破，那么你会发现自己的成长相当于一种重生。只要你的内心是渴望成长的，你就会有源源不断的动力。如果只是别人踢一踢，你才动一动，估计这个成长的过程也是缓慢，甚至是停滞不前的。我希望每位教师首先要给予自己成长的动力，让自己在不断反思中、实践中探索，才能让自己获得成长。我自知没有能力去改变所有的教师，因为就算是生活了一辈子的夫妻，也可能都很难改变对方，但我想，只要你的内心是渴望成长的，我相信，我的业务学习一定能给你带来一些启发，丰富你的理论知识，挑战你的思维模式，加速你成长的步伐。每一次的业务学习都凝聚了我们无数的心血，尽管还有很多不足的地方。而我跟大家一样，还行走在成长的道路上，希望和更多志同道合的教师一起走在成长的路上，只要做到这些，不管社会怎样改变，我们依然能在竞争中立于不败之地，不断用新的理念和思想引领我们的家长和孩子们共同成长。

艺术领域（美工区）业务学习记录及反思

——与自我的对话

为了提高孩子的动手操作能力，两年前，我园每班都为孩子们购买了美劳DIY教材，在开展区域活动后，大部分班级都把美劳DIY材料放进了区域活动中。经过两年的实践，也确实发现了一些存在的问题。为了更好地促进我园美工区的发展，同时也综合考虑了建构区业务学习后存在的一些问题以及如何将业务学习所获得的理论回归到实践，对本次美工区的学习，我做了一个大胆的调整和尝试，将美工区业务学习的内容分解成了四部分，以下是这四次活动的过程及我的反思：

一、艺术领域（美术）第一次业务学习

美术的学习是从一张调查表开始的，在业务学习的前几天，我就到各个班级发放了《关于我园美工区开展的情况调查表》，以便更加全面地了解我园美工区开展的现状。表格包含了美工区使用材料情况，使用原因，使用这些材料的优点、不足、建议及想法，美工区执行规则，教师们认为目前美工区存在的问题，希望园方在美工区提供的帮助，等等，在表格的最后还提出了几个思考题：美工区的设置应该促进孩子哪些方面的发展？美工区与整个区域活动的关系如何？您认为应该如何平衡两者的关系？这些问题是基于教师们现阶段对美工区存在的困惑而提出的。根据调查统计发现，在美工区使用美劳DIY这套教材和在集体或小组活动中开展美劳DIY活动的班级各占一半的比例，这让讨论变得更加激烈和有意义。

在本次业务学习开始前，我根据在美工区使用材料情况的不同，将各个班级分成了两个阵营，根据表格中的问题展开讨论。因为前期教师们已经填写了表格，而且又是熟悉的内容，都有相应的思考，所以教师们讨论的气氛很激烈。在美工区中使用美劳DIY材料的教师认为集体活动人数太多，导致指导不便，时间也不够用，幼儿常规不便形成等。而在美工区中进行，由于人数少，便于教师指导，孩子们操作时也会更加专心。在集体活动或小组活动中使用美劳DIY材料的教师则认为，如果在美工区中使用美劳DIY的材料，需有一位教师"驻守"在美工区，导致无暇顾及其他区域的孩子，等等。教师们积极参与讨论，我也及时地总结教师们的观点，适时抛出问题，激发教师们进一步思考的热情。

讨论结束后，我充分肯定了教师们积极参与的态度，并分享了很多宝贵的经验，然而，如何解决教师们所提出来的这些矛盾？如何去甄别和判断这些做法是否正确？美工区的路将走向何方？带着这些问题，我向教师们提出要求，希望教师们能从《指南》艺术领域的解读中找到答案，下一次业务学习的内容自然诞生。

二、艺术领域（美术）第二次业务学习

中午1：30，教师们带着《指南》解读来到会议室，我已经准备好了即将讨论的问题，准备抛出问题，让教师们讨论。为了了解教师们看书的情况，我在现场提问"有多少位教师已经看完了《指南》解读中艺术领域的内容？"看到举手的人寥寥无几，我的心中掠过一丝黯然。也许，教师们真的是太忙了，既然没有看书，讨论也就失去了意义。很快，我调整了自己的心态，并马上做出了调整，这次业务学习，就让教师们自己好好地看书，好好地研读艺术领域中的内容。看了大半小时后，我将原来准备好的问题抛出来让大家思考。通过几个问题，让教师们对艺术领域有了总体的了解，也通过提问的方式，帮助教师们学习看书的方法，学习把握重点。

三、艺术领域（美术）第三次业务学习

《指南》用了很大的篇幅来讲述美术活动的开展，教师们在学习的过程中提出了很多的质疑。例如，《指南》建议教师们的美术活动不要设范画，应该让孩子们充分发挥自己的创造力，等等，本来我是想在这次的业务学习中重点讲述美工区的活动的，而看到教师们有这么多的疑问，我想确实要通过回归现

实，引领教师们看到问题的本质。

为此，在第三次的业务学习前，我一直在思考究竟怎样才能让教师对我园美术活动的现状有更深的了解，引发教师们的思考呢？最后，这次业务学习是这样呈现出来的：

第一步，我将我女儿从小小班到大班的所有美工作品做了整理，并通过照片的形式，让教师们在短短的十几分钟内从纵向了解了我园一位中等水平的孩子美术能力的发展，让教师们自己去发现孩子绘画能力的发展。

第二步，我选用了一个小班一次美术活动的作品《美丽的小鱼》，让教师们感受当鼠标快速移动的时候，每一幅作品都大同小异，这种视觉冲击触动了教师们的思考：究竟我们应该给予孩子们怎样的教育？

第三步，我给教师们展现了珠海有名的美术教师张笑老师的南色工作室的照片，五彩缤纷的颜色、创意无限、不拘一格、充满童趣的作品跟刚刚看到的一模一样的小鱼形成了鲜明的对比，再次让教师们所震撼。

第四步，我给教师们准备了"幼儿智慧发展在幼儿绘画发展的体现"这样一页学习参考资料（内容来自《给幼儿教师的101条建议》），通过学习，教师们了解了幼儿美术发展的几个阶段，从感性到理性、从经验到理论，帮助教师们梳理了幼儿美术能力发展的阶段。

第五步，我用了一个绘本故事《点》结束了本次的业务学习，绘本故事能有效触动人的内心，在故事中，瓦斯蒂从只会画一个点，发展到在教师鼓励与尊重的力量下，举行了以"点"为主题的画展，足以看出相信孩子、尊重孩子，将能激发出孩子无穷的潜能。

在短短一个小时的时间内，教师们有着很多的触动，但如何将这些触动变成行动，需要我们进一步的努力和探索，找到这个切入口也是至关重要的，为此，我给美术科任教师布置了任务，从美术科任教师入手，尝试改变美术活动的组织形式，让其在下学期的中期给教师们展现改革后的初期成果。

四、艺术领域（美术）第四次业务学习

这次业务学习，我再次回归美工区，完成那次还没有结束的讨论。这次，我选择了用案例来激发教师思考的方法，因为前期的思考，我一直在有目的地对美工区的活动进行观察，并分别录制了在美工区使用美劳DIY材料和在集体活动中使用美劳DIY材料的教学活动。然而，怎样才能让教师们的思考不总是停留在表面，让她们从纷繁复杂的表象中认识到问题的本质，找出艺术领域的核心呢？经过思考，我设计了下面这次业务学习活动。

首先，我选择了中一班一个常规的区域活动"会跳舞的玉米"作为研讨案例。这个活动中有丰富的材料，包括玉米形状的纸板、皱纸、胶水、蜡笔等，孩子们通过涂、剪、搓、粘贴等动作完成作品。活动时间是30分钟，为了能有更多讨论的时间，我们在观看时，对部分重复操作的环节做了快进处理。

在观看录像前，我先给每位教师派发了一张表格"观看区域活动美工区活动实录后思考问题"，这份表格的设计蕴含着我的思维过程，我也是希望通过这份表格来帮助教师们从纷繁复杂的表象中找出问题的本质。表格的第一个问题是："您对本次美工区活动的想法（如优点、存在的问题、建议、总体感受等）"。让教师们带着问题观看录像，看完录像后，教师们在表格中写下自己的想法。由于每次业务学习的时间都不是很充足，因此，这种填写表格的方式能让教师们在填写的过程中与自己对话，同时也能很好地保留教师们珍贵的想法，以便我们在业务学习后能更深入地了解教师们当时的想法，分析教师们的业务水平。当大部分教师都写完后，我们请几位教师分享了他们的看法和感受。在分享的过程中，我们提出要求，即不能有重复的观点，这一要求保证了在短时间内可以分享更多有价值的观点，同时也迫使教师们想出更多与众不同的观点。第二个问题是"请提出您认为本次美工活动最值得讨论的三个核心问题"。在解决第一个问题时，教师们会根据自身的经验分享自己的看法，而且这些看法是零散的、表层的，只要与他人不同的，就都可以分享。而第二个问题的提出，要求教师们在纷繁复杂的表象中找出问题的核心，考虑到这个问题要独立完成会有一定的困难，所以，老师们可以选择通过与同伴讨论完成或独立思考完成。部分教师开始热烈地讨论开了，有些教师则在独立思考。思考结束后，请教师们在"您的思考"处写下了三个核心问题。在教师们完成后，我同样请个别教师做了分享。接着，我请教师们在"我的建议"中写下了我自己提炼出来的三个核心问题，并请教师们将我提出的三个问题跟自己思考的做对比，通过对比的过程，让教师们去思考为什么我会提出这三个核心问题。之后，我又给大家解释了为什么我会提出这三个问题。第一个问题"该活动发展了孩子的哪些精细动作"，其实就是"活动的目标是什么"，在这个活动中，我们为孩子们提供了多种动作发展的机会（如搓、卷、按、拧、涂、压、剪、撕等），我们可以思考哪些是孩子已经掌握了的，哪些是需要进一步发展的，为后面活动的发展提供了哪些经验。第二个问题是"不同年龄段应如何发挥操作步骤示意图的作用"，到了这一步，教师们对本次教研的安排有了感悟。第三个问题是"请写一您好对本次教研活动的感受、收获与建议"。第四个问题

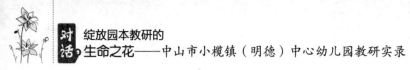

是"写下您对本班美工区未来的设想"。从教师们的反馈意见中可以看出教师们对本次活动总体上还是很有感触的。

通过四次的业务学习，让教师们从实践到理论，又从理论回归到实践。在这一系列的业务学习中运用了调查表、课堂视频实录、照片、绘本等载体，通过教师与自己的对话、与同伴的对话、与业务园长的对话、与书本的对话，实现了实践与理论的对话。当然，这仅仅只是一次表层的对话，却让业务学习变得更加有效，与我园之前进行的业务学习相比较更有开拓性，为我园多元化的业务学习迈出了新的一步。

《指南》艺术领域的几个思考问题

姓名：　　　　　　　　　　　　填写时间：

一、细读《指南》艺术领域的解读，请写下您认为最重要的八个关键词。

二、您认为艺术对幼儿发展有哪些价值，而艺术本身最主要、最基本的价值是什么？

三、请写下《指南》中艺术领域内容的简单结构。

四、幼儿艺术领域学习与发展的特点和教育要点有哪些？

五、当前艺术领域教育存在着哪些误区？

六、在关于艺术领域若干问题的认识中，您对哪个问题印象最深刻，为什么？

七、在对《指南》艺术领域有了初步了解后，您对我园美工区的设置有哪些新的想法？您认为应该如何在教育实践中践行《指南》中艺术领域的精神？

关于我园美工区开展的情况调查

班级：　　　　　　　　　　　　填写时间：

一、美工区使用材料情况

1. 使用的材料包括：

A. 美劳DIY材料□　　　　　　　B. 非美劳DIY材料□

C. 两者结合□　　　　　　　　　D. 其他□

2. 使用这类材料的原因是什么？

3. 您觉得这样使用材料有哪些优点和不足？您有哪些建议和想法？

优点：

不足：

建议或想法：

二、美工区执行规则

1. 人数是（　　　）。

2. 美工区开始的时间：

A. 吃完早餐直接开始□

B. 全班统一做完计划再开始□

C. 其他□

3. 美工区结束后总结的方式：

A. 美工区结束后直接总结□

B. 在全班统一总结□

C. 其他□

三、您认为目前美工区存在的主要问题是什么？

四、您希望园方在美工区提供哪些帮助？

五、请您思考：美工区的设置应该促进孩子哪些方面的发展？美工区与整个区域活动的关系是什么？您认为应该如何平衡两者的关系？

观看区域活动美工区活动实录后思考问题

录像具体内容：　　　　班级：中一班　　　　日期：2014年11月5日

活动区：美工区　　　　内容："会跳舞的玉米"

区域人数：9人

一、您对本次美工区活动的想法是什么？（如优点、存在的问题、建议、总体感受等）

二、请提出您认为本次美工区活动最值得讨论的三个核心问题。

您的思考：

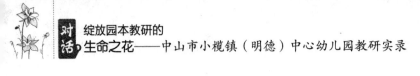

我的建议：

三、请写下您对本次教研活动的感受、收获与建议。

四、请写下您对本班美工区未来的设想。

幼儿智慧发展与幼儿绘画发展的表现

幼儿智慧发展		幼儿绘画发展		
阶段	表现	阶段		表现
感知运动阶段（0~2岁）	依靠自己的肌肉动作和感觉来面对外界事物，尚未内化到头脑中，抓、握、抚摸以及其他动觉和感觉活动有助于思维的发展	准备阶段（0~1.5岁）		美术始于感觉与环境的首次接触以及幼儿对这些感觉经验做出反应。触摸、感受、看、抚弄、听、嗅是美术活动的基本背景
前运算阶段（2~7岁）	象征思维阶段（2~4岁）由于已出现象征符号机能，因此能够凭借意义对其所指的客观事实加以象征化，出现延迟模仿、象征性游戏、绘画等行为模式	涂鸦阶段（1.5~3.5岁）	未分化涂鸦	无控制地模仿，满足动觉经验
			经线涂鸦	重复性运动的控制，手眼的协调性加强
			圆形涂鸦	重复画圆，并用它来表现一切事物
			命名涂鸦	认识到绘画与外界之间存在的关系，受画面象征符号的启发而命名，显示初步的手、眼、脑的整体协调
	自觉的半逻辑思维阶段（5~7岁）开始从表象思维阶段向运算阶段发展，但判断仍受自觉自动调节的限制，其突出特点是自我中心思维	前图式阶段（3.5~7岁）		以自我为中心观察形式生活，画面形象呈几何性组合，透明画表示所知的内容，为表现自己的感觉，常夸张重要点，忽略次要点

续 表

幼儿智慧发展		幼儿绘画发展	
阶段	表现	阶段	表现
具体运算阶段（7~12岁）	形成了初步的运算结构，获得反演可逆性与互反可逆性，但仍离不开具体事物表象的支持，发展了解除中心化作用，即开始能站在别人的立场上看待问题	图式阶段（5~7岁）	用几何线条的图式来表现视觉对象，并重复表现，但有时会因特别经验而变化，画面有明确的空间秩序
		写实萌芽阶段（8~10岁）	脱离了几何线条的程序化图式，转向自然描绘，出现透视，能表现重叠形式，线条更具现实性
形式运算阶段（11~15岁）	开始从具体事物表象中解放出来，在头脑中区分形式和内容，运用语词或符号进行抽象逻辑思维	写实阶段（11~15岁）	从自发的艺术活动过渡到理性活动，注意比例、明暗、透视等，试图精确地表现实物，自我批评能力增强

美劳操作、情境数学融入区域活动实施总结

教研活动对话实录

一、主讲部分

陈　湛：今天的教研主要由大二班的朱老师来分享她们班的做法，就是将美劳DIY和情境数学全部放入区域里，具体的操作模式及成效请朱老师来跟大家一起分享。

朱　欣：今天我是以一种开放的态度来接受大家的批评与指正。上个学期，我们做了一个尝试，那就是把美劳DIY和情境数学融入我们的区域，今天我就代表我们班的两位教师对我们班美劳DIY和情境数学完全融入区域做一个小结。

1. 把美劳操作与情境数学投放到区域的原因

上个学期，我园引入户外自主游戏后，我们发现集体活动或小组活动的时间减少了，于是我考虑尝试着将这两门课程融入区域活动。考虑到我们所带班级是大班，孩子的各方面能力都比较强，我们也希望这两门课程真正立足于幼儿，让幼儿充分体验和探索，充分发挥幼儿的主动性。我发现在做幼小衔接活

动的时候，很多家长对孩子们没有自主意识、任务意识而感到头痛，对此我在思考如何发挥幼儿的自主性、主体性，希望通过这样的一个改变让我们的一日活动开展得更加游刃有余。于是我跟丹丹商量后决定将我班的美劳操作和情境数学完全投放到区域中去。

2. 对具体实施情况做汇报

现在，我就我们班的具体实施情况向大家做一个汇报。首先来看情境数学，我将我们班四十几个孩子分成了四组，对应设立了四组格子，两个区域中，一个是未完成的，另外一个是已完成的。之所以这样划分，一是考虑到幼儿拿放方便；二是这样的分组能够让孩子的数感得到培养。在每个周一的早上，我会布置两个任务，并根据本班孩子的实际情况把需要讲解的地方做简单的解释，如果不需要讲解我就直接把任务布置下去。教师将这四组格子统一摆放在未完成区，孩子可以利用进区或者任何其他合适的时间去完成练习，并把完成的本子摆放在已完成区。周五下午，教师会邀请两名能力强的、完成任务比较早的小朋友充当小老师，帮助教师批改任务，最后，教师会对这一周的完成情况进行总结和反思。

美劳DIY的操作比较简单，我给小朋友制作了一本美劳操作记录单，里面有16份材料的图片。在学期初，我会用一到两节课的时间当着小朋友的面一份一份拿出来欣赏，把需要注意的地方做必要的讲解，然后一份一份放入小画室里。小朋友可以在进区的时候选择进入小画室去完成作品，完成一份后，就在相应的材料图片下打钩，以一学期为期限，要求小朋友在本学期内完成所有材料的制作。

这两门课程与我们班的"健康服务站"一起构成了每日任务、每周任务、每学期任务三个维度的任务体系。

认知发展理论认为，儿童的知识构建必须由儿童通过自己的操作活动去完成。活动区域的创设更重要的是创设能鼓励幼儿自由选择、便于操作、大胆探索的环境，更好地促进幼儿身心全面和谐的发展。在这两门课程经过调整后我们班的孩子在以下四个方面得到了一个提升：

（1）促进幼儿自主地参与活动、自发地学习。

（2）培养孩子自主识图、读题的能力。

（3）增进幼儿之间的交流，培养幼儿互相学习和交往的能力。

（4）锻炼幼儿的动手操作能力。

首先，我们来看第一点，促进幼儿自主地参与活动、自发地学习。在以前的集体或小组活动中，孩子都是在教师的统一指挥下进行活动，现在将这两门课程投入区域后，更多的是需要孩子有主体意识、任务意识，也就是刚刚提到的与幼小衔接非常有关的两个意识。知道分配好自己的时间，在一周或一个学期之内完成自己需要完成的任务。希望通过这样的改变培养他们在进入小学后对作业或者任务能自觉完成。刚开始实施的时候，很多孩子还没有这种意识，通过几次的总结反思之后，孩子们基本上能在规定的时间内完成任务。现在在我们班，任何时间段、任何地方都能看见小朋友正在完成情境数学任务的身影。有些孩子甚至每次都在周一就把任务做完了，教师问他们："为什么你们总是选在周一就把作业完成？"小朋友异口同声地回答说："因为我们怕忘记了！"看到这样的场景我觉得教师们的尝试还是有意义的。

其次，我们来看第二点，对于美劳操作和情境数学如何开展，教师们不妨进行认真的思考。在教室里是否为幼儿创设了探索、实践、创造的自由情境？教师所关注的是幼儿参与创作的历程，还是创作出成品的结果？教师对幼儿在尝试使用工具的时候报以怎样的态度？这些都将决定这两门课程开展后的最终效果。在以前的集体教学中，为了更好地迎合家长，教师们更多的是注重结果的准确率或作品的精美度，殊不知，正是这样的行为扼杀了孩子内心强烈的创作要求和头脑中丰富的想象力，减少了孩子自主思考的机会，限制了孩子自主看图、读题的能力。以美劳操作为例，教师们经常看见孩子把一份在大人眼中算是垃圾的物品视如珍宝，也能遇到孩子去赞扬同伴的那些在成人眼中被装饰得一塌糊涂的作品。教师们应该把审美还给孩子，让孩子用他们自己的理解和想象去创造属于自己的作品，而不应该用大人的视觉去左右孩子纯净的心灵。刚开始改变的时候，孩子长久以来形成的依赖习惯会让孩子一拿到材料就来找教师寻求帮助，如："老师，这份材料怎么做？"我说："你先把操作说明书拿出来研究一下好吗？"孩子回去后把说明书拿出来看了五秒，又拿回到教师面前说："老师，我看了，还是不会！"于是我蹲下来告诉孩子："那你按照你自己对说明书的理解先试一试吧，老师相信你一定会有所收获的。"以一份材料为例，带过大班的教师对这份材料会更有感触，因为这是大班上学期的材料。这份材料对于小朋友的看图能力具有挑战性，有些线是峰折，有些线是谷折，对于我们班的孩子来说，因为之前没有太多折纸的经验，所以，刚开始拿到这份材料时，很多孩子没办法完成。但是慢慢地，在一两个小朋友率先尝试下，当后来做的小朋友遇到困难再去问这一两个小朋友时，他们就有经验了，最终慢慢地，孩子在没有教师的指点下也能做出正确的作品。当然，也有个别

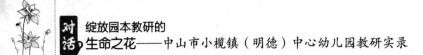

能力稍弱的孩子没能成功做出作品，这些个别作品在教师的眼中应该算是失败品了。但是我们从这些作品中反复的折印痕迹就能够知道这个孩子是经过了反复的思考、探索和实践才最终做成这个作品的，他可能觉得自己是失败了，没能完成正确的作品制作，但当我看到这些不停探索的折痕时，我觉得他也是成功的。我觉得只要孩子开始尝试着自己研究说明书，不管最终完成的作品是否与说明书给出的一样，都说明孩子用心于对材料的探究，沉浸在创作的乐趣中，这份莫大的享受与满足是美劳操作所特有的教育功效，也已经实现了美劳操作所存在的意义。

再如情境数学课，一节数学课的成功与否往往会用正确率来进行衡量，教师们为了提高正确率，会降低难度，事无巨细地进行讲述，手把手地教会孩子完成作业，尽可能照顾到能力弱的幼儿。虽然这样的做法收效很大，但很像长辈溺爱晚辈一样，使得孩子独立思考、解决困难、不断探索的能力得不到相应的提高。而将情境数学完全投放到区域后，能力强的孩子可以完全依照自己的经验来完成作业，能力一般的孩子则在教师或者同伴的提示下完成，能力欠缺的孩子虽然完成的正确率不高，但在努力试图完成的过程中能够锻炼自主读题、解决困难的能力，充分调动他们的思维，为他以后的学习积累经验。有的时候，教师不仅要看到眼前的正确率，还要为孩子们的长远发展奠定基础。

再次，我们来看第三点，增进幼儿之间的交流，培养幼儿互相学习和交往的能力。当这两门课程完全投放到区域后，幼儿遇到困难时把最初向教师寻求帮助转向了向小朋友寻求帮助。现在经常能看见两三个小朋友在一起研究题目，甚至进行激烈的争辩，这种对事物反复辩证的态度增进了幼儿彼此之间的相互学习与相互合作的情感交流，对其社会性的发展起到了很大作用。例如，在情境数学的实施中，每周五下午改作业时小老师的出现都能调动小朋友的积极性，特别是能力强的孩子，提高他们完成作业的整洁度和准确度，孩子通过充当小老师来批改所有小朋友的作业，可以起到互相学习的作用，在评价别人的同时，既可以学习别人的优点，也可以避免出现别人出现过的错误。比如，他在改作业的时候会说："老师，你看，××的作业很脏，我要不要给星呢？""老师，××的作业好整洁，我可不可以给两颗星啊？"

最后，我们来看第四个点，锻炼幼儿的动手操作能力。让幼儿表达他们的创造力并不等于不对他们进行技巧方面的指导，例如，怎样使用胶水才不会弄脏、怎样拿剪刀可以剪得更好、怎样蘸颜色才不会滴落，这都是美劳操作活动中很重要的教育内容。熟练准确地使用工具会使他们的创造力发挥得更好，但是教师只注重教他们操作的技巧，而不让他们充分使用和发挥技巧，他们会感到枯燥、乏味。幼儿在操作过程中可能会弄脏画面，打翻颜料，这只是他们学习如何使用这些工具、材料的过程。如果教师过早地追求画面整洁、涂色均匀，幼儿会感到不知所措，无从下手，甚至战战兢兢，使自由轻松的感觉一扫而光，也就谈不上想象与创作了。脱离了教师的管控，进区时或多或少地会出现各种各样的问题。只有出现了问题，孩子才能学会如何预防问题。把问题抛给孩子，教师以辅导者的身份支持和帮助孩子解决困难，幼儿的动手操作能力才能真正得到锻炼和提升。

3. 把美劳操作与情境数学融入区域活动的意义

下面我想说说这样的改变对教师和家长也有很重要的意义。

	投放前	投放后
课程设置	时间紧迫，刚刚能上完所有课程	时间充裕，有很多时间用来慢慢巩固所学新课，教师相对轻松一些
情境数学	（1）教师很难把控好难度，很难照顾到能力不同的孩子。同样的时间内完成同样的作业，能力弱的孩子思考的时间不够。 （2）使用学具盒的时候特别麻烦，学期末清理学具盒是一项很大的工程。 （3）孩子依赖心理强，不愿意自己动脑筋思考	（1）时间不固定，孩子自由把控完成作业的时间。 （2）只要提供8份左右的学具盒供他们使用即可。 （3）孩子的自我读题能力大大提高，为教师今后的数学教学减轻了负担。 （4）有更多的时间用来进行情境数学的补充传统教学。 （5）孩子自主完成作业，自发学习，养成良好的学习习惯，为孩子终身发展奠定基础。 （6）读题能力大大提高，将来进入小学，将减少家长陪同的时间
美劳操作	（1）统一制作一份材料，孩子没有自由选择的权利。 （2）过于依赖教师的讲解和帮助，不愿意自己探究，特别是能力弱的幼儿。 （3）自我识图能力弱	（1）可自由选择材料，还可以与区域里其他材料一起进行互动和创编。 （2）完全依靠自己的理解和探究完成作品，个人成功感、自豪感倍增。 （3）看说明书的能力得到充分提高。 （4）孩子动手和解决困难的能力大大增强，有利于孩子在实际生活中解决实际困难
个别化学习	按照以往的经验如果把两门课程都投放到区域里，必须有两位教师分别待在小画室和数学区，于是很多班只能选择其中一项进行投放，并且需要一位教师在这个区进行讲解	（1）把主动权交给孩子，充分相信孩子的能力，两位教师都能抽身顾顾到全局，指导更全面。 （2）孩子自主管理完成任务和玩之间的选择，给孩子更自由、宽松的学习氛围，有利于孩子终身学习能力的发展

接下来，请大家看一段很短小的视频，视频录制的时间是早上8点，本来是小朋友出去晨练的时间，但由于当天下雨的原因而不能去户外活动。我值早班，看到来了十几个孩子，就告诉他们先玩玩具，等孩子多一点，我们再做早操，说完我就到隔壁班去了，等我再回到班里时，我录下了这段视频。我之所以录下这段视频，是因为我回来后看到了这样的场景，当时我都惊呆了。小朋友来园的第一件事是选择去完成情境数学作业，而且是在我提出玩玩具的要求后。从视频的后半段可以看到，这种安静的自主学习的氛围还在不断扩散，有更多新来的小朋友加入了他们的行列。我录下这段视频时的心情是非常欣慰的，于是我决定用这段视频来结束我今天的总结，也为我这大半年来的一个实践活动画上一个圆满的句号。

二、提问环节

陈　湛：刚刚稍微看了一下，每一位在座的教师都听得特别认真，现在是提问环节，看看大家对他们的这种做法是否存有疑惑。

张雪媚：孩子们随时随地都可以去操作对不对？

朱　欣：美劳操作必须在个别化学习的时候进行，但是情境数学是由孩子自由选择时间。

张雪媚：那他们去哪里操作呢？

朱　欣：自己对找合适的地方。

张雪媚：我也在考虑这个问题，课室里没有多余的桌子可以提供给孩子，他们基本是坐在自己的位置上操作。可有的时候，坐一张桌子的部分孩子吃完了，部分孩子还没有吃完，桌子很脏，不好操作。

朱　欣：大班的孩子都是自己清理桌面，如果他不想自己的作业弄得很脏，他会把桌子清理干净。如果桌子脏得很厉害，不适合做作业，他可能就会选择另外的时间去操作。

张雪媚：也就是说很自由，反正他完成就可以了。

朱　欣：所以有些孩子会找一些很奇特的方式进行操作。

蒲　凡：你的方式比较自主，我们现在是中班下学期，如果想在大班用你这样的方式，我应该提前在班上做哪些准备，从而帮助他们尽快接受这样的方式。

朱　欣：我很喜欢这个问题，这也是我刚刚漏说的一个点，应该说，这不是一天两天的事。以前我带大班时，大班的孩子普遍都是当时班上比较弱的孩子，我发现这帮孩子识图读题的能力非常弱，这时让他们接触幼小衔接的那本情境数学是很难的一件事。那个时候我就开始反思，如果我一直带现在的大一班孩子，我要从刚开始接触情境数学时就做好准备。于是我从小小班开始就为今天的这种模式做铺垫，当孩子第一次接触情境数学课程时，我没有主动讲解，都是孩子自己说、自己讨论，每个孩子都发表了自己对于题目的观点，经过激烈的思维碰撞，正确的答案自然而然就出来了。如果小朋友从一开始就习惯了教师的讲解，不习惯自主讨论题目的做法，可能刚开始实施起来会有困难。

蒲　凡：小朋友是不识字的，有些题他可以通过一些图解来做，可有些题他一定要通过大人的讲解或者示范才能够理解，这个时候该怎么办？

朱　欣：我会在星期一找一个时间把需要讲解的地方讲解一下，就算是能力强的孩子，也可能会遇到新的题型，情境数学特别注重看标志，如果他完全没有接触过那个标志，我们就需要讲解一下，一些该讲的地方还是要讲的，也不是完全放手。

蒲　凡：情境数学学具盒是怎么操作的？不是四十几份都放进去吧？

朱　欣：我们班放八份，看你们班数学区的进区人数，因为我们班进六个人，所以放了八份。有些孩子进到区域里，三五分钟就把作业做完了，这时他就可以选择玩学具盒，几个盒子混在一起，想怎么玩就怎么玩，只要不影响别人做作业。到了学期末，我只要整理这八个盒子就可以了。

叶穗明：这样的模式从什么年龄段开始比较合适？中班还是大班？

朱　欣：我认为中班下学期就可以尝试一下，主要还是看孩子有没有主动研究这个题型的能力，如果可以的话，就慢慢放手。

叶穗明：你们是先让孩子做，然后让孩子充当小老师批改作业，那能力弱的孩子怎么办？

朱　欣：能力弱的孩子可能暂时做不了小老师，最多能请到中等水平的孩

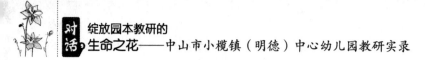
子。在运用这一模式之前，我会跟小朋友约定好，按完成顺序摆放已完成的作业。到了周五，我就按照完成的先后顺序和正确率来选择小老师，尽量避开已做过小老师的孩子。有些能力中等的孩子很想当小老师，就会很积极地去完成作业。

陈　湛：我想，叶老师想问的不仅是小老师的问题，她更想表达的是你请小老师来批改作业，你如何发现班里哪些是能力弱的幼儿？

朱　欣：小老师改完作业之后，我会全部查看一遍，如果我发现正确率百分之八九十，就不会再反复讲解。如果我看到小朋友的正确率只有百分之五六十，我就会利用一体机再讲解一遍。这样做对于能力弱的孩子也有帮助，他探究过一遍失败了，但他心里会有一个底，当你再讲的时候，他就会很快明白。

叶穗明：大班的孩子有可能会看别人任务照抄，遇到这种情况该怎么办？

朱　欣：对，这种情况我也考虑过。我会在班上提出要求，告诉孩子，会有一些孩子向你寻求帮助，如果你是小老师，你会怎么教这个小朋友，小朋友各抒己见，最终讨论出直接给出答案是一种错误的教法，而是应该引导他自己想答案，让小朋友学会如何去帮助别人。

张雪媚：刚开始操作的时候，会不会出现出错率很高的情况？

朱　欣：对于美劳操作的话，出错率为一小半吧，情境数学要看内容，有些内容就算你不讲解，正确率都可能接近百分之百，因为他已经有了这三年的基础。

陈倩蔚：个别化学习还开设科学区是吗？

朱　欣：有科学区，情境数学的材料放在科学区里。

张雪媚：刚开始的时候让孩子自主学习，两门课程都交给孩子，出错率肯定会高。你在做这些之前有没有跟家长打声招呼，因为他带回去的作品有可能很糟糕，情境数学有可能不会，你有没有事先跟家长说明？

朱　欣：我们班在家长会上专门安排了对区域活动的改变做解释环节，让家长参观了孩子的作品，今天和大家分享的很多话也同样跟他们说过。我问家长："你是愿意看到一份精美但有点假的作品，还是愿意看我墙上挂的那些很童真的作品?"家长都能理解教师的做法。

石泽满：听了朱老师的介绍，我觉得这种方式很好。美劳操作的重点是动手操作方面，但情境数学关系到一个概念的传授，这种方式在节省课时和培养孩子自主能力方面很好，但怎么让孩子理解数的概念？

陈　湛：这个问题很好，我来解释一下。我们在学《指南》的时候，有十二个字我再三强调过，那就是直接感知、实际操作、亲身体验。孩子的学习方式是什么？这十二个字完全可以回答石老师刚刚的问题了。我想问问大家，对于数学领域，我们需不需要孩子们去知道具体的概念？不需要！概念是什么，概念是孩子在操作过程中慢慢形成的，他会发现其中的规律。而且，刚刚朱老师也再三强调了，有些东西也是需要去讲解的，放不等于不管。大家会听到朱老师的分享里有三个词是很重要的，是指代教师的角色，即观察者、支持者、引导者。对于这三个角色，你能从她把情境数学和美劳操作融进我们的个别化学习里边看到吗？当孩子互相抄答案的时候，她会知道给孩子怎样的支持和引导；当大部分的孩子对一道题仍然有困惑的时候，她会重新拿出来讲，为什么要讲，因为她发现孩子对这道题仍然有困惑，需要进一步引导，所以，放并不代表不管。上个学期，我们都把精力放在了户外自主游戏里，而对于个别化学习，我们还可以再起一个名字，就叫作"自主学习"，最终，我们是不是希望达到一个这样的目的？刚刚那段视频虽然很短，但是我看到了精髓，你会看到孩子们三三两两的，有自己做的，有面对面的，有四五个孩子围在一起讨论的。学习是什么？学习以什么方式都可以进行，只要他有所获得，为什么不能寻求他人的帮助呢？为什么就一定要独立完成呢？我们的业务学习也经常是以小组为单位去进行的，我们一个单位之所以能够把一项大的任务完成，依靠的不是一个人的力量，恰恰是集体的力量，那为什么我们的学习就不能允许我们的孩子用这种方式去学习呢？我们需要不断地问自己、找答案，我想只有这样，你心中的这些疑惑才会慢慢地解开，而我们的教育观、儿童观也是在这样不断反思和叩问中慢慢得到转变的。朱老师刚刚说我高度重视他们班的实验，坦白地说，我的确是高度重视，因为我真的希望好的经验能尽快让我们15个班去分享。通过这个学期的观察，我真的能够看到效果。我一直跟伍园长讨论这样一个问题：我们学习的东西怎么样才能落到实处，怎么让理论的种子在实践的土壤里开花结果？今天我很欣慰，因为我看到这朵花开得很美，而且看到孩子现在的这种状态就是最美的果实，我还看到很多教师的认可，这也让我感到特别欣慰，使我觉得这种做法尤其值得推荐。可能有的教师会问，我们小班也要这样做吗？那不一定。我并没有说这个好的做法就一定要在全园铺开，但我建议大家去尝试。比如，对于中班，我希望你们主动去尝试，最后你会发现，教师解放了，孩子受益了，这个局面是双赢的，甚至是多赢的。孩子发展了，教师轻松了，家长满意了，这不正是我们希望看到的结果吗？我希望大家主动去尝试，如果在尝试的过程中还有问题，可以随时跟大二班的两位教师沟通，也可以在实践的过程中互相沟通。

美劳操作、情境数学融入区域活动实施总结教研活动PPT

第三部分： 总结与分析

通过梳理个别化学习的资料，了解到我园个别化学习的开展过程，我们总结了很多宝贵的经验，主要有以下几方面：

一、前期计划做得很详细

对于幼儿园开展个别化学习做了一个详细的规划，考虑到幼儿园的实际现状，以及结合幼儿园未来大楼建成的情况，做出我园今后区域活动开展的设想，也提出现阶段我园区域活动开展的具体工作，既仰望星空，又脚踏实地。把我园现阶段区域活动开展的具体工作详细地列举出来，这是一个很好的指路牌，教师们按照具体做法，先把规划前阶段的事情做好，这样才能更好地实现未来区域活动的设想。

二、站在巨人的肩膀上才能看得更远

牛顿说过："如果说我看得比别人更远些，那是因为我站在巨人的肩膀上。"只有不断地向别人学习，更新自己的观念，我园的区域活动才能进行得更好。我园向上海市虹口区实验幼儿园进行学习，学习的主题是"快乐建构，智慧生活"，借鉴别人是怎么开展区域活动的，取其精华，内化成自己的东西。其中，快乐建构指向的是个别化活动的课程形式，"智慧生活"是反映个别化活动的课程内容，以及我们对孩子个别化活动中的期待，也是区域活动价值观的体现。首先，分析区角活动开展的背景和区角活动的基本特征。其次，讲述开展区角活动的策略，通过学习材料的内容与设计、活动中的规则提示、观察和调整三种策略来了解区角活动，这给我们提供了很多有用的实践方法。最后，我们还组织我园教师共同学习了《走近高瞻课程——仰望我们努力的方向》，了解了高瞻课程的发展历史、教育取向和目标，重点学习了高瞻课程取向的环境，创设能促进儿童主动活动的环境，不断推进我园区域活动的开展。

三、针对如何开展区域活动，我园选取区域活动中的美工区进行研究和探讨

我园对区域活动中的美工区进行了四次业务学习，研究背景是我园每班都为孩子们购买了美劳DIY这套教材。在开展区域活动后，大部分班级都把美劳DIY放进了区域活动中，经过两年的实践，发现了一些存在的问题。为了更好地促进我园美工区的发展，同时也吸取建构区业务学习的教训，将美工区业务学习的内容分解成了四次内容。

这四次业务学习体现了我园对问题的深入挖掘，而并不只是停留在事物的表面，我园运用一系列调查表、课堂视频实录、照片、绘本等载体，全面而深入地向大家展示了如何开展美工区活动。我园的区域活动虽有不足，但有很多经验是我们慢慢积累起来的，这些经验可以指导我们开展其他的区域活动，从自身出发，创造更好的区域活动的物质环境和心理环境。

四、在学习别人的同时，勇于创新，设计我园区域活动中具有特色的课程形式

最突出的是大二班把美劳操作、情境数学融入区域活动。根据大班幼儿的年龄特点，结合幼小衔接的情况，教师巧妙地把主题课程融入区域活动中。基于我园引入户外自主游戏后，以往的集体活动或小组活动的时间减少了，想让这两门课程真正立足于幼儿，让幼儿充分体验和探索背景，教师们经过商量后，决定将班级的美劳操作和情境数学完全投放到区域中去。其中，讲述了美劳操作和情境数学的具体实施情况，这两门课程与班级的健康服务站一起构成每日任务、每周任务、每学期任务三个维度的任务体系，目的就是促进幼儿自主地参与活动、自发地学习；培养孩子自主识图读题的能力；增进幼儿之间的交流；培养幼儿互相学习和交往的能力；锻炼幼儿的动手操作能力。

教师通过把美劳操作、情境数学融入区域活动，对孩子产生了很大的影响，对教师和家长同样具有很大的意义，值得借鉴。一是材料投放后时间充裕，有很多时间用来慢慢巩固所学新课，教师相对轻松一些；二是把主动权交给孩子，充分相信孩子的能力，两位教师都能抽身照顾到全局，使指导更全面。孩子自主管理需完成任务和玩耍之间的选择，给孩子以更自由、更宽松的学习氛围，有利于孩子自主学习的发展。这样的做法真正做到了以幼儿为本，有利于发展孩子的各方面能力。

我园的个别化学习从无到有，从开展初期到不断完善，就是一个不断尝试的过程，我们将充分发挥教师的智慧，走出一条具有特色的园本文化建设道路，营造个别化学习氛围，从专注的眼神里透出未来。

第四部分： 温馨小策略

一、加强学习

"他山之石可以攻玉"，在幼教改革的道路上，我们需要不断地加强学习，通过参观和学习其他幼儿园开展的区域活动，了解别人的做法，做到取其精华，弃其糟粕，选择一些好的东西为我们所用。

二、总结和反思

善于总结和反思，通过区域活动中对美工区的四次业务学习，在反复的思考和讨论过程中探索适合我园美工区的开展方式，让教师们从实践到理论，又从理论回归到实践，充分体现了教师们的专业水平和敬业水平。

三、勇于创新，敢于尝试

在开展区域活动中勇于创新，在实践中敢于尝试，在试错的过程中积累经验，要善于表扬那些具有创新精神的教师，园方要积极创造条件让他们展示自我，通过营造个别化的学习氛围，提供更多丰富多彩的材料，从而促进幼儿全面发展。

第 五 章

争妍斗艳

——对话儿童视角环境创设

　　世间万物都是大自然的恩赐，无论是高贵的牡丹、妩媚的玫瑰，还是淡雅的菊花，都有着各自存在的价值。或装点豪华的客厅，或见证爱人的誓言，或芳香幽静的小路，或欣赏，或入药，或食用，在默默盛开中绽放芬芳，在争妍斗艳中实现价值。幼儿园中的各种环境、物质、材料、空间等都对孩子的成长有着重要影响。对话环境，在了解孩子、读懂孩子的基础上，不断创设适宜的环境，提供丰富的材料；在设计与制作之间，在拆卸与重装之间，在增加、减少与混搭之间，不断地尝试与调整，让环境和材料更加适宜幼儿的学习与发展。只有对话环境和材料，才能真正发挥其教育的价值，让孩子们在操作中玩味童年，在体验中感受童年，让笑声和专注成为孩子们最美的童年礼物！

第一节　一花一世界
——精彩而灵动的环境创设

第一部分： **我们的做法**

　　《纲要》中明确指出："环境是重要的教育资源，应通过环境的创设和利用，有效促进幼儿的发展。"环境包括精神环境和物质环境两个方面。这里我们谈的仅仅是物质环境中的班级墙面及其他空间的布置，希望为幼儿提供兼具审美价值与教育价值的教育环境，帮助孩子获得更好的发展。在班级环境创设方面，我们同样经历了不同的阶段，即简单的墙面装饰性布置——以主题为主要内容的布置——主题与区域活动相结合的环境创设。环境创设经历的历程从某个侧面反映了幼教的发展。我们也在不断摸索的过程中，逐步规范了环境创设的流程，如要提前制订计划、注重环境创设资料的搜集、开展环境创设的交

流和分享活动、撰写环境创设总结等，让一花展现一个世界，用精彩而灵动的
环境创设陪伴孩子的成长。

第二部分：对话实录

2016年上学期小（一）班环境布置方案

陈倩蔚　邓尔珍

课室色调：彩色系。

需要购买的材料：

（1）蓝色不干胶3卷。

（2）天蓝色不干胶2卷。

（3）白色不干胶5卷。

（4）大头笔5支。

（5）双面胶、透明胶各5卷。

（6）白色KT板5张。

一、环境设计思路

进行区域创新，主题为"快乐小家"，各区域的环境都有所改变。主题墙
除了有主题的尝试，还增加了操作性，让孩子也能参与其中。

二、环境布置

（1）门口字幅：Welcome to our family。

（2）家园联系栏：用不同颜色的卡纸做花朵、树叶和小动物。

三、主题墙

利用KT板做波浪式的展示主题墙。

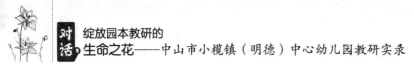

四、评比栏

我爱早起做运动，利用孩子的大头照和魔术贴做装饰，用彩印的车和花作为奖励。

五、横梁装饰

利用KT板和蛋糕碟做出波浪式的装饰，展示秋天的气息。

六、照片墙

利用彩色卡纸做出各种装饰，KT板为底，展示小班的"我"。

七、家庭环境

（1）客厅。

（2）育婴室。

（3）书房。

（4）工作室。包括：绘画、手工、益智玩具。

2016年上学期小（一）班环境创设图片

陈倩蔚　邓尔珍

名称：家园联系栏。

说明：用彩色的花朵和渐变色的树叶加上几只小动物装饰，非常童趣可爱。

名称：主题展示墙。

说明：通过主体不同的课程，展示一些活动的作品以及相关的图片，加强主题的延伸和巩固。

名称：育婴室。
说明："爸爸妈妈"可以在这里
给宝宝们包尿片、换衣服……

名称：横梁装饰。
说明：利用KT板和蛋糕碟，加上
彩绘，在底部挂上橙黄的装饰，
充分展现秋天的气息。

2016学年上学期班级环境布置个人总结

陈倩蔚

一直以来，环境布置都是我的弱项，对于色调的统一以及风格的选择是最大的难题。于是在初期，我就一直考虑小班的布置如何做到既温馨，又具有童趣，如何让孩子爱上环境并愿意与环境互动呢？为此，我从"家居装饰"里找到了许多启发与灵感，并确定本学期以"家"为概念进行环境布置。

以前我们是将环境分为主题环境和区域环境两个部分来进行布置，这样的结果就是两个部分的环境无法相互呼应。这次，我将"家"的理念融入我们班级的大环境中，将班级当作一个家来布置。我将平时的区域布置成为家的客厅、书房、厨房、育婴室、工作间、洗衣房和游玩区。这样各区的环境既统一，又能相互呼应。而且因为这是一个家，所以孩子们在里面更能代入角色、专心操作。

首先，我在本次的布置中运用比较多的是灯。我们发现，家里的灯是营造温馨气氛的重要手段，于是在书房中，我使用了吊灯以及壁灯，可以营造出温暖的色调来弥补区域中装饰的不足，而且我运用的是充电式的灯具，避免了重装电线的麻烦。在厨房里，使用长吊灯来营造家的氛围，也解决了区域里光线不足的问题。

其次，我充分利用了废旧物品。我发现，在日常生活中许多物品只用一次就被舍弃了，而有些物品往往十分精致好看。于是我将竹制水果篮做成了图书篮子，将一次性粥碗当成了厨房的分类器皿，将小麻绳和小木夹做成手工展示

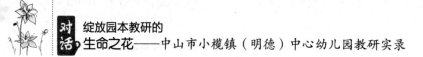

带，将用过的墙贴做成厨房的食物展示架等。这些废弃物的运用使得整个环境既简洁，又特别。

最后，我在这次的布置中发现色调的运用还是比较杂乱，没能统一好整个风格。在想体现秋天的特色时，却又无法与"家"这一概念很好地融合搭配起来。同时这也是我们班两位教师的疑惑，家已经布置好了，但是以家的功能来区分区域，还是用区域吊牌来区分功能呢？我们将在以后的活动开展后再进行探究。

第三部分：总结与分析

以下是根据教师们的环境创设相关资料进行的总结与分析。

一、环境创设的教育性

环境创设作为教育的"隐形课程"，应该是一本立体的、多彩的、富有吸引力的无声教科书，使幼儿在这一天地里去观察、探索、创造，寻找快乐，从而得到情感的体验、智慧的启迪，使环境在促进幼儿身心和谐发展方面起到积极的作用。从小（一）班的环境布置方案中我们可以看出，该教师考虑到小班幼儿的情感需要，将班级布置成一个温馨的家，希望孩子们在这个家中感受到教师的爱、小伙伴的爱，从而减少和父母分离造成的焦虑。此外，在这个温馨的家中，到处可见环境的教育性，孩子们可以在区域中关联自身对家的经验，进行爸爸、妈妈的角色扮演，学习照顾自己、照顾他人和适应环境，发展自理能力和动手操作能力。在这个多彩的、精致的环境中，孩子们除了能感受家的温暖，还能接受美的熏陶——色彩斑斓的花朵与绿叶相衬、充满秋之气息的横梁装饰、梦幻灯光环绕的温馨书吧、形象可爱的奖励墙……这个温馨的环境就像是无声的教师，在不知不觉中伴随着孩子的成长。

二、环境创设的主题一致性

由于班级环境是一个整体，由各个部分组成，因此，幼儿园环境创设除了要求大环境中体现主题，区域环境也不容忽视。在环境创设初始，为了给小（一）班营造一个温馨的家，教师在构思区域的时候也结合了"家"的主题，将区域布置成家的客厅、书房、厨房、育婴室、工作间、洗衣房、游玩区等，借此将区域与主题环境相对应，并试图通过不同的区域训练孩子的动手操作能力。例如，在客厅可以锻炼孩子扫地、拖地、抹桌子等；在书房可以训练孩子正确阅读、整理书籍等；在厨房可以让孩子学会简单的食物制作，如剥花生、切水果等；在育婴室可以让孩子学会给"婴儿"换衣服、换尿布、喂奶……这样不会产生大环境与区域环境相隔离的情况，在体现主题的一致性之外，还体现了环境主题与教育目标的一致性。

三、环境创设的互动性

环境创设不仅是装饰物的拼接和堆砌。教师作为幼儿的引导者、支持者与合作者，应充分考虑孩子的实际需要，注重环境的互动性，让幼儿成为环境创设的一员，共同参与环境创设。我园教师在环境创设中尤其注重互动性，例如，小（一）班教师在走廊布置中设置了作品展示墙，运用简洁美观的边框来凸显孩子的作品；在手工工作室我们也发现了有趣的吊饰，利用麻绳的彩色架子、衣架来展示孩子的作品。不同的展示方式不仅体现了环境的互动性，还让孩子有机会参与环境创设，教师们可以让孩子介绍自己的作品，借此增加孩子的参与度与自信心。环境具有多样性，教师们在环境创设中应更多考虑孩子的需要，让孩子真正成为环境的主人。

第四部分： 温馨小策略

一、环境需要适时变化

幼儿园环境创设一直是教师工作中的难题，如何创设适合孩子的环境，如何让环境在富有趣味的同时兼有教育意义，也是我们一直在努力探索的内容，但富有趣味性的、丰富的环境并不是一成不变的。孩子们对环境的探索是无止境的，一成不变的环境不能满足孩子的需要，我们应该注意孩子与环境之间的互动，通过孩子的操作与反应，发掘环境中隐藏的教育意义。对于无法激发孩子的探索趣味、无法引起孩子探索欲望的环境或区域，我们应及时进行更新和调整，以更大程度地发挥环境的作用。我们常常会看到，在区域活动中，某些区域总是会受到孩子们的欢迎，而某些区域常常非常冷清，这是教师们在环境布置的时候无法料想到的，每当这个时候，我们需要了解受欢迎的区域相较于冷清的区域有何特别之处，抓住那些让孩子们感兴趣的地方，对较为冷清的区域进行适当的改变，在区域活动前对孩子们进行适当的引导等，通过各种方法激发孩子的探索欲望，这样才能让环境时时充满吸引力。

二、充分开发环境的空间潜能

目前，由于我园新教学楼尚在建设之中，园区环境暂时相对较小，麻雀虽

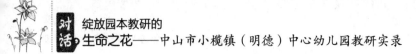

小，但我们从不忽视对每一处环境的利用，墙面、地面、楼顶、平台、墙根、屋角、阳台、门厅、房屋之间的空隙、空中……这些地方都应该得到充分的利用。例如，在墙面放置孩子的作品、在角落种植藤蔓植物、在树上挂上秋千、在空中垂挂吊饰等，在幼儿园中，我们精心地对每一处角落进行布置和投放材料，希望每一处都是精致的，每一处都能吸引孩子的目光。对于园区环境较小的幼儿园来说，只有利用好每一个角落，争取每一点资源，才能最大限度地发挥环境的作用，体现环境的价值。

第二节　一叶一如来
——丰富多彩的活动材料

第一部分： 我们的做法

美国心理学家布鲁纳说过："学习的最好刺激源是对学习材料的兴趣。"研究表明，游戏材料和幼儿发展之间存在一种双向关系，也就是说，材料的种类特点能刺激幼儿的行为方式，而幼儿也会根据自己的需要决定对材料的操作方式。为此，我园在开展个别化学习的过程中，尤其重视材料的投放，材料投放同样也因个别化学习的不同时期而呈现出不同的特点。如我园材料投放分别经历了主题活动为主的材料投放—以蒙氏材料为参考—注重提供半成品—根据幼儿学习发展的目标来投放材料这几个不同的发展阶段。我们相信，精心准备的材料能激发幼儿的探索欲望。丰富多彩的活动材料是吸引幼儿的关键，即便那是一片不起眼的叶子，也会引发孩子无限的创造潜能。一叶一如来，我们从教育实践出发，在不断地发现不足，调整、增加和减少中，让材料发挥它独特的魅力。

第二部分： 对话实录

操作材料说明选登

10以内的加减

所属区域：数学区。

适用年龄：5~6岁。

学习目的：

（1）掌握和运用10以内的加减法。

（2）理解相同答案可以对应多个试题。

制作原料：不织布、数字字卡、CD碟片、小木夹若干。

制作方法：

（1）收集10以内加减算式及数字答案，打印，过胶。

（2）裁一块长方形的不织布做算式地板，贴上过塑的算式题装饰后，把算式的题目粘贴在CD光碟上。

（3）把数字裁成小块儿，粘贴在小木夹上固定。

操作方法：

（1）从CD光碟底座取出CD光碟放在桌子上。

（2）从圆形的杯子里找出算式的答案，把答案夹在光碟上

副词找朋友
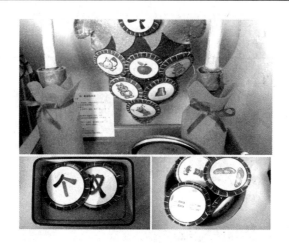

所属区域：语言区。

适用年龄：5～6岁。

学习目的：

（1）认识字卡上的副词，并能找到相对应的物品。

（2）发展小手肌肉扣暗扣的能力。

（3）提高认字能力。

制作原料：不织布、字卡、暗扣、图片、废旧胶瓶、盒子若干。

制作方法：

（1）收集相关的物品图片及副词，打印，过胶。

（2）用紫色和绿色的不织布缝制成葡萄，并在葡萄上缝上暗扣。

（3）把不织布剪成若干个圆形，填充棉花后缝好，把过胶好的图片粘贴在圆形上，背后缝上暗扣。

操作方法：

（1）取出葡萄放在桌上。

（2）找到一张副词卡片扣在上面。

（3）找出相应的图片扣在副词上面的暗扣上

找朋友

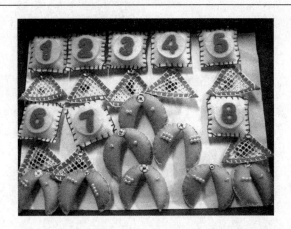

所属区域：科学区。

适用年龄：4~5岁。

学习目的：

（1）学习10以内的数量的配对。

（2）学习按纽扣，锻炼小手肌肉的协调能力。

制作原料：环保购物袋、不织布、按扣、小珠子若干。

制作方法：

（1）用白色的环保购物袋制作正方形，然后在正方形上面贴上橙色的圆形，最后将已剪好的数字贴在圆形上。

（2）把蓝色的环保购物袋剪成圆形，将圆形对折后变成半圆形，并在上面缝上相应数量的小珠子。

（3）用洗衣袋的网缝制成封闭的三角形形状，里面放入相应数量的小珠子。

操作方法：

（1）根据白色正方形上的数字找到对应数字的小珠子。

（2）两个半圆上的小珠子数量加起来是白色正方形上面的数字

蝴蝶

所属区域：生活区。

适用年龄：2～3岁。

学习目的：

（1）联系扣纽扣的动作，锻炼手眼协调能力，提高日常的生活能力。

（2）培养幼儿的独立性、专注力。

制作原料：不织布、针线、棉花、彩色纽扣。

制作方法：

（1）用不织布剪出两只蝴蝶的形状，用针线将两块布合并缝起来，并将棉花填充进去，使蝴蝶成立体形状。

（2）在蝴蝶的翅膀上缝上彩色纽扣。

（3）用不织布剪出多个圆形，在圆形中间剪出纽盘。

操作方法：

（1）将蝴蝶平放在桌面。

（2）拿出缝制好的圆形不织布，将其扣在蝴蝶翅膀的纽扣上，做成蝴蝶的斑点

业务学习：《幼儿园区域材料投放概述》

幼儿园区域材料投放概述

不同的材料

· 高结构性材料：从"这是什么"直接到"它可以用来干什么"。

· 低结构性材料：从"这是什么"到"它像什么"，再到"它可以用来干什么"。

· "它像什么"：赋予了幼儿使用低结构性材料过程中广阔的探索空间与无限想象的可能性。

"它像什么"的范围限制

· 雪糕棍、冰棍棍等棍形 类游戏材料：幼儿会想象成哪些东西呢？

· 筷子、火柴、烟卷、棉签、注射器、体温表具有棍形 特征。

· 半个皮球、瓶盖等容器类游戏材料，幼儿会想象成哪些东西呢？

· 碗、锅、帽子、伞(面)、听诊器、送话器、蘑菇等具有圆顶、半圆，或容器等特征。

小汽车，嘟嘟嘟地开来咯！

山洞里会有宝贝吗？快来看一看吧！

小班：高结构性材料

高结构性游戏材料可用来鼓励婴幼儿(2~3岁)进行装扮游戏(Fein, 1975; Elder& Pederson, 1978)，但随着年龄的增长，儿童的表征能力逐渐成熟，大龄儿童(4~5岁)能创造性地使用低结构性材料进行戏剧性游戏(MeLoyd, 1983)。

低结构性游戏材料需要儿童用自身经验来组织和驾驭，因而具有一定的年龄适用范围，比较适合4岁以上的儿童。

思考：材料的探索空间体现在哪里？可如何增加探索空间？

滚动滑梯

大班建构区活动材料投放参考

区域材料参考	班上已有	需增加	更多的想法
成品材料： 各种形状的大型积木、中型积木和小型积木若干。 辅助材料： 木板、大小不等的箱子、易拉罐、绳子、塑料管、小车模型、线、石头、建筑模型、建筑图片、测量工具、插塑玩具、雪花片、张贴画、自制纸盒积木、交通标志、花、草、楼房、小人和动物的立体摆件、小木桥、幼儿积木作品照片等			

与区域材料的对话

——对我园区域材料现状、反思和改进方向的思考

一、我园区域材料的现状

（1）以幼儿园购买的材料为主，二度创作材料及自制材料少。

（2）以益智区、美工区、表演区的材料为主。

（3）材料的目标性不强，没有针对性。

（4）部分材料不符合幼儿的年龄特点；各级组的材料区别不大。

（5）部分班级托盘及柜子没有设置相应的摆放标志。

（6）部分材料不卫生。

（7）部分材料摆放凌乱，小物件没有用小盒子区分摆放。

（8）部分材料还没有开封。

（9）很少一部分材料具有操作提示卡。

（10）装材料的器皿不统一（需了解各班具体数量）。

（11）图书角比较凌乱。有些图书角没有书，有些没有标志。

二、对我园区域材料的反思

（1）对各年龄段的特点了解不够，导致材料的目标性不强，各年龄段的材料差别不大。

（2）各个区域如建构区、阅读区等的材料不平衡。

（3）对区域活动的重视程度不够，投放材料的意识不强。

（4）缺乏坚持与传承的态度，一些好的做法（如之前的厨房区、大班的小记者活动、爱心小天使、部分班级邀请的家长助教活动等）没有得到很好的传承。

（5）未能充分运用各种途径丰富材料的种类。

三、对我园区域材料改进方向的思考

第一，在思想上要重视区域活动，做到心中有目标。

第二，加强理论学习，深入学习各个年龄段孩子的特点，有针对性地投放材料。

第三，充分发挥科组、级组的力量，定期开展材料投放的讨论，并进行制作。

第四，建立材料更新制度，定期投放材料。

第五，尝试建立材料资源库（含电子照片及实物材料），为以后材料的投放提供参考，使材料得以传承。定期开展材料观摩和交流活动，使好的经验和做法得以发扬，给教师们提供更多的启发。

第六，增加材料的来源。

1.《指南》中的目标及典型表现

健康领域：

健康领域子领域"动作发展"目标3"手的动作灵活协调"，如幼儿使用剪刀的要求，涂画、折纸、使用简单的劳动工具的要求。思考：在区域活动中如何体现？在哪些区域投放材料？投放什么材料？精细动作包括哪些动作？这些动作发展的大概顺序是？可以提供哪些材料促进幼儿这些精细动作的发展？对小小班、小班、中班、大班应该有哪些不同的要求？（插入精细动作发展表格）

健康领域子领域"生活习惯和生活能力"目标2"具有基本的生活自理能力"，如放回原处、整理物品等。思考：如何在区域活动中体现？包括：操作示意图的广泛运用、整理过程中小班娃娃家图片的使用。

健康领域子领域"生活习惯和生活能力"目标3"具备基本的安全知识和自我保护能力"，如记住电话号码、安全标志、交通规则、安全知识等（包括数学区自制车牌号码、大班安全旗等）。

语言领域……

艺术领域……

科学领域……

社会领域……

2. 主题中的材料

小班主题：车子嘀嘀嘀（注意主题墙的布置及平时检查，制作主题小册子）。

主题环境布置与活动参考：

主题展示：

集体活动"我知道的车子"结束后，将幼儿带来的车子摆放在教室内合适的桌面上。

集体活动"嘀嘀嘀！车子"开展过后，收集幼儿完成的作品，并布置在教室的墙面上。

……

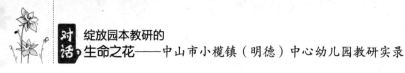
区域规划：

角色活动区"一起做车子"中制作好的出租车、公交车及公交站牌，教师在教室的地板上用彩色胶带粘贴一条简单的交通路线图。

建构区（积木、交通灯、停车场的标志牌道具、汽车玩具）。

……

3. 分享阅读中的材料

美工类（绘画、折纸、泥工）。

棋类。

视觉知觉。

走迷宫。

4. 入学早知道中的各类游戏训练的能力

视觉知觉能力。

听觉知觉能力。

运动协调能力。

知觉转换能力。

数学准备能力。

语言沟通能力。

社会适应能力。

学习品质。

5. 高瞻课程中《理想的教学点子以核心经验为中心设计日常计划》

主动学习五个要素：材料、操弄、选择、幼儿的语言表达及成人的支持，其中，主动式学习的核心经验如下：

用各种感官主动去探索。

通过直接的经验去发现关系。

操弄、改变及混合材料（如奶茶的发展）。

选择材料、活动及目标。

学会使用工具及设备的技巧。

使用大肌肉。

照顾自己的需求。

6. 孩子的思维图式

图式的概念：是一种反复出现的行为模式，通过这种行为模式，经验被同化并逐渐获得协调。

用术语描述幼儿的思维和发展模式：

动态垂直。

来回（学步儿走来走去拿东西，从A到B，阅读和制作地图也能支持与扩展幼儿的来回动作）。

旋转（车轮、旋转中的机器、滚动的球、转动的行星等）。

上下（梯子、攀登架、跳伞、乘坐电梯或升降机、匡老师班的滑轮等）。

围绕（包礼品、孵鸡蛋、挖掘、打洞等）。

覆盖和容纳（躲藏、在封闭的空间、堆雪人等）。

穿越。

本次学习只是为大家在材料投放方面打开一扇窗，希望每位教师都能自己推开门，主动走出去找寻，为孩子提供更多合适的材料。材料投放的最终依据还是孩子的兴趣和需求。

四、思考汇总

对我园区域材料现状反思及改进方向的思考汇总

第一讨论小组：陈文华、蒲凡、谢峰、柳懿君、石泽满、陆春。

第二讨论小组：胡玉意、董敏、陈微、刘健敏、张丽媚、黄桂枝、冯雄建。

第三讨论小组：焦淑燕、刘建琴、周圣丹、黄晓红、胡婵、张雪媚、陈倩蔚。

第四讨论小组：钟小英、叶穗明、陈秀全、余嘉敏、胡惠琳、李美恩、李甫易。

1.对我园区域材料现状的总体感受

第一讨论小组：购买材料偏多、自制材料偏少，益智、美工区材料偏多，语言科学区材料少，整体材料品种少。教师没有充分考虑材料的用途，部分材料不符合该年龄段幼儿的使用特点，操作性不强。部分班级的一些常规还没有养成，欠缺操作指引，美工区材料堆放在一起，摆放凌乱，标志不明显。

第二讨论小组：材料摆放较乱，部分材料三个级组都有，没能体现年龄段区别。琐碎的东西太多，二度创作元素比较少，来源于生活的一些材料比较少；材料种类少，操作图示欠缺，收拾盒子不够，美工区的材料比较缺乏。

第三讨论小组：单调、重复、不完整、买购偏多。①以美工区、表演区和操作区为主；②小班以操作区、中班以表演区、大班以美工区为主；③目标性不强，没有针对性，摆放杂乱。

第四讨论小组：①有些材料已经损坏，数量不够；②材料摆放比较乱；

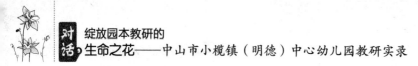
③总体来说，现成材料比较多，二度创作材料比较少；④材料不够多元化；⑤小班开始抓好常规，学会有序地摆放材料。材料可用保鲜盒装，从无序变成有序的操作。

2. 对我园区域材料现状的反思

第一讨论小组：①缺乏制作时间；②对各年龄段的特点了解不够，适宜度不够；③教师的思维具有局限性，学习与反思仍要加强；④缺乏坚持与传承的态度，缺乏共同分享和研究的时间。

第二讨论小组：材料要根据孩子的年龄段去投放，通过不同渠道收集各种类型的材料。如探索来源于生活的，既经济又实用的，可借鉴本园外教理念，提高孩子和教师收拾材料、整理材料的意识和能力。

第三讨论小组：①小班应以培养动手能力的玩具和模仿性玩具为主；②中班、大班应以科学探索、动手益智类为主；③大班以合作性和富创造性的角色扮演为主，结合本班实际问题投放。

第四讨论小组：①多一些二次创作的材料；②个别教师对二次创作不清楚，不懂这一概念；③针对不同年龄段投放一些不同领域的材料。

3. 对我园区域材料改进方向的建议

第一讨论小组：①发动家长收集好的材料；②在级组教研中适当发挥集体的力量（研究制作、一起制作）；③请家长做助教，每次活动结束后来检查；④或请小朋友来检查；⑤标志要清晰；⑥坚持最重要，充分利用时间。

第二讨论小组：提供足够的收纳盒，增加材料操作示意图，定期更换各区域的材料，对现存的材料多进行二度创作。建议美工区的材料多增加，根据孩子的各项发展技能提供相适应的材料，如撕、折、粘贴、剪、吸管、打花机……收集大自然中的一些东西，如贝壳、沙子、树叶等。

第三讨论小组：①建议保存区域材料的电子版本，缺少可以补，建立资料库；②确定好每个级组主要发展的区域，有侧重点和亮点；③建立材料更新制度，定期投放，每学年有固定的材料基金用于定期更新材料；④科组可以深入开展各种材料投放；⑤开学前，级组找时间讨论材料的更新，到市面收集合适的半成品材料。

第四讨论小组：①美工区：根据大、中、小班年龄来选择合适的材料。例如，剪刀、水彩笔（粗、短的适合小班，细、高的适合中、大班）；②建构区：提供材料；具体包括栅栏、积木、树、人物；③数学区多增加一点学习材料（如找不同、记忆游戏）长期培养。

中班个别化学习材料分享节选

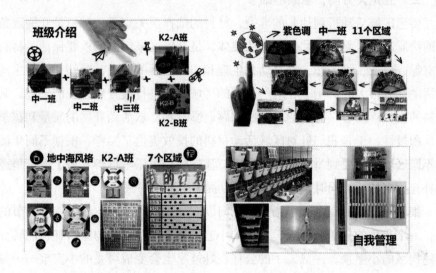

第三部分：总结与分析

一、从现状中发现问题，从问题中寻求解决办法

在"我园材料分享总结"中，我们根据对园内各班的区域材料检查结果进行现状总结，其中有做得好的地方，如"区域材料摆放整齐、有序""区域材料的操作提示卡开始较好地使用"等，各级组也有各自的亮点。但同时我们也发现区域材料的投放存在着一些问题，例如，"部分材料的操作性不强，对幼儿的发展作用不大""材料缺乏趣味性，激发不了幼儿的学习兴趣""有的材料比较旧，要及时修补或更换"等。发现存在的问题并不意味着抹杀了教师们的努力，我们应客观地看待这些问题，正因为我们认真对待，不愿敷衍，种种问题才能转化为我们前进的推动力。在发现问题后，我们组织教师们对区域活动材料进行了相关讨论，包括对我园区域材料现状的总体感受、对我园区域材料现状的反思及对我园区域材料改进方向的建议，通过记录和整理讨论结果，我们提出了各区域材料需要改进的方向，以便思考如何更好地利用区域材料和完善材料。例如，在阅读区中，我们建议教师可以"将图书进行分类，可按照主题分类，也可按照用途分类""将图书分批投放，让孩子们对阅读始终保持兴趣""在家园联系栏中设立好书推荐活动"等，通过一系列途径，让孩子们

239

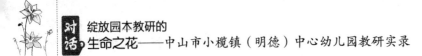
爱上阅读，学会阅读。"金无足赤，人无完人"，这些问题的发现并不会变成我们前进的绊脚石，反而能让我们学会反思，从而做得更好。

二、立足大方向，着眼小细节

要想区域活动得到幼儿的喜爱，材料的选择至关重要。材料是开展区角活动的物质基础，是促进幼儿发展的载体，是开展区域活动的重要保证。材料是否有趣、可变、可操作，符合幼儿生理和心理发展的特点，对幼儿能否主动参与活动都有很大的影响。在对幼儿园的区域材料进行检查后，我们发现，其中材料的投放存在着一些问题，这些问题会影响到区域活动开展的质量和孩子的活动积极性，于是我们针对区域活动材料的投放提供了参考，根据不同年龄段和不同区域的需要列举了材料参考表，让教师们可以根据参考表了解班里还需要补充什么材料，同时，教师们还可以提出更多的想法。

细节是关键，在掌握了调整的方向以后，我们更需要关注每一个细节的处理，一个小小的瓶盖能变成美工区的小艺术品，一个普通的塑料杯也能转变成为建构区的小屋顶，一只二手的公仔在娃娃家也会变成可爱的小宝宝……每一件事情对于孩子而言都不是小事，每一个细节都关乎着孩子的成长。

三、坚持学习与实践，不断改进与完善

学习是一个不断积累的过程，不仅是理论知识的积累，还是经验、能力的不断提升。在对我园班级区域材料进行现状和问题的分析以后，我们根据《指南》中对幼儿五大领域发展的要求进行相关的学习，认真思考如何让区域材料真正成为孩子感兴趣的、适合孩子的、有利于孩子能力发展的好材料，并让教师们进行一定的调整和改善。例如，在"小班级组个别化材料分享"中，我们可以看到，教师们对区域进行了明确的分区，结合班里的环境主题制作了精美的区域牌来进行划分，让区域变得一目了然；在区域划分中，每个班不仅有着共同的区域，如观察角、建构区、美工区、生活区等，同时也有着各自不同的个性区域，如育婴室、感官区、角色扮演、茶吧等，充分展现了教师们的创意和班级特色。在区域材料投放方面，教师们更注重科学地投放和使用，会根据孩子的年龄特点和敏感期提供材料。例如，在小班投放"适应幼儿学习认知发展规律"，根据小班孩子自我服务能力较差的特点，教师可以主要投放一些幼儿熟悉的日常生活工作材料，包括给娃娃穿衣服、叠毛巾等。通过操作这些材料，提高幼儿自我服务能力，帮助孩子养成独立、专心、有序的良好习惯。我们发现，年龄小的孩子对细微的小图案、小珠子、小线等有着非常浓厚的兴趣。于是我们级组的教师商量，为孩子们提供一些细微的材料，如穿珠子、分豆豆、扣纽扣、找眼睛等，以培养幼儿细致的良好习惯等。除此以外，还有班级自制材料的分享，这些无一不体现了教师们的用心。

由此证明，只有坚持不断地学习理论知识，吸取别人优秀的教研经验，并通过亲身实践，才能获得属于自己的经验，才能在实际操作中不断进步。

第四部分：温馨小策略

一、注重实际考察，用事实说话

日常的学习教研不是纸上谈兵，并不仅局限于在教研室中进行，我们应该更多地走到班中，走到教师们的工作中，将学习教研的主题与实际问题相关联，目的是帮助教师们解决日常工作中的实际问题，给孩子们提供一个合适的成长环境。自个别化学习开展以来，我们都十分关注区域活动的开展情况、区域材料的使用情况、孩子的表现情况等，从实际问题出发，通过实际考察各班的区域材料情况，有针对性地提出恰当的调整方案，让我们的学习教研内容更具实用性和针对性。

二、学习是一个持续的过程

每一年，我们都会对我园各级组的区域活动材料进行检查、分享，我们发现，每年区域材料都会有一些缺失或损坏，每年自制的材料也会有更新替换，要及时跟进材料投放方面的情况，对做得好的方面进行分享学习，对还需提高的方面提出相关的调整建议，增强教师们对区域材料的重视和持续学习的意识，尽量使每个班的区域活动材料丰富多样，各有特色。除了对我园区域材料的检查和分享以外，我们也会不定时地组织教师到其他优秀园所观摩学习，观察其他园所区域材料的情况，分享学习心得，有利于教师们不断进行学习与反思，不断更新已有的经验，获取更多新的学习资讯。

第 六 章

共赏花苞

——对话家园共育新观念

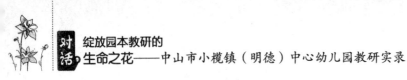

含苞待放意指一种充满着期待的希望，含蓄、精致、小巧玲珑的花苞让人犹生怜爱之情，重重包裹的花瓣蕴含着芳香，饱含着希冀。生长是它的自然属性，我们需要做的是疏松根系、涵养水分和耐心等待，至少不能挡住阳光。教育需要以这种花苞心态，携手家长，通过家园直通车、家长会、家长开放日等途径，创新与家长沟通和交流的方式与途径，帮助家长掌握先进的教育理念和科学的教育方法，将幼儿园的教育效果延伸到家庭，真正实现家园共育。对话家长，用专业引领家长，用敬业赢得家长的信任，这样才能更好地实现同育幼苗、共赏花苞、静待花开！

第一节　体验与感悟
——参与式的家长会

第一部分：我们的做法

传统的家长会更多是以发布会、讲座等形式进行，这些形式常因为教师的"一言堂"而导致家长参加的兴致不高，并始终处于被动状态。在向深实学习的过程中，我们有幸接触到匡欣老师提出的"体验式"家长会，她把家长定位为家长会的体验者和参与者，通过游戏、视频、绘本等方式吸引家长参与到家长会中，并且在此过程中，通过分享与了解、沟通与合作，使家长对人生或教育有所感悟，由此改变家长的教育观念。在学习结束后，教师们纷纷将这些宝贵的知识运用到家长会中，受到了家长们的一致好评。在模仿的基础上，教师们经历了数次"体验式"家长会后，开始慢慢尝试积累属于自己的经验，并对应不同的主题、不同的需要，创造性地使用了游戏、绘本和视频，使"体验式"家长会的形式更加丰富。这种体验和感悟相结合的方式让家长会变得不再枯燥乏味，最终成了家长们期待的活动，也成了拉近家园距离的重要法宝。

第二部分： 对话实录

小小（一）班"参与式"家长会

成长路上有您相伴

——2014年下学期小小（一）班期末家长会

2015年7月8日

2015

观看视频：

《一起走过的日子》.mp4

放飛

please let me fly in the sky

我想说："每一个孩子都是一颗独立的种子，都有它存在的意义，孩子现在还小，希望各位家长不要急于拔苗助长，只要您给予时间、养分，相信孩子会回报您整个森林。"

感谢一来年各位家长的不离不弃，给予我们莫大的支持和无私的奉献，在今后的日子里，希望你们能一如既往地支持和配合我们，让孩子们在爱的海洋中健康、快乐地成长！

小（四）班"参与式"家长会

沟通从心开始

2014年度上学期小（四）班家长会

会议流程：

◆ 相互认识

◆ 互动游戏

◆ 分享孩子现阶段的情况

◆ 话题讨论

◆ 观看绘本《石头汤》

◆ 期待与协助

◆ 全体留影

期待每个家庭支持我们！

我们是一个大家庭，需要我们真心地去沟通，也要有"石头汤"的精神与力量。让我们为提高孩子们的自理能力，增强孩子的体质而担负起各自的责任吧！

◆ **全体留影**

大二班"参与式"家长会PPT

陪孩子=走=6的，是您

2015年上学期大二班家长会

生活技能

切水果　削皮

系鞋带　扎辫子

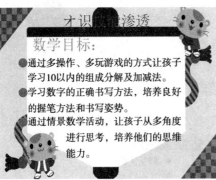

才识双能渗透

数学目标：

● 通过多操作、多玩游戏的方式让孩子学习10以内的组成分解及加减法。
● 学习数字的正确书写方法，培养良好的握笔方法和书写姿势。
通过情景数学活动，让孩子从多角度进行思考，培养他们的思维能力。

推荐读物：

家长　《入学早知道》
　　　上海学前教育网：幼小衔接专题
孩子　《小阿力的大学校》
　　　《小魔怪要上学》
　　　《卡米开学了》

2016年度中（二）班家长会问卷调查表（节选）

孩子姓名：李萌萌

为了更好地、有针对性地对孩子们进行良好的教育，以及了解家长对孩子们的教育想法，请大家结合孩子的实际情况，务必认真填写好问卷调查表，填写得越详细越好，并于第八周的星期三早上交回班上，谢谢。

1. 请问现在您的孩子有哪些进步？还存在哪些不足？并说明原因。

进步：

（1）上课认真主动多了，回家后会主动与父母讲上课时教师讲述的内容和提出的要求，能主动学习数学与拼音描红，主动要求做功课。

（2）外出游玩时对安全与危险的认识有所加强，并会教其他小朋友哪些是危险的不能做的，比以前更懂得谦让和合作。

（3）比以前更懂得照顾家人，会自己在客厅投入地玩玩具、看书或画画，会帮妈妈关门、拉窗帘等。

不足：

（1）午睡比较困难，在家里有时不午睡，这样就导致其经常赖床，起床时偶尔还会发小脾气。

（2）吃饭时喜欢先把菜吃掉，再吃主食，导致有时只吃了菜而剩下主食。

2. 针对孩子丢三落四、挑食的情况，您有什么好的解决方法？您的做法是什么？

以前萌萌经常在周二、周四、周五时忘带水壶，或在周五忘带玩具去学校。他回家说的时候，我们家长就会把记好教师布置的作业这项任务交给他，告诉他一定要记好教师的要求，并记得回来告诉家长帮忙准备，否则，家长也不知道教师布置了什么作业。把这个任务明确给萌萌后，他开始变得很有心，有时会记得提醒我帮他准备水壶，有时他自己会准备好。

另外，他外出要带的东西也是由他自己负责准备，如要带的书、玩具、零食等，我经常告诉他，如果自己不准备、不计划，忘记带的话，到时候想要也没有办法，这样慢慢地培养了他对自己所需要的东西做准备和提前计划的好习惯。

3. 根据您孩子现在的情况，说说您对他的期望。

好习惯继续坚持：坚持学习，坚持自己的兴趣和爱好；培养良好品质，勇于挑战，遇事多思考，尤其是坚持培养演绎和归纳能力。

改掉不良习惯：在家也要坚持午睡，改掉先吃菜后、吃主食的习惯。

参加中（二）班家长会有感

黄诗晴爸爸

身为一名教师，从教十年来，我为学生家长开了无数次家长会，深知家长会是教师和家长沟通的一种必需的形式。如今，角色互换，为人父母，我的女儿也已入学，参加幼儿园的家长会让我享受了一把"听众"的待遇。

幼儿教育是烦琐的，幼儿园的教师也是极为辛苦的，这一点让同在教育行业的我不得不承认。在本次家长会上，张老师和石老师都做了极为细致的准备，体现了该校一贯认真做事的作风，让我们每一位家长走进班级都有一种温馨的感觉。我个人特别欣赏按小组根据同一个现象（问题）展开讨论和交流这一环节，它让现场的气氛变得非常轻松自如，同时家长也可以针对问题提出自己的见解，这样灵活多变的活动形式是非常值得提倡的。本次我们讨论的问题是"怎样让良好的习惯在家庭教育中执行"，对此家长各抒己见，有大吐苦水的，也有分享经验的。总之，我们可以在思维的不断碰撞中产生更多宝贵的方法，收获很多。对于自己这样一个想从合格做到优秀的家长来说，需要从更多的家长身上吸取良好的经验，从而取长补短，不断进步。

其实，让我感触比较大的是石老师和张老师对孩子日常行为的关注，从她们口中，我们也清楚地认识到孩子们日常的进步是怎么来的，教师们的工作量是非常大的。我们听到了教师们对孩子在生活自理、卫生习惯、任务意识、学习意识、午睡质量、专注度等方面的详细陈述，真是事无巨细，不得不给她们竖起大拇指。详细的汇报来自教师们平时的细心照顾和认真观察，拥有这样的教师是孩子们的幸福，也是家长们的福气，把孩子交给她们，我们也就放心了。

当然，我还是从教师们的话语中听出了班级个别家长对某些活动的不理解，我觉得教师已经讲得十分透彻和明白。教师的工作不好干，我作为班主任也是感同身受，希望家长们能多一份体谅和支持。"尊师重教"不能只停在嘴边，信任自己孩子的教师是家园共育的基础和前提。

第三部分：总结与分析

通过梳理各级组家长会的资料，我们从中总结了以下几点：

（1）各级组的家长会各有特点，家长会的内容是针对不同年龄段的孩子所选择的，教师们都是精心准备的，从PPT就可以看出教师们的用心。例如，对于小班的家长会，教师会根据家长的关注点而选择开会内容，家长关心孩子在幼儿园的生活，如孩子在幼儿园吃饭怎么样、午睡怎么样，这些生活环节是家长最想了解的，于是教师侧重向家长展示孩子在幼儿园的日常生活，分享孩子现阶段的情况。教师会在家长会上解答孩子进餐习惯、午睡习惯、大小便以及穿脱衣服等问题，指出当前存在的问题，同时也给出了教师的对应策略，让家长了解并放心。只有教师和家长一同配合，才能促进孩子自理能力的发展。

（2）关注细节，精心准备各种小游戏，让家长在开心的参与和体验中感悟教育的真谛，使家长会真正发挥实效。

① 有的教师在家长会之前会做一个问卷调查，了解家长对孩子教育的想法，设置的问题都很有代表性。例如，"请问现在您的孩子有哪些进步？还存在哪些不足？并说明原因"。通过家长的回答，教师可以了解孩子在父母眼中的模样，并针对家长提出的问题有针对性地将其解决。教师在家长会上把共性的问题抛出来和家长们共同讨论，这样的家长会很有效率和针对性。

② 精心准备各种游戏，将教师想要表达的教育观念蕴含在游戏中，让家长在开心的游戏过程中感悟教育的真谛。例如，扑克牌金字塔的游戏中叠高的过程布满荆棘和困难，也留下了很多"伤疤"，但是这些经验却是家长和孩子成长路上的指向标与动力；最稳固的金字塔必定要最以坚实的基石做保障，如何来帮助孩子奠定良好的基础将深深地影响孩子以后的发展；家庭教育中成人的相互协作是孩子健康成长的保证，要调整好家庭中"众星捧月"养孩子的问题。这个游戏既活跃了现场气氛，又能让家长们在游戏中有所感悟。

③ 关注细节，选用温馨的桌布，准备一些精美的小点心或水果，创设温馨的家长会氛围。为了凝聚班级的力量，让更多的家长参与班级工作，教师们会在家长会中详细列举家长们为班级所做的贡献。有的教师通过绘本《石头汤》讲述团结一致、共同合作的精神，期待每个家庭对班级的支持。在轻松愉快的氛围中提出对家长在家园共育中的要求，使家长愉快地接受。

通过梳理中班家长会后感想，能看到家长对教师充满了感恩之情，家长普遍反映获益良多，对家长会的满意度较高。家长的感想和感受充分体现了对话在我园各方面工作中的渗透作用。只有关注家长的想法，在会上有针对性地解决问题，家长会才更有意义。

第四部分：温馨小策略

（1）期初和期末的家长会有着明显不同的意义与价值，不同年龄段学生家长会的重点也会有所不同，家长会一定要有的放矢，找准切入口，这样才能具有实际意义。

（2）"参与式"家长会中各种游戏、绘本、视频的选择都应该是为目标服务的，教师在选择这些具体的形式和内容时一定要适宜，同时要注意时间的把控，一般时间不宜过长。

（3）充分利用《指南》等重要且适合家长阅读的文件，通过权威性的解读配合教师丰富的实践经验，让家长感受到教师的专业和敬业，引领家长在学习过程中不断更新自己的教育观念，使家长会的工作取得事半功倍的效果。

第二节　观察与反思
——家长开放日

第一部分：我们的做法

为了让家长更深入地了解孩子在园的学习和生活情况，我园每学期都会举行家长开放日活动，让家长走进幼儿园，观察孩子的学习和生活，认真听取家长提出的意见，更好地推进幼儿园班级工作的开展和课程改革，促进孩子们的身心健康发展。为了确保家长开放日的质量，我们通过规范资料上交要求的方式，为教师提供支架，让家长在家长开放日中感受到教师们的专业和敬业。如"家长开放日系列资料上交要求明细表"中详细列举了教师们要上交的和要学习的资料，家长开放日前期的一系列准备工作尤为重要，教师们要知道家长对不同年龄段孩子的关注点，从自己班级出发，准备好适合自己班级家长开放日的相关资料。我园选取了国际小班家长开放日的相关资料来进行研究，以期了解我园家长开放日的成效，通过观察和反思，让家长开放日发挥作用，做出让家长满意的幼儿教育。

第二部分： 对话实录

家长对不同年龄段孩子的关注点

关注点	托班	小班	中班	大班
教师的情绪	☆教师是否面带笑容，说话是否温柔、亲切，能否积极主动和孩子问早安、说再见，不敷衍。 ☆教师对每个孩子是否一视同仁，是否对自己的孩子很关注。 ☆教师是不是经常表扬、鼓励自己的孩子。如家长会问："老师今天有没有表扬你？老师为什么表扬或者奖励你？" ☆当孩子犯错时，教师是怎么做、怎么说的。如家长会问："老师有没有骂你呀？都说了什么？" ☆孩子喜欢哪一位教师。如家长问："你喜欢哪个教师？哪个教师对你好呀？你为什么喜欢×××教师？"等。 ☆教师能否和孩子玩到一起，是否乐意参与孩子的活动			
孩子的情绪	☆孩子是否愿意上幼儿园。 ☆今天孩子在幼儿园有没有哭，哭了多长时间，什么时候不哭的。如家长回家会问："今天你在幼儿园有没有哭呀？你哭了，老师有没有抱你呀？" ☆接送孩子时和教师交流孩子在幼儿园的情况，以便得到心理安慰		☆孩子偶尔出现不愿意上幼儿园的情况是什么原因，是否是教师在园批评孩子了	
安全问题	☆孩子的身体是否有碰伤，特别是脸部和头部。 ☆是否受到其他孩子的欺负。 ☆教师是否及时处理孩子受到伤害，并及时向家长说明孩子受到伤害的情况。询问自己孩子事情的真相。如家长会问："你是怎么被碰到的？有没有小朋友打你或推你啊？"			

续表

关注点	托班	小班	中班	大班
进餐	☆每天是否吃饱。 ☆幼儿园伙食情况。如家长会问："今天你在幼儿园吃什么了？" ☆孩子挑食问题。如家长会问："不吃素，只吃荤，吃荤不吃素，黑色的东西不吃怎么办？" ☆孩子吃得慢怎么办。 ☆教师有没有喂自己的孩子。 ☆在幼儿园喝水的情况		☆在幼儿园喝水的情况	☆正确使用筷子的情况
孩子的仪表	☆脸、嘴巴是否干净。 ☆头发是否梳理整齐，衣服是否穿戴整齐。 ☆裤子、鞋子是否穿反，裤子是否拉到腰上。 ☆夏天是否满头大汗。 ☆冬天会出汗的孩子背后是否塞毛巾了			
睡觉	☆孩子是否睡着了，睡了多长时间，睡得冷不冷、热不热等			
交代给教师的事情	☆当家长来接孩子的时候，教师是否主动及时地跟家长反馈孩子在园的情况，让家长感受到教师对自己孩子的关注，并了解今天孩子在幼儿园的情况			
大小便	☆孩子大小便不敢说怎么办？ ☆孩子大小便在身上怎么办	☆孩子憋尿。 ☆孩子不愿意在幼儿园大便		

关注点	托班	小班	中班	大班
生长发育	☆说话是否清楚	☆动作的发展，走、跑、跳等动作是否协调	☆坐姿、抓握笔的正确方法	☆换牙、视力方面的问题
教育教学活动中的表现	☆愿意和教师一起活动	☆上课时，眼睛看着教师，有举手发言的意识	☆上课注意力集中，能主动举手回答问题。 ☆回家能讲出在幼儿园学的东西	☆积极举手发言，回答问题准确，能记住教师布置的学习任务
	☆幼儿园每天学习的内容。如会念多少首儿歌，会唱几首歌曲，会讲几个故事，画了什么画，做了什么手工，大班做计算题、写数字等情况			

续 表

关注点	托班	小班	中班	大班
同伴关系	同伴关系	☆认识哪些同伴，平时喜欢和谁在一起活动。 ☆愿意把自己喜欢的东西带到幼儿园与其他小朋友分享	☆有多少好朋友，是否合群，能不能和其他孩子玩到一起。 ☆愿意和大家分享自己喜欢的东西	☆能否和同伴合作共同完成学习任务，在同伴中的地位怎样
性格、个性问题	☆内向孩子的家长担心孩子在幼儿园有事不敢告诉教师。 ☆不愿意喊人，没有礼貌	☆孩子脾气倔强或不爱表现自己怎么办	☆孩子有逆反心理，不听家长的话，是"两面派"怎么办	☆孩子做事情不细致，急于求成或者性子慢怎么办
在幼儿园的活动情况	☆是否知道自己在拿玩具玩，是否一直"呆"在座位上	☆在幼儿园喜欢做什么事情	☆在幼儿园有什么兴趣爱好，有哪方面的特长	☆当孩子遇到困难和挫折时是怎么解决的？ ☆孩子是否积极参加活动，是否有表现力和创造力
在幼儿园的自我服务情况	☆是否愿意自己吃饭、喝水，自己学穿裤子、穿鞋子	☆是否会自己吃饭，穿裤子、鞋子，会漱口、擦嘴巴。 ☆是否知道东西要放在指定位置	☆是否会穿衣服、拉拉链、把衣服叠整齐，是否会擦汗，是否愿意做值日生	☆是否会将衣服塞进裤子里、扣纽扣、梳短发，是否愿意自己擦屁股。 ☆是否愿意做值日生
在幼儿园遵守规则的情况	☆在成人的帮助下，是否知道不能打人、咬人，不能抢别人的东西	☆在教师的提醒下，是否能注意自己的言行不影响其他幼儿，是否能听懂教师的指令性语言，是否遵守班级常规，不用手随意碰触同伴	☆是否知道遵守规则，在集体活动中能注意听教师的要求，关注同伴的行为，向好的榜样学习，不和同伴哄闹	☆是否有初步的自律行为，能控制自己不捣乱

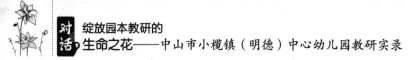
2015年度下学期国际小班家长开放日邀请函

亲爱的大朋友：

　　为了使您更好地了解国际班的教学课程，了解孩子在小组活动中的学习状态及促进家园沟通，我们将举办家长开放日活动，现盛情邀请您的参与，期待与您共同分享孩子成长的喜悦。为保证活动正常、有序地进行，请您配合做好以下几点：

　　第一，在开放日当天，请您于7∶30来园观摩，以免错过孩子们的晨练和早操活动。

　　第二，请您送孩子到班后，到课室门口签到，并领取《国际小班家长开放日观察记录表》（自备一支笔），活动结束后，请把表格交到教师处。

　　第三，活动前几天，请您和孩子进行交流，让孩子明白您来参加活动的目的，鼓励孩子积极参与活动。

　　第四，请您准时来园参加活动并签到，来园后，请在家长区观看活动，不要在教室中间频繁走动，以免影响孩子的情绪。

　　第五，在幼儿活动过程中，家长应保持良好的心态。当孩子表现突出时不骄，当孩子表现失常时不急躁，当孩子表现落后时不气馁。建议用照片的形式记录下孩子表现进步和还需要改进的地方，回家后分析其原因，共同商量帮助孩子进步的方法。

　　第六，家长的主要任务是观察孩子的学习状态，请不要干预或指导孩子的活动。

　　第七，本活动只针对自己的孩子，不要对其他孩子进行评价及拍照。

　　第八，在活动中，如果您的孩子有哭闹行为，请您暂时带孩子离开并安慰、鼓励孩子，不要打扰教师与其他孩子的活动。

　　希望通过开放日活动，能促进您和孩子的交流，增进您和孩子的感情，让亲子互动更密切，让孩子们获得更好的发展！谢谢您对班级工作的配合，谢谢您对孩子们的支持和鼓励！

国际小班

2015年度国际小班家长开放日安排表

尊敬的家长朋友：

您好！

为了让您能更加了解孩子在幼儿园的学习和生活情况，我们定于2016年6月7日和8日（星期二、三）上午7：30—11：00进行家长开放日活动。为了让您更方便观察孩子和不打扰孩子正常的学习、活动，我们决定采取分组的形式进行开放，请您根据以下安排表，及早做好时间安排。

2016年6月7日（星期二）		2016年6月8日（星期三）	
谭浩言	卢滢妃	龚子乐	李御侨
吴彦臻	潘梓瑄	李康宁	巢俊琨
麦昕乔	李睿洋	梁杰弘	Herminie
张心怡	伍裴然	欧彦宋	张梓轩
陈芊羽	吴芮	李艺阳	刘芊颉
邓璟澔		韦柏信	张昊溱
郭家珲		孙睿朗	
麦真瑜		李培欣	
屈泽信		陈曦	

国际小班

2016年6月7日

2015年度下学期国际小班家长开放日安排表

日期：2016年6月7日　　　　　教师：黄春燕　李甫易　谭海群

时间	教学内容	教学资源	到岗位置	负责人
7：30—8：00	一、晨接 二、早练 星期二（李老师）高跷、平衡板、呼啦圈 星期三（李老师）	星期二平衡木（黄老师） 星期三袋鼠跳（黄老师）	植物园旁边 小公园门口	黄老师 李老师 群姨

255

续表

时间	教学内容	教学资源	到岗位置	负责人
7：55— 8：15	三、早操 （1）幼儿能站在自己的位置上，精神抖擞跟着教师听着音乐做动作。 （2）教师要起到示范作用，带领幼儿有精神地做操	星期二（李老师）带操 星期三（李老师）带操	群姨贴早操地面标志	黄老师 李老师 群姨
8：05— 9：00	四、盥洗 （1）盥洗顺序：上厕所—洗手—用毛巾把手擦干净。 （2）与幼儿谈话，请个别孩子上来说说自己喜欢吃的食物。 五、进餐 （1）向幼儿介绍当天食物的名称，引起幼儿的食欲。 （2）幼儿安静地进餐，提醒孩子进餐时不说话，教育孩子要干稀搭配进餐，保持桌面、地面干净整洁。 六、用餐后建构游戏	（1）安静的音乐（黄老师）。 （2）介绍早操名称（黄老师）。 （3）餐后组织孩子建构游戏。 （4）8：50组织孩子收拾整理建构材料（黄老师）	（1）李老师、群姨、外教Nicole组织孩子在教室吃早餐。用餐后提醒孩子放餐具、擦嘴巴、喝水、参与活动。 （2）配合黄老师组织孩子上厕所后参与户外活动	黄老师 李老师 群姨 Nicole
9：00— 9：15	七、户外活动	整理队形，高矮的调整（李老师）	Nicole关注外教	黄老师 李老师 Nicole 外教
9：20— 9：35	八、第1节小组活动	群姨1：群姨喂药情况，孩子喝凉茶情况。 群姨2：准备水果、托盘	黄老师、李老师、群姨、Nicole观察各组情况	黄老师 李老师 群姨 Nicole
9：40— 10：00	九、课间：如厕、喝水、吃水果 （1）上厕所、洗手、坐回位置。 （2）吃水果、洗手、喝水、游戏（个别可换衣服）	（1）群姨：快速收拾整理桌面托盘，擦桌子。 （2）黄老师督促幼儿喝水、换衣情况。 （3）李老师组织喝完水的幼儿参与游戏		黄老师 李老师 群姨 Nicole

续表

时间	教学内容	教学资源	到岗位置	负责人
10：00— 10：20	十、第2节小组活动		黄老师、李老师、群姨、Nicole观察各组情况	黄老师 李老师 群姨 Nicole
10：20— 10：30	十一、课间：如厕、喝水 （1）上厕所、洗手、坐回位置。 （2）喝水（个别可换衣服）	（1）黄老师、群姨督促幼儿喝水、换衣情况。 （2）各组更换表演衣服 红组（　　） 蓝组（　　） 橙组（　　）	李老师负责	黄老师 李老师 群姨 Nicole
10：30— 11：00	十二、第3节汇报表演			黄老师 李老师 群姨 Nicole
10：55— 11：00	十三、课间：如厕、集合			
11：00	十四、进餐			

2015年度下学期国际小班家长开放日活动评价表

学号：_____   姓名：_____   日期_____

亲爱的爸爸妈妈：

您好！为方便您对孩子在半日活动中的每一项活动做观察记录，我们结合国际班特色"英语小组教学"进行开放日活动。希望我们都能以发展的眼光看待孩子的成长，看到孩子的进步，客观地评价孩子。请认真填写相应的项目。（请在离开教室前将本表交给主班老师，谢谢！）

时间	内容	地点	活动目标	请根据您的观察填写（备注）
7：30— 7：45	来园	课室	（1）愿意晨检 （2）开心上学，主动向人问好 （3）独立进入教室放好书包	

续 表

时间	内容	地点	活动目标	请根据您的观察填写（备注）
7：50—8：15	早操早练	大操场	（1）积极参与晨练，观察动作协调与平衡能力	
			（2）能开心、愉悦地跟着教师做操	
8：20—9：00	早餐&餐后活动	课室	（1）餐前洗手与餐后擦嘴情况	
			（2）安静地进餐	
			（3）保持桌面和地面干净	
			（4）餐后自觉擦嘴、漱口	
			（5）餐后能参与建构游戏，结束后收拾整理	
9：00—9：15	Opening	课室外面	（1）乐意参与Opening	
			（2）能跟着教师做动作、唱英文歌曲	
9：35—9：55	如厕、吃水果、喝水	教室	（1）能按教师的要求如厕	
			（2）能专心吃完自己的一份水果	
			（3）能自觉去喝水	
9：15—10：30	英语小组教学	国际班活动室	（1）孩子在活动中的情绪	
			（2）孩子对英语活动的兴趣	
			（3）场地与教学用具的利用	
			（4）换组常规（排队、喝水等）	
			（5）小组课堂纪律情况	
			（6）教师与孩子之间的互动	
10：30—11：00	英语小组汇报表演	国际班活动室	孩子能开心地参与表演	

孩子的进步：

您的宝贵建议：

备注：请您用文字对表中相应的项目进行评价，您的反馈将会推动我们班级工作的改进，促进孩子们的发展，谢谢！

第三部分：总结与分析

通过梳理我园家长开放日的相关资料，我们总结了以下几点：

（1）从总体来说，我园的家长开放日前期工作做得很详细，有详细的计划列表，一目了然，教师们可以根据列表来准备相关资料，如家长邀请函、家长开放日宣传资料、家长签到表、开放日家长观察记录表、开放日活动详细安排表（含教案）、开放日活动总结、开放日家长观察记录表情况分析表等一系列表格。这些表格涵盖了活动的各个环节，教师们关注家长开放日前、进行中、活动后各个环节中的细节，可以让家长感受到我园教师做事严谨细致的作风，而且教师在家长开放日前学习"家长对不同年龄段孩子的关注点"，通过了解不同年龄段孩子家长的关注点，能针对家长不同的关注点，在家长开放日和平时的交流活动中给予家长适当的指导。任何事情要做到尽可能完美，就要做好万全的准备。一位有准备的教师才能应对各种突发情况，即使处理方式有可能会不成熟，但也能让教师成长得更好、更快。

（2）从整个活动流程来看，我园的家长开放日工作环环相扣，各环节连接顺畅，有条不紊。列举国际小班家长开放日的相关资料，充分体现了教师们对细节的关注，在《2015学年度下学期国际小班家长开放日温馨提示》中，教师用亲切的语言提醒家长需要注意的事项，让家长遵守相关规定，在家长开放日活动前通过多种形式给予家长科学的指导，有利于家长开放日的顺利开展。

（3）从整个活动的意义来说，家长开放日是家长了解我园的课程文化和教师教学水平的一种方式和途径，通过举办家长开放日，让家长走进校园，观看孩子的在园情况，不仅能让家长放心，而且能让他们更加认同我园以及我园的教师。

对教师个人来说，家长开放日是展现教师教育教学水平和考验教师应变能力的时候，在父母在场的情况下，孩子会有不一样的表现，而教师如何去处理和应对这一情况正好可以考验教师的教育教学水平，这是一次很好的成长机会。在家长开放日结束后，教师可以通过电话、面谈、微信、QQ群等方式多和家长聊聊开放日的事情，这样也可以增进家长和教师之间的交流。

对班级来说，通过家长的反馈，可以推动班级工作的开展，幼儿园只有得到家长的认同，家园共育工作才能更好地开展。在活动过程中要善于总结和反思，我园在这方面的工作做得很到位，不仅提前设计了需要家长填写的"国际

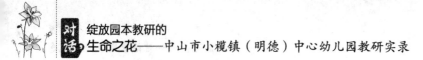

小班'英语小组教学'开放日活动评价表"，而且教师活动结束后要写开放日家长观察记录表情况分析表，反思整个活动，总结归纳好的做法和不足之处，从而使下一次的家长开放日开展得更加完美。

对我园文化推广来说，举办一次成功的家长开放日是对我园最好的宣传，我园的文化建设已渗透每一个角落，精神和理念深入每一个教师的心中，教师的一举一动都是我园文化的体现，这些都能让家长知道我园课程改革的成效，对我园更加有信心。

第四部分： 温馨小策略

（1）家长开放日的顺利举行离不开教师们开放日前的充分准备，教师们准备各种资料，关注家长开放日前、进行中、活动后各个环节中的细节，充分验证了"细节决定成败"这一名言。各类活动的开展要关注到各个环节，做好万全的准备，迎接活动中面临的挑战。

（2）对于一项活动的开展，观察和反思是重点，除了家长关注教师和孩子的情况外，教师也要观察孩子和家长在开放日的表现。在有家长在场情况下，孩子的表现是怎么样的，教师如何处理孩子的情绪和突发状况，这些都考验着教师教育的专业度和应变能力，教师要提前学习相关资料，请教经验丰富的教师，多与其他教师交流，从而在家长开放日中更好地展现教师们的教学风采。

（3）家长开放日结束后要做好总结和反思，总结活动的优点和缺点。充分利用家长填写的"开放日家长观察记录表"，对观察记录表进行总结和分析，以推动我园家长开放日更好地开展。

第三节　分享与交流
——家园直通车

第一部分： 我们的做法

为了让家长能够及时了解孩子每周的在园情况，以前我园一直都坚持使用家园联系手册，通过评语的方式描述孩子一周的在园情况。家园联系手册的内容设计单调，固化的评价模式越来越无法满足家长的需求。为此，我们逐步取消了家园联系手册，而改用家园直通车的方式。家园直通车的栏目设计、具体内容均由教师自行决定，一般包括本周热点、本周内容、温馨提示、亲子作业（游戏）、教师的话、爸爸妈妈的话等，不同年龄段也会有不同的侧重点。这种方式的改变让家长能够全面地了解孩子每周在园、在班发生的事情以及学习的内容，并清楚地了解家长每周需要提前配合和准备的内容，了解孩子在园的表现等。家园直通车让家园之间的沟通变得更加及时，更加多元化，能更好地满足目前家长的需求。另外，教师们在家园直通车的设计方面更花心思，越来越多的班级将家园直通车与成长档案进行紧密的结合，这些都在进一步探索中得到完善，值得期待。

第二部分： 对话实录

2016年度下学期小（一）班家园直通车第18周

一、本周热点

（1）自"水果"主题开展以来，孩子们通过在美工区剪水果、做水果粘贴画、音乐活动唱水果、做关于水果的游戏、在厨房区制作水果食品等活动，对水果有了进一步的了解。个别孩子不吃水果的习惯也得到很大的改变，希望爸爸妈妈在家里继续引导孩子多吃水果蔬菜，养成均衡饮食的好习惯。

（2）从上周开始，我们厨房区的内容更换为"美味的水果面包"。孩子在厨房区用烤箱制作香喷喷的烤面包，在收获了美味的同时，也感受到了亲手制作水果面包的乐趣。

（3）在美术活动中，孩子学习了用正方形的彩纸折纸。希望爸爸妈妈在家里也能多给孩子提供纸张用于画画、剪剪、折折，提高孩子小手肌肉群的灵活性，同时还能促进大脑发育。

二、本周内容

（1）我学了。

领域	教学内容	备注
主题活动	"美味水果餐"	故事："老鼠的魔术"
语言活动	"老鼠的魔术"	老鼠正睡着觉，猫一下子抓住了它。"在吃我之前，我能不能给你变个好玩的魔术？"老鼠可怜兮兮地说。
音乐游戏	"苹果红"（复习）	猫同意了。老鼠拿来了一顶帽子，又拿起一根小棍："变！"老鼠变出了一块奶酪。"真好玩！"猫拍着手喊道。
情境数学	"图形辨识与计数" "形色对应计数"	"我再来变一个！"老鼠钻进了帽子里。"这次可以变出什么呢？"猫很好奇。等了又等，老鼠都没有出来，猫把手伸进帽子里
安全活动	"儿童游乐园"	帽子里只有一个罐子，老鼠却不见了。猫正拿着帽子纳闷儿，罐子自己跑了起来。原来老鼠藏在了罐子里。"你别想跑！"猫大喊道。
美术活动	"折纸——鱼"	"你才抓不到我！"老鼠得意地跑掉了。

（2）亲子互动。

请完成情境数学亲子手册第十八单元"是与不是集合"（请家长认真填写"家长评量"一栏，以增加对孩子的了解）。

三、温馨提示

（1）我班定于下星期四、五的上午为本学期的家长开放日。星期四（2016年6月22日）学号为1~20的学生家长请参加活动；星期五（2016年6月23日）学号为21~40的学生家长请参加活动。请大家记住各自参加活动的时间，准时到班上观看孩子的半日活动。（具体事项请留意下周的微信通知。）

（2）近期发现，很多小朋友的指甲很长，请爸爸妈妈利用空余时间帮孩子修剪好指甲，避免伤到自己或伙伴。

四、爸爸妈妈看过来：我的DIY"可爱的小拖鞋"

爸爸妈妈的话：

签名：

2016年度下学期K2-A班家园直通车第18周

家园彩虹桥

班级：K2-A　学号：____　时间：2016年6月12日至6月16日　周次：第18周

一、本周热点

（1）本周宝贝通过"守时""独立走进幼儿园""礼貌""进餐"获得印章。（爸爸妈妈引导孩子数一数印章数量并帮助孩子记录下来，可提醒孩子注意有待提高的地方。）

（2）本周星期三圆满结束本学期的家长开放日活动。非常感谢爸爸妈妈们在百忙之中抽时间来幼儿园观摩孩子的学习、生活情况，孩子们表现得都非常棒！（感谢李培欣妈妈参与和孩子制作美味的意大利螺蛳粉。）

（3）本周星期五开展外教欢送会，感谢爸爸妈妈对本次活动的支持与配合。感谢家委会成员为这次活动出谋划策及辛勤付出。

二、温馨提示

（1）近段时间，我们已开始"顽皮一夏"的主题，爸爸妈妈们可以引导孩子留意和观察这个季节的一些明显特征。比如，天气怎样、人们的生活饮食有何变化、各种解暑方法等，进一步增加孩子的生活经验。

（2）下周星期五是外教教师在幼儿园的最后一天，活动当天，外教教师会和小朋友们一起拍照、游戏等，若无其他情况，请尽量不要请假。

（3）篮球拍球比赛时间是2017年6月22日（星期四），倒计时还有5天，孩子们准备好了吗？

（4）您孩子书包里有关于"平安成长共同呵护"报刊的一封信，如果您需要征订，请在星期一早上把回执交到主班教师处登记，谢谢！

（5）下周星期一是我们班在国旗下演讲，请爸爸妈妈提醒孩子穿蓝色礼服、黑色皮鞋，谢谢！

（6）下周（第19周）轮到我们班家长担当"交通协管"啦，让我们一起为孩子上学和放学时有一个畅通的交通而出一份力吧！具体安排如下：

日 期	上午（7：30—8：00）	下午（5：30—6：00）
星期一	吴彦臻　张心怡　李睿洋	张梓轩　梁杰弘
星期二	Herminie　屈泽信　龚子乐	谭浩言　张昊溱
星期三	李艺阳　陈曦　李康宁	卢滢妃　麦欣乔
星期四	李培欣　吴芮　潘梓瑄	邓璟澔　欧彦宋
星期五	谭泳儿　李御侨　麦真瑜	伍裴然　刘芊颉

温馨小提示：
① 为确保活动能顺利进行，家长之间可自行调整时间，谢谢！
② 请家长按照上午、下午安排表按时到岗，佩戴好"义工绶带"，坚持在自己的岗位上。
③ 当亲爱的孩子和家长朋友向"我"走来时，"我"会面带微笑并有礼貌地向他们问好。
④ 为了保障孩子的下车安全，必须等待家长的车辆完全停好后再开门。

三、亲子游戏

（1）情境数学：第十七单元"形色特征与分类计数"。

备注：①蜡笔操作；②请爸爸妈妈在"家长评量"处打钩和签名，以便于教师了解孩子的学习情况。

（2）亲子作业单：我家的夏季用品。

备注：请爸爸妈妈利用周末的时间和孩子一起完成，并于星期一带回幼儿园。

（3）专注力游戏：看一看、找一找、玩一玩。

备注：和孩子一起找一找，并用水彩笔标出来。

四、与您分享——快乐的夏天

快乐的夏天已经到了，解暑的方法有许多，您是通过什么方法解暑的呢？例如，吃西瓜、喝一杯冷饮、游泳……请爸爸妈妈用照片的形式记录下来，并在本周星期日（2017年6月18日）之前发给Yen老师。

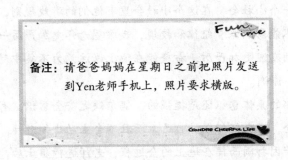

备注：请爸爸妈妈在星期日之前把照片发送到Yen老师手机上，照片要求横版。

爸爸妈妈的话（记录下孩子在家的表现或有待加油的方面）：

签名：

中一班家园直通车中教师与家长的对话实录（节选）

妈妈：自从邦邦接触情境数学后，对数学相关的概念、数字对应比较敏感，长短、高低、大小都能分清楚，图形也能清晰辨认，非常好！情境数学对智力启发帮助很大，结合数学内容，我也会有意识地在日常生活中指导孩子，让孩子善于发现，并从中学以致用，深刻领会。希望我的邦邦爱上情境数学，越来越棒。

老师：邦邦对于情境数学里面的内容接受得还不错，爸爸妈妈也花了不少时间吧，真棒！

妈妈：现在，邦邦可能正处在人生的第一个叛逆期，为什么说"可能"，是因为不确定。他的叛逆期表现正在这个星期发生，或者以前也有发生，但不明显。星期二，爱上学的邦邦突然说不去上学。我问他为什么，他说要把喝完奶的瓶子拿去卖，卖了可以买超人；昨天去大福源，老是叫不回家，平时很乖巧，突然表现反常。老师，这是不是叛逆期的表现啊？

老师：孩子学会说"不"，是他新学会的一种能力，这说明孩子长大了，面对叛逆期的孩子，家长不能限制，更好的方法是接纳、引导，对于孩子说"不"最好的办法是给孩子提供两个选择，当然，这两个选择都是家长自己能接受的，如果孩子同意，就直接告诉孩子只能在这两者中选一个。

妈妈：那天去给邦邦喂药时，刚好看到邦邦和同学因为打闹而被老师批评，我的意思是批评得对，俗话说得好："一个巴掌拍不响"，两个小朋友追逐打闹存在危险，这样也能好好锻炼他"摔倒"时的自我保护能力。其实，幼儿园本身就是一个小社会，在这个小社会里有他们的游戏规则，不是大家的典型就是榜样，不能影响课堂纪律和校规，我希望老师更加严厉一些，对待邦邦这种任性的小朋友应更加严厉，希望能在他上课注意力不集中时给予点名，并加以批评纠正，谢谢。

老师：邦邦的集体意识还是挺强的，偶尔缺乏安全意识，有时和同伴间嬉闹时不注意安全，不会好好保护自己，而且不会主动告知老师。那天刚好被老师目睹两个孩子因打闹而摔在地上的全过程，老师进行阻止后，他不接受，还一直大哭，并且事后两人继续追逐打闹，老师这才批评了他。

妈妈：今年邦邦的语言发展迅速，喜欢提问，对事物有自己的理解与表达，用词有时比较恰当，但有时比较啰唆，喜欢重复地问，重复地说，我们一般都会很耐心地回答，但在他多次提问后，通常也会提醒他、引导他慢慢向有逻辑、有序的提问方向发展。

老师：从妈妈的话里，我能发现邦邦很幸福，有个非常优秀的妈妈。你所做的这些对邦邦现阶段来说非常有帮助。每次我对邦邦提问题时，都坚持让他"对症回答"，提醒他要先明白我的提问，再回答，不能回答无关提问的问题。这样坚持下去，我想时间会给我们答案。

爸爸：首先感谢老师的良苦用心，我和邦邦妈妈向辛勤的老师们说声"谢谢！"以前邦邦对什么洞啊、裂缝啊之类有很大的兴趣，而现在对颜色、物件位置的摆放已经有了简单的逻辑思维，并且通过做情境数学，逻辑思维能力得到了全面的提升。若是邦邦午睡好，上课注意听讲，动作上再灵敏迅速一些，那就更好了。

老师：邦邦突飞猛进的进步离不开背后爸爸妈妈的正确引导，有你们这样的父母，邦邦很幸福，学的知识也会越来越渊博。

妈妈：在家的时候，有时感觉黔驴技穷，不知道怎样或该从什么角度下手，掌握不好方向，希望老师能给予具有针对性的忠告甚至是批评，我们都能接受。我们做父母的一定会努力做到言传身教，希望孩子的德、智、体、美、劳都能得到良好的发展，将来不成为社会的负担。

老师：是的，孩子在园期间，我们任何时间都有关注孩子，并给予正确引导，邦邦已进步很大。

妈妈：不知道为什么，邦邦的进步总有反复性，年前锻炼他一个人睡，开始时好好的，可是近一两个月来总是喊爸爸、喊妈妈，一会儿要喝水，一会儿要开灯。如果我们大人不及时过去的话，他就哭泣，真是拿他没办法，老师们若有好办法，请告诉我们，谢谢！并且，有时邦邦的问话也很搞笑，还总是要求别人按他的答案来回答，如果答案不是他想要的，他就会不断重复他的提问，感觉有点循规蹈矩。我们只能不断地给予纠正，目前来看，这种纠正还要持续一段时间。

老师：4岁孩子的行为多数受情绪的控制。爱哭闹、喜欢依恋大人、"不讲理"，我们可以尝试在孩子任性时，设法将孩子的注意力转移到其他能吸引他们的新颖事物上去，或者在孩子哭闹时，确保安全的条件下，家长不予理睬，当孩子自觉这些方法不灵时，自然会停止哭闹，然后家长再给他讲道理，这样会收到良好的效果。

家长：新的一年开始了，感觉过了一个年后，邦邦又成长了不少。例如，每天放学问他学了什么，关于时间、地点、人物、事件这几个因素，去年他只能说出1～2个，而从今年开始，他可以讲出3个内容了，但我没有刻意表扬他，静待他下一次进步！尽管这样，生活中他的一个大毛病——倔也更加凸显出来了，且多了一个口头禅"我就这样，不那样"，好像非得违背别人才能如他的意，我们也找了几本相关的书，但好像效果不理想，在这里请求老师给予指点。

老师：孩子倔强不能任其发展，应给予相应恰当的束缚，增强其心理自控能力，如①转移关注力；②在心情上表示理解，但在行为上要坚持对他的束缚；③可使用暂时回避的方式。

第三部分：总结与分析

通过梳理各班级家园直通车的资料，我们总结了以下几点：

（1）从形式上看，家园直通车可以说是在家园配合中最便捷的一种方式。因为首先，在幼儿园，教师与家长交流的时间并不多，每天接送的时候也只能简单地聊几句，没办法深入探讨孩子的一些问题。其次，家长会或家访的次数并不多，平时的微信和QQ群更多是用来发布通知。为此，家园直通车是一个很好的与家长交流的方式，每周发放一张家园直通车，家长可以通过家园

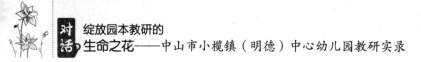

直通车了解到本周热点、学习内容、亲子作业等，还可以在上面反映孩子在家时的情况，提出一些疑问与教师交流。薄薄的一张纸却承载了很多内容，架设了幼儿园与家庭之间顺畅沟通的桥梁。

（2）从内容上看，家园直通车内容丰富，大体包括了本周热点、本周内容、温馨提示、亲子作业、爸爸妈妈的话等几个板块。"本周内容"都是这一周教师上的课程内容，家长可以从中详细了解孩子在园学习的内容，如果有时间的话，还可以在家和孩子一起互动，巩固学习内容。其中，每个级组的板块都有自己的特色，在内容方面也各有不同。

（3）家园直通车中每个板块的侧重点都不一样，其中，"爸爸妈妈的话"是整个家园直通车的精髓，几条空白的线让家长写下孩子在家时的情况或育儿的想法，教师进行回复。看到家长和教师手写的对话，我们心中涌起的是一股暖流，教师对孩子的关注都淋漓尽致地表现了出来，这份家园直通车充分地发挥了作用。上面节选的是中一班家园直通车教师和家长的对话实录，从中可以看出家长在孩子教育上有一些疑问，先向教师反映孩子在家的表现与态度，也写下了家长对这些问题的疑惑，通过家园直通车向教师询问，教师通过家长的描述以及综合孩子在学校的表现，给予家长一些建议。其中一些对话体现了教师和家长对孩子成长中出现叛逆期的想法与做法，教师也给出了一些建议。在家园直通车中，教师和家长的分享与交流就是通过这样的对话进行的，教师对每份家园直通车反馈的问题和内容都十分重视，力求以专业的水平来帮助家长解决孩子成长中的问题。家园直通车中的"爸爸妈妈的话"是一个很好的板块，也是十分重要的一个内容，大家对"爸爸妈妈的话"要重视起来，只有充分利用，才能更好地发挥家园直通车的作用。

第四部分：温馨小策略

（1）家园直通车板块的设置可以更合理。现在家园直通车的板块内容已经很丰富，但难免会出现一些重复或意义不大的内容，园方准备根据实际情况进行调整。

（2）让幼儿园教师分享自己班级家园直通车的内容。每个班级的设计和内容都不同，教师们可以互相交流与分享，把家园直通车做得更好，总结如何通过家园直通车做好家长工作，充分发挥家园直通车在家园共育工作中的作用。

（3）家园直通车的内容安排和设计可以通过家长们的反馈进行修改。家园直通车的设计就是为了与家长更好地进行交流，家长在阅读和书写过程中若有更好的想法可以与大家分享，从而吸引更多的家长参与到家园直通车的设计中来。

第 七 章

花之绽放

——对话经验，提炼成果

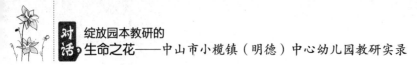

　　绚丽绽放是花的理想与心愿，播撒种子、努力扎根、吸收阳光与雨露，为的都是等待绽放这一天的到来，因为只有绽放才是对生命最美的追求。或许绽放的花期并不长久，或许绽放的地方并不高贵，或许绽放的色彩并不鲜艳，然而这丝毫阻挡不住花对生命孜孜不倦的追求。作为幼儿教师，其生命绽放的方式就是让儿童的生命绽放得更加精彩。我们无法在书中完全呈现这一切，只能从幼儿教师记录的文字中，从其对教育的思考中窥见一斑。绽放是绚烂缤纷、精彩纷呈的，它是心酸后的甜蜜、是付出后的收获、是坚持后的奖赏、是用姹紫嫣红的色彩记录生命中最重要的时刻。绽放又是十分短暂、令人留恋的，它会追随果的脚步，变得成熟、丰盈，用低垂的方式呈现生命的另一种状态。让我们在沉思中重新感悟生命绽放的意义。

第一部分：我们的做法

　　开展课题研究的最终目的是促进教师的专业成长，创设对话的机会和平台，让教师在日常的教育实践中勤于思考、善于思考，才能将这种尊重、平等、对话的氛围带到日常的教育实践中，为幼儿创设良好的成长氛围，提供优质的成长环境，才能真正提升幼儿园的办园质量。幼儿园教师拥有一双化腐朽为神奇的手，能让教室变得温馨如家；拥有一颗热情善良的心，用爱心、耐心、细心和责任心陪伴孩子们成长。她们能歌善舞、能言善辩，总是用默默的付出践行着最美的誓言。然而，一谈到写作，一说到要把自己的经验进行总结提炼时，教师们仍会感到特别头疼，三年的研究历程，教师们对教育已逐步有了自己的思考和认识，也开始尝试着用文字记录下自己的心得和体会，用论文的方式写下自己对教育实践的理解和思考。

第二部分： 对话实录

以下是我园教师在开展课题研究过程中所写的部分论文选编。

促进乡镇幼儿园教师专业成长的策略探索

伍春虹

一、情况分析

我园创办于1996年，位于名人故里中山市的小榄镇。小榄镇作为全国农村经济发达镇区之一，有着扎实的经济基础和浓厚的本土文化氛围。而我园作为镇区的中心幼儿园，一直都在为自身的示范榜样作用而努力发展，并先后被授予"广东省一级幼儿园""中山市名园"等称号。由于地域性的差异，在我园教师队伍中，绝大部分为幼儿师范院校的毕业生，其中也有大部分是后期经过自考或者成人教育取得的大专文凭，虽起点并不算高，但她们均有8～10年的教龄，在班级管理与教育教学方面具有一定的优势；而另一部分为2001年后进入我园的新教师，她们基本上为学前教育大专毕业，虽有着较好的理论基础，并接受了许多幼儿教育领域崭新的教学理念和方法，但存在着理论与实际脱轨、教学经验不足的现象。这与发达城市的幼儿园师资水平存在着一定的差异。发达地区幼儿园的师资水平基本上都是高起点（本科毕业以上），在教师专业化成长方面有着很强的理论基础与很好的进取心。那么，乡镇级幼儿园的教师在教育思想、教育理念、专业水平、反思能力等方面都与发达地区的教师存在着较大的差距，如何能根据本园实际的师资状况实施相应的策略，促进教师队伍专业化成长，给每一位教师提供一块不断成长的适宜土壤，创设充盈于整个幼儿园的学习氛围，使教师们朝理论型与实践型融为一体迈进，构建一支富有朝气，善于获取、创造、转移知识，并能以新知识、新见解为指导，勇于修正自己行为规范的教师队伍，将成为我园一项长期的规划目标。

二、教师专业化成长的阶段性和指标性

1. 教师专业化成长的定义

教师专业化成长是指教师在工作实践中的教育思想、知识结构和教育教学能力的不断提升与发展、自我专业发展需要等不同侧重面。

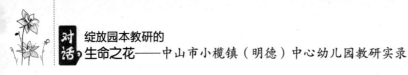

2. 教师专业化成长的阶段性

教师专业化成长是一个持续的、长期的积累过程，一般要经历学习积累、拓宽发展、完善成熟、改革创新阶段（详见下表）。

阶段	特征
学习积累	教师的角色意识较弱，对教师职业角色的认知不完整，对教育教学工作不熟悉，缺乏教书育人的经验，不能很好地将所拥有的知识转化为能力，可塑性强
拓宽发展	教师各项基本功较熟练，并积累了一定的教育教学经验，积极好学并对教育研究有一定的兴趣，具有较强的事业心、责任心和进取心，可塑性很强
完善成熟	教师对所教学科的知识有深刻的理解，并知道如何把这些知识教给学生；能够不断系统地思考教学过程并总结经验；能高度重视教育教学实践，对学生的学习和发展负责；善于了解学生的差异，并充分发挥个人的专长和优势，使教与学融会贯通
改革创新	教师具有强烈的改革精神和创新能力，具有独特的教学思想和理念，能够形成自己独特的教学风格，具有很强的教育研究能力

3. 教师专业化成长的指标

教师专业化成长有四项指标：①明确的人生发展目标和先进的教育教学理念；②坚实的专业基础知识和娴熟的专业运用能力；③基本的教育教学理论和有效的教育教学方法；④敏锐的教育研究意识和较高的教育研究能力。

三、构建学习型教师队伍的主要策略

1. 为每位教师建立成长档案，以个别化促进整体化发展

根据教师专业成长的四个阶段，我们希望给予每一位教师以个性化的发展，教师成长档案成为我们实施的重要保障。建立教师成长档案是给予教师专业发展特别关注的实践体现。它通过教师本人来证明自己在教学上的影响、成绩、价值，能帮助教师对自己的教学和学习进行横纵比较，发展自我价值，使教学富有个性化，形成独特的教学风格；有助于教师表达自己的感觉、思想、奋斗过程、理论、价值观等，充分体现了教师的自主性，促使教师成为知识的开发者、创新者，而不再仅仅是知识的传授者。我园的教师成长档案设置了以下内容：

① 个人基本信息。个人基本信息是成长档案的基础，详细记录了教师在专业、学历、专业技术资格、教龄、特长等方面的信息，让行政人员能一目了然地了解到该教师的基本情况，并有针对性地与教师共同制定未来三年的发展规划。

② 个人成长三年规划。教师未来三年发展规划就是教师未来三年工作、学习的指南针，行政人员必须让教师针对自身情况亲自参与设计，并给予指导性意见，充分体现以教师为主体。

③ 优秀教案与反思。优秀教案与反思是指能反映个人教学水平（专业水平）的代表性作品，包括每学期精心设计2～3篇教学案例与活动后的反思，如承担镇、园级优质课例的VCD，优质课中使用的课件等。

④ 教科研成果资料。教科研成果资料包括参与科研活动的资料，发现和研究的教学问题及过程，发表的优秀论文与随笔，参与课题研究的记录、报告、评价表，参与或申请的课题及成果、课堂观察记录等。

⑤ 教师自我进修、参与培训的学习资料。这些资料包括教师日常学习资料，正在或已经阅读的读书笔记，从同伴、管理者或专家那里获得的经验总结，学习体会，在职培训、学历进修等的记录和证书，继续教育证书等。

⑥ 个人荣誉情况。个人荣誉情况是指与专业发展有关的奖励证书复印件，如市镇级优秀教师、教学能手、论文奖励、教学展示奖励等。

⑦ 评价。评价主要包括自我评价、同事评价、行政评价、家长评价、教育教学情况评价等，并分学期进行。

2. 丰富园本文化内涵，创设良好的学习氛围，保持持续的群体学习动力

如果说，优质的教师团队是决定一切教育工作成败的关键，那么，园本文化应该是锤炼优质团队的关键所在，营造一种和谐、宽松、团结、上进的园本文化环境对于教师学习积极性的形成是一种精神基础。我园强调"以人为本"的管理理念，充分发扬民主，鼓励全体教师为幼儿园的发展献计献策，将个人的智慧融入集体，激发教师的创造力和要求进步的动力，建立与幼儿园共同发展的归属感，并充分采纳教师提出的好的见解和建议，让教师树立"以园为家"的愿景，从而使目标更具有同步性和持久性。

另外，帮助教师树立自我超越、终身学习的自主意识是促进教师专业化成长和发展的动力。我们让教师明白，学历不能成为一个人学识与能力的唯一标志，只有坚持终身学习，才不会被时代淘汰。特别是幼儿教师，经常面对幼教改革的新形势，更需要尽快转变观念，调整自己的知识结构，树立学习的自主意识，在工作中不断完善自己的专业素养。

3. 根据教师专业能力进行分组，组建教师学习网络

根据教师专业成长的阶段性以及教师不同的专业水平与能力，我园通过行政人员与级组长集体考评的方式，将全体教师分为A、B、C、D四组。具体组成情况参考下表。

A组	8年以上教龄，有较高的专业理论水平，曾参与镇级以上课题研究，班级管理质量高，教育教学能力较强，曾承担镇级以上公开活动，并获得"镇级学科带头人"以上称号的教师
B组	5年以上（含5年）教龄，有一定的专业理论知识，班级管理水平和教育教学能力较高，曾承担园级以上公开活动，并获得"镇级优秀教师"以上称号的教师
C组	5年以下教龄，具备班级管理及教育教学的基本能力，对个人发展有一定追求的年轻教师群体
D组	新入园的教师

在确定了每组成员后，我园教科研组会在四组教师中挑选出各组组长及副组长，由组长及副组长征询组员意见，并根据实际需要制订出每组的培训计划，组长及副组长进行执行及监督，做到层层管理，以实现人人提高。对于这四组不同层次的教师，我们采取的是层层培训的方法，并有效利用我园现有的人才资源培训教师。例如，A组的培训教师一般以市镇专家和省市名园的优秀教师为主，因为A组的教师一般为我园的骨干教师或级组长，自身的理论水平以及专业能力都较强，需要专业性更强的专家给予指导，所以我们会采取定期分派这些教师出外听专家讲座，到名园与名教师交流，或者请专家来园指导等方式进行学习。B组的教师则由A组的教师来进行培训，A组教师在集体研究B组教师水平的基础上，制定相应的培训内容，并进行结对性的指导，由骨干教师在每周教研活动中对B组教师开展专题性的讲座和交流，以有针对性的培训来促进B组教师的专业化成长。C组教师则是我园的年轻教师群体，负责培训他们的则为B组的教师，C组教师存在的主要问题是实践经验少、操作能力欠缺，我们主要以结对的方式，由B组教师每周跟班半天的方式，对新教师提出具体的班级管理及教育教学中存在的问题，从实际工作中去帮助C组教师尽快熟悉各项工作的要求和程序。由于D组教师是新入园的教师，在理论如何转化成实践方面有许多困惑，包括幼儿园一日活动安排、教学活动设计等问题都需要对她们进行培训，因此，我们会安排业务园长直接负责培训该组的教师。

4. 为幼儿教师的专业成长提供必要的软件和硬件支撑

幼儿教师的工作可以用忙碌、烦琐、工作时间长、工作压力大来形容。幼儿园若不给教师提供一定的"精神减负"措施，教师主动学习便无从谈起。我园在制订教师一日工作安排时，首先，充分考虑"弹性管理"的原则，在不违背幼儿园教育纲要和规律的情况下，适当安排教师的工作时间。例如，每天下午3：00—4：00，可由班上的两位教师共同协商，安排每人轮换一天的学习与备课，另外一位教师与保育员在班上承担教学任务。其次，为了给每位教师提供丰富的精神食粮，我园会征求教师的意见，定期订购一些有关教育教学业务、人生哲学的书籍，要求教师精读并交流读书心得。最后，我们还积极鼓励教师参与学历进修，并在寒暑假中为需要进修的教师提供充足的时间，还持续地为其创造学习的机会，将非正式学习和正式学习有机地结合起来，使教师在一个宽松的、自主的学习环境中主动成长。

5. 建立适当的评估标准和奖惩制度

幼儿园在每学期末会对教师的学习意识、学习能力、学习习惯等方面进行考核。借助"教师成长档案"，定期进行教师的自评、互评活动，通过适当的评价，可让教师体验成长的快乐，找到前进的动力和方向，不断完善自己的知识观、幼儿观、课程观、环境观、学习观以及评价观等。

四、初步成效

1. 发展目标及教育教学观念发生转变

如何使教师真正进入学习的角色是关系学习成效的根本性问题。现在，我园的教师从以往的"要我学"转变为"我要学"；通过营造民主、平等的氛围，改变以往学习培训内容与教师培训需求相脱节的状况，消除了教师与领导、教师和教师之间缺乏沟通与合作的现状，努力形成了学习培训中的共同体，大大激发了教师学习的积极性。

2. 树立教师的自信心

分组别学习模式的建立，使教师中自主产生了你追我赶的良性氛围，低组别的教师通过不断学习，努力争当高组别的教师，高组别的教师体会到新教师的追赶压力，也会继续学习，不断充实自己。教师们通过不断学习，不断更新自己的知识，调整自己的知识结构，使自己具有广博、浑厚的文化底蕴，从心底树立起自信心。

3. 师资队伍素质整体提高，促进幼儿园的可持续发展

教师队伍是幼儿园发展的主体，通过促进教师专业化发展的实施，使我园教师队伍的综合素质得到提高。现在，我园大专以上学历的教师已达60%以上，也有60%以上的教师获得了"镇级优秀教师"以上的荣誉称号，这为幼儿园的持续发展打下了坚实的基础。

4. 教师团队凝聚力增强

促进教师专业化成长，使全园教师因为学习有了一个明确的目标和共同理

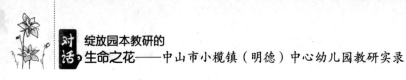

想而增进了士气，提高了工作的积极性，并使教师自觉将个人奋斗融于整体目标中，在各自岗位上充分发挥自己的潜力，使自己成为整个团队中不可缺少的一分子，最大限度地发挥自身的聪明才智，凝聚集体的力量。

总之，教师专业化发展是一个长期的、持久性的过程，它是一个随着社会进步和幼儿园发展而不断完善、不断提高的过程。而对于乡镇一级的幼儿园来说，在"教师专业化成长"这一课题面前，我们面对的困难更大，我们只有更新观念、不断学习、积极行动，才能紧跟时代步伐。也只有这样，才能更好地发展幼儿、发展教师、发展我们的幼儿园。

幼儿户外自主游戏的高效组织与指导策略

伍春虹

一、问题的提出

1. 户外自主游戏的重要性

游戏是幼儿园的基本活动，这充分肯定了游戏的教育价值。游戏不仅符合幼儿生理、心理的发展特点，而且对于幼儿在各个领域、各种维度的发展也有着重要的促进作用。幼儿天生喜爱游戏，游戏中也蕴含着许多满足幼儿发展需要的契机，它对发展幼儿的运动技能和心智、培养幼儿的学习品质均有着重要影响。而户外自主游戏兼具户外属性和游戏属性，为幼儿身心发育提供了更多的自由和乐趣，特别受到幼儿的喜爱。

幼儿户外自主游戏是指幼儿在户外环境中，按照自己的意愿开展的游戏活动，教师在此过程中充当指导者和观察者的角色。户外自主游戏的优点在于具有自然性、趣味性和挑战性，这是不断吸引幼儿兴趣并使幼儿对户外自主游戏持续感兴趣的关键。首先，游戏的环境具备了明显的自然属性，其中包括孩子亲密接触的空气、柔和的阳光、自然的花草树木、随处可见的昆虫飞鸟等，这些都对幼儿有着无可比拟的吸引力。其次，户外自主游戏有着对幼儿充满吸引力的趣味性。幼儿天生喜爱游戏，没有哪个幼儿能够抵挡游戏的魅力，而户外自主游戏的趣味性比室内游戏有着更多的无拘无束和自由空间，从而能让幼儿更充分地融入大自然。最后，户外自主游戏还有着充满未知的挑战性。幼儿能够在游戏过程当中感受到来自游戏本身和挑战自我的成功感与自豪感。

2. 户外自主游戏存在的问题及困难

户外自主游戏作为现今幼儿园积极推广的游戏方式，更加强调游戏的自主性。它是一种强调幼儿在一定的游戏环境中，根据自己的兴趣需要，以快乐和满足为目的，自由选择、自主开展、自发交流的积极主动的活动过程。户外自主游戏是幼儿完全自主、自发的游戏，幼儿可以自主选择游戏内容、自主选择材料、自主决定玩法、自主选择玩伴等。

目前，虽然户外自主游戏在各地幼儿园中均得到广泛的开展和推广，但仍属于实践的初级阶段，其重要价值并没有真正得到体现，国内也并没有形成很多有效的研究结果及数据，并且在实践过程中，越来越多的问题开始浮现。例如，户外自主游戏活动环境过于单一、活动形式流于表面、活动材料仅仅偏向原有体育器械的摆弄、教师多以"高控"为主、规则局限性大等。

笔者将以本园开展的户外自主游戏为例，从户外自主游戏环境的适宜性、材料的自然性、教师指导的有效性等方面来阐述高效组织与指导幼儿户外自主游戏的策略。

二、幼儿户外自主游戏的组织策略

1. 教师在理论上和心理上的准备

为推进户外自主游戏的顺利开展，幼儿园应清楚地认识到教师在户外自主游戏中所承担的角色以及应发挥的作用。为此，在户外自主游戏开展前期，必须特别注重教师在理论知识方面的学习。例如，在园内业务学习中，通过对话的形式认真学习《指南》，包括做一系列关于教师与《指南》文本的对话、关于教师与《指南》找差距的对话、关于教育实践与《指南》的对话、户外自主游戏与幼儿的对话、户外自主游戏与教师的对话等。通过这一系列的对话，让《指南》精神更好地贯彻落实到教学实践中。在学习《指南》的基础上，进一步学习广东省出台的《指引》，重点解读其中有关自主游戏的部分。这些理论知识的学习可以让教师们在开展户外自主游戏时具备基本的理论基础，让他们明确教师在游戏过程中需要扮演的重要角色，即不仅要为幼儿开展游戏活动创设安全、有趣的环境，更要合理设计游戏环节，确保游戏内容符合幼儿的年龄特点和心理特点。除此之外，还应认真组织教师学习有关游戏的理论，可以"安吉游戏"为模板，让教师们充分感受游戏的魅力。这些理论知识的储备为幼儿园户外自主游戏的开展奠定了坚实的基础。

通过对理论知识的学习，教师们对自主游戏有了初步的了解，从情感上认可了游戏对幼儿发展的重要性。但是，在长期的工作过程中，由于教师对熟悉的一日活动流程已经有了固定的框架，对新的改革和尝试有质疑的态度。为此，在培训学习过程中，需要充分聆听教师们的心声，关注教师们的心理动

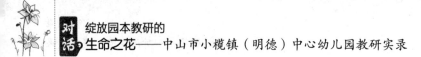

态，对其困惑之处给予及时的回应，对其怀疑之处给予及时的解释，让教师们在心理上充分接纳户外自主游戏的开展。

2. 设计幼儿户外自主游戏环境的策略

幼儿园户外环境包括大、小操场，玩沙、玩水池，植物角，各种小区角以及户外墙面等，如何规划好户外活动场地并合理分布游戏区是开展户外自主游戏前的一项重要课题。

（1）整体规划。对于幼儿园开展户外自主游戏的环境规划来说，整体性和全面性是要高度重视的原则之一。这种整体性和全面性强调了自然环境与教育环境的和谐统一，也就是说，在设计幼儿户外自主游戏区域时，首先，必须要综合考虑环境绿化与美化的关系，实现游戏区儿童化与教育化的整合。例如，幼儿园户外场地有大有小，地面材质也有所区别。幼儿园应先组织全体教师对园内的整体环境进行勘察，引导教师们分小组进行思考和讨论。根据幼儿园的实际情况，探讨哪些场地或者墙面可以进行户外自主游戏、可以进行哪种类型的户外自主游戏等，将游戏内容与相关环境进行联合。在分组的时候，应考虑到每一组的教师都应包含大、中、小不同年龄段，以便于在讨论过程中更好地兼顾不同年龄段的孩子。其次，要充分考虑幼儿的年龄特点。对于年龄较小的幼儿，需要重点考虑在户外自主游戏中的安全问题，可以设置半开放的区域或通过增加游戏垫的方式设置软游戏区等来增强游戏的安全性。对于年龄较大的幼儿，则可适当扩展其游戏范围，允许他们在更开放的自然环境中开展游戏，以促进其学习主动性和社会性的发展。最后，幼儿是游戏的主体，要充分征询幼儿的意见。教师可通过主题活动的形式，调查和了解幼儿的想法，并将其整理成不同年龄段幼儿的意见进行统一规划。当然，在这个过程当中，管理者也要根据幼儿园的办园宗旨和目标定位进行跟进，以是否有利于幼儿的健康成长为根本出发点进行指导和修正。

以本园为例，在第一阶段的讨论过程中，主要划分出玩沙区、玩水区、攀爬区、角色游戏、大型建构区、小型建构区6个种类共11个不同的游戏区域。而在后期游戏开展的过程中，教师们边开展边调整，到目前为止，已划分出11个种类共14个不同的游戏区域。游戏区域场地的划分为户外自主游戏的开展提供了重要的基础。

（2）优化调整。在游戏区域场地划分出来后，教师应对各个游戏区域的环境做更进一步的完善和调整。例如，本园将小公园旁边原来闲置的泥地重新规划设计成了由玩沙区、嬉水区和攀爬区统整的一个大区域。铺上木地板，将围墙加高，做成了攀爬墙，与玩沙区和攀爬区有机地整合在一起；除了围墙可以攀爬，还根据沙池上的两棵树，在树的四周也装上了不同种类的攀爬架，在两棵树中间拉上了两根绳子，可让孩子们探险；沙池的设置也做了特别的处理，在沙池下面铺上石子，石子上再铺一层工程网，然后铺上质量比较好的沙子，这样，沙池得到了及时的排水，解决了以前沙池容易长草的问题；在沙池旁边还设计了一个嬉水区，铺上了漂亮的马赛克，成了孩子们亲近水的乐园；在这个区域中，教师还为孩子们安装了高度适宜的水龙头，方便孩子们洗手和洗脚。又如，在后楼的小操场有一面很长的墙面，如何更好地将这些空置的墙面利用起来又成了教师思考的新问题。于是，顺应而生了新的管道玩水区。教师将买回来的透明管道和本园电工师傅制作的PVC管道做成了供孩子们捞珠子的游戏场所。再如，在大操场和小游泳池之间的一个通道上，教师们利用闲置的墙面创设了涂鸦区，装上有机玻璃，供孩子们自由涂鸦，自由发挥艺术的想象。环境的创设和不断改进，使户外自主游戏区域的整体框架搭建了起来。

3. 材料的准备

材料是户外自主游戏的生命与灵魂，提供适宜的材料是确保孩子们进行户外自主游戏的重要基础，也是发展幼儿想象力、创造力、探索及解决问题等重要能力的保障。关于如何减少高结构材料，提高低结构材料的使用比例是我们思考的重中之重。

（1）调整幼儿园原有并正在使用的材料。幼儿园已有的材料是开展户外自主游戏的载体之一。比如，小型建构积木，一些循环再利用的塑料积木，原有的体育器械如木梯、轮胎等，都可被运用于户外自主游戏中。

（2）盘活幼儿园原有但闲置的材料。基于环境创设会随着课程发展而不断变换的实际情况，幼儿园通常有很多闲置的物品堆放在杂物房。为此，教师可利用假期时间，巡查幼儿园各个角落，把有可能用在户外自主游戏中的材料都清理出来，洗干净备用。比如，之前放在波波池的各种五彩小球，现在可放到嬉水区，孩子们玩得特别起劲；原先用作娃娃家栏栅的塑料积木、布置美术展用的桥板凳被用于大型建构区；原先植物园中的水壶在泥沙区中备受欢迎；美术室里收集回来的各种废旧物品如碗、碟、纸盒、矿泉水瓶、鹅卵石等都用在了涂鸦区；以前用在娃娃家的地胶垫也用在了涂鸦区；还有玩沙的铲子、各种塑料玩具、装米的袋子等都充分运用到了各个游戏区域中。

（3）增加各个游戏区所需的低结构材料。为了在户外自主游戏中有效提高幼儿乐于探索、积极发现、创造和想象等能力，我们应尽可能多地收集低

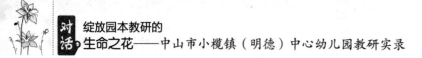
结构材料。在材料分类方面，教师根据所需用量的不同，有的以幼儿园为单位统一收集，有的通过发动个别班级进行收集。例如，班级中收集了大量的奶粉罐、椰子汁瓶、玩沙工具、矿泉水瓶等低结构原始材料。另外，还发动热心家长为幼儿园提供了油桶、麻绳、PVC管等。这些都为户外自主游戏的开展提供了很大帮助，低结构材料的提供也让孩子学习品质的发展得到了很大保障。

（4）购买各个游戏区域所需要的成品材料。为了丰富各个游戏区域的材料，幼儿园除了采用以上材料收集方法外，还应为各个区域购买部分能引发幼儿探索欲望和兴趣的现成材料。比如，变形金刚中的螺丝材料，大型建构区的碳化积木，"小勇士大挑战"中的竹梯、木梯，各种高低不同、大小不一的木箱、平衡板，玩沙区中的竹子工具、筛沙工具，玩水区中的盘子、水壶，管道玩水区中的水盆、杯子、珠子，涂鸦区中的各种颜料以及装颜料的篮子等。

（5）园级材料与班级材料相结合。幼儿园在提供了主要的材料后，各个班级也会根据不同年龄段孩子的需要，在进行户外自主游戏的时候，添置一些小的材料。比如，在管道玩水区游戏时，中班的教师们会提供很多瓶口大小不同的瓶子，除了小汤匙外，还会提供不同的筷子等，以增加游戏的难度和挑战。

在材料提供到位后，教师们还要进行材料的清洁、分类、整理、摆放等工作。其中，无论是材料的存放方式，还是防雨、防晒等，都是需要细致考虑的问题。像变形金刚这种拧螺丝的积木放在了原来放体育器械的不锈钢柜子里；碳化积木等积木类的材料要用收纳箱放好，并做好防雨、放晒等措施，如用帆布遮挡好或在上方加盖雨棚等；轮胎用架子一个个地摆放好，安装层架以便摆放更多的材料，等等。这些都需要细致地考虑到。

三、户外自主游戏中教师的指导策略

在户外自主游戏中，教师的角色定位应是游戏的观察者和指导者。而户外自主游戏的宗旨是解放教师的双手，但绝不是让教师放弃指导。面对不同年龄、不同特点、不同需求的幼儿，教师的指导方式和策略不应该是单一的或者重复的，而是要充分考虑幼儿的个体差异，适时进行指导。教师的指导策略是否得当，对幼儿对游戏活动的兴趣度，以及幼儿在自主游戏中学习品质的养成有着直接而关键的意义。

1. 观察先行

户外自主游戏是幼儿自发自主的活动，教师不应是忙碌的高控者、发号施令的权威者，而应该是站在幼儿背后，沉下心来、耐心的观察者。教师应从观

察中去获取幼儿与同伴之间、与环境之间、与材料之间的对话，敏锐地察觉幼儿的需要，给予适时的指导并随时对游戏进行调整。

2. 适时指导

（1）显性指导。

① 语言指导。在游戏过程中，如果幼儿遇到一些难以解决的问题主动向教师提出求助，教师可以适当地运用简短的语言给予幼儿提示，但注意不要给出最完整和正确的答案，要留给幼儿更多思考和探索的空间。另外，在幼儿违反了游戏规则或者由于同伴间发生纠纷而出现安全隐患时，教师也需及时通过语言进行提醒，帮助幼儿尽快回到正常游戏中。

② 行为指导。当幼儿在游戏过程中一直重复着单一内容时，教师可作为幼儿的玩伴介入指导。通过身体动作、表情、手势等引导幼儿创造性地游戏与互动。当幼儿在进行挑战性较大的游戏时，如缺乏勇气或者胆怯想要退缩时，教师可以充当保护者的角色，伸出援手或给予其鼓励的眼神，增加幼儿克服困难的自信心。

③ 示范引导。当幼儿对新材料感觉无从下手时，教师可直接面向幼儿示范一些必须掌握的基本技能，或者讲解新的游戏方法。当幼儿掌握了基础玩法后，再鼓励幼儿进行玩法上的拓展和创造，从而丰富游戏内容。

（2）隐性指导。

① 环境。通过标志、共同制定游戏流程图等方式，帮助幼儿建立规则意识，保障户外自主游戏的有序进行。教师可在场地周边或墙面张贴游戏的流程图或玩法示意图，使幼儿通过观察和理解自主探索游戏玩法。如果有幼儿创造出新的玩法并值得推广，教师可拍下来补充在玩法墙面上，供其他幼儿参考。

② 材料。丰富的材料，特别是低结构材料，有助于帮助幼儿创造性地思考和游戏，满足幼儿的多种需要。

③ 情境。趣味情境的创设能增加游戏的趣味性，加强幼儿对游戏的兴趣和好奇心，使之更能体会到游戏的乐趣。

3. 有效评价

在户外自主游戏的过程中，还有一项需要教师完成的重要工作，那就是游戏结束后的评价。这需要教师通过引导幼儿进行游戏经验的梳理、分享，向大家阐述自己在游戏中遇到的问题，并提出解决问题的方案，以此建立有效的经验体系。

① 整合幼儿获取经验。在进行户外自主游戏过程中，幼儿会融入自身已

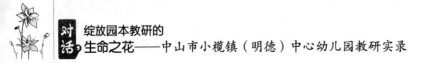
有的生活经验和认知。例如，在娃娃家中，幼儿在扮演医生的角色时，会出现"医生诊断"的情景。这主要源于幼儿在实际去医院看病的过程中，看到医生是这样诊断病人的，以此形成一定的生活经验。对此，教师可以引导幼儿进行阐述："医生在看病时一般都会问一些什么？做一些什么？"以此激发幼儿的学习兴趣。

②提升幼儿已有经验。幼儿在进行户外自主游戏的过程中，会经常出现与同伴的互动式学习。在活动结束后，教师应提供更多的机会让幼儿分享彼此的经验，并说出自己解决问题的方案和想法，促使幼儿与同伴提升已有经验，同时又可节省学习的时间和精力。

四、结语

综上所述，在幼儿户外自主游戏过程中，如何有效进行环境的规划、材料的准备以及教师在活动中的有效指导等都是幼儿园户外自主游戏有效进行的重要因素，这些都会对幼儿的自主学习产生积极影响。教师应为幼儿提供一个适合他们自主发展的舞台，激发幼儿主动探究的兴趣，让幼儿通过户外自主游戏获得身心的全面发展。

幼儿园级组内专题教研促进教师专业成长

陈湛

一、幼儿园级组教研的现状

级组教研是幼儿园园本教研中常见的教研形式，它是以所教年龄段教师组成的基本教研组，如大班级组就是对5～6岁的幼儿、幼儿与活动、活动与教材进行实践研究。以往的级组教研所发挥的功能更多是自上而下的任务安排、工作分配、教学计划的研究以及集体备课。级组教研通常是由级组长主持教研工作，教师在参与的过程中往往处于被动状态，在级组教研中的积极性不高；而级组教研的内容比较凌乱、随意性强，以致级组教研的效果并不明显。

园本教研活动本身经历了由强调行政职能、强调统一和集中向更注重校本、园本的转变过程，而级组教研作为园本教研中一种常见的形式，也同样经历了这一转变。我园在级组内开展专题教研恰好印证了这一转变的过程，并在转变中更好地促进了教师的专业成长。

二、幼儿园级组内专题教研开展的流程

1. 专题教研主题的来源

专题教研主题基本上来源于教育实践，这一来源确保了所研究的专题教研具有实践意义，是为解决教育实践问题而进行的研究。在级组内开展专题教研的过程中，我们总结出级组内专题教研的主题主要来源于以下几个方面：

（1）来源于级组内部需求的小专题。不同级组之间最大的特点就是孩子的年龄差异，教研的内容也有着明显的年龄特征。小班级组专题的设立会偏重孩子生活自理能力的培养以及一日活动各环节的研究，如我园小班级组就进行了"如何指导孩子科学喝水""幼儿进餐的注意事项""三浴后的护理""指导孩子穿衣服的要点"等方面的专题研究。而在大班级组的专题教研中，主题则更偏重学习方面，如我园大班级组就进行了"如何做好幼小衔接工作""科学民主的班级管理模式""幼儿自信心的培养"等专题研究。这些教研主题的确立都充分体现了所在级组孩子的年龄特点。每个学期末的级组总结时，级组长就会带领级组教师有意识地思考本学期级组和班级工作中存在的问题，分析问题产生的原因，在下学期初，经过讨论和思考，最终确定每个班专题教研的主题。

（2）班级中亮点分享的小专题。在级组中，不同班级有着不同的特色，这些特色常常值得宣传、推广和学习，而通过小专题分享的方式能让分享更加充分，不仅能知其然，还能知其所以然。例如，我园有个班级在图书漂流方面做得很有特色，他们将图书漂流升级为"图书袋漂流"活动，受到了家长们的青睐和同行们的认可。在专题教研中，班级教师将"图书袋漂流"活动开展的原因、背景，开展时具体的做法，曾经出现的问题，问题解决的策略，家长的支持，开展"图书袋漂流"活动后孩子阅读能力的提升，家长反映的变化等情况都做了详细的分享。又如，以前我园一直使用家长联系手册的方式，每周向家长反馈孩子在园的情况，简单的评价方式不能充分体现孩子在园的情况。为此，有一个班级放弃使用家园联系手册，而改用家园直通车的方式代替家园联系手册。家园直通车设置了不同的栏目，包括每周热点、温馨提示、本周关注、亲子游戏、孩子在园情况、爸爸妈妈看过来等，这种改变通过级组专题教研的分享获得了大家的一致认同，最后全园各班级都陆续运用家园直通车代替了家园联系手册。尽管这种做法让教师们的工作量变得更大，教师工作更辛苦，但是，它真正架起了家园沟通的桥梁，获得了教师和家长们的一致认可。这种专题教研分享的模式为教师们展示班级特色提供了很好的机会和平台，既可以让分享的班级教师获得成功感，又可以让其他班级的教师有机会全面而深入地向别人学习，互相取长补短，使星星之火得以燎原。

（3）教师专业特长产生的小专题。在同一级组中，不同教师会各有所长，从自己的特长出发，产生研究的小专题，可以展示教师的专业风采，更好地树立信心。如级组中有美术特长的教师选择了"如何有效地开展美术活动"的专题分享，在活动中，加强了教师们对美术专业知识的学习，明确了不同年龄段孩子美术学习的重点，以及美术教学过程中各个步骤的注意事项。这类专题教研有效地提升了教师的教学水平。

（4）园本教研中大专题分支而成的小专题。级组教研是园本教研中一个重要的教研阵地，在专题教研过程中，也有在园本教研中大专题分支而成的小专题。例如，我园正在做区域活动的研究，中班级组的专题研究就以区域活动为主线，确定了不同的研究专题，如"区域活动计划环节的组织与实施""如何让区域活动的回顾分享更有效""区域活动中材料投放的研究"等小专题。级组内专题教研的开展与园本教研中的大专题进行了无缝对接，使园本教研能更好地落到实处，更好地回归到教育实践中。

2. 专题教研前期的准备

在专题确立后，各班教师会根据自己选择的专题制订可行的计划，根据各班专题教研的实际情况，确定研究周期的长短，并制订具体的研究方案和行动计划，在开展过程中注重搜集相关资料，并通过照片和视频等形式记录研究过程，为撰写专题研究的汇报资料做好充分的准备。例如，中三班开展的"区域活动计划环节的组织与实施"专题研究，负责专题教研的教师对中班级组区域活动计划环节开展的情况进行了观摩，详细了解了各班的开展情况，如计划环节场地的划分、幼儿计划表和进区卡的设计、音乐的使用、幼儿做计划的流程、是否使用优先权等，然后中三班的两位教师在为期两个月的时间里，重点研究和探索了区域活动计划环节的组织与实施，并用照片和视频的形式记录下自己班上区域活动计划环节进行的情况，通过对这两个月的前后对比，总结出区域活动计划一些有效的做法，并撰写成专题研究的报告，然后在级组的专题教研中进行分享。

3. 专题教研活动的正式开展

在正式举行专题教研活动时，一般会有以下几个具体的环节：首先，由担任专题教研活动班级中的教师担任主持，另一位教师担任主讲人，有些班级是两位教师在同一活动中轮流担任主持人和主讲人。其次，在开始时，主持人会介绍专题教研开展的主题，以及需要大家配合的事项，有些教师还会利用小游戏来提高大家参与的积极性。再次，由主讲人向级组教师汇报所开展专题教研的具体情况，并通过照片、视频的形式，结合主讲人的讲解，让级组教师形象而直观地了解专题教研开展过程中遇到的问题、解决的策略、取得的成果等。之后，在主讲人汇报的过程中，会随时抛出问题，让参与者进行讨论，主讲人再总结参与者讨论的情况，然后进入下一环节内容的介绍。最后，主持人会总结和梳理专题教研的内容，帮助同伴进一步吸收和消化专题教研的内容。这种边介绍、边提问、边讨论、边总结的方式大大提升了教师参与讨论的积极性。充足的准备时间、借鉴经典理论的指导和不断修正的教育实践，让专题教研做到了有理有据，不但主题鲜明，论点清晰，更以生动的案例引发了教研活动参与者的思考，使专题教研不止于专题教研，而是成为有本之源，激起教师们对教育实践活动源源不断的思考。

三、幼儿园级组内专题教研的轮流主持

1. 轮流主持的机制调动了教师参与的积极性

级组内专题教研采取轮流主持的机制，每位教师都有机会在级组内分别担任主持人和主讲人的角色。首先，在开展专题教研前，主持人会通过发放调查问卷、布置任务、提出问题等形式让参与者对所讨论的话题有前期的经验准备。由于教研专题都来源于教育实践，因此，参与者在讨论的过程中会更加乐于分享自己的做法。其次，级组内教师人数不多，教师们有充分的时间完整地发表自己的意见和想法，一些宝贵的实践经验得到了更好的分享，思想的碰撞产生出智慧的火花，这种经验的分享还带有明显的可操作性，好的做法得以借鉴，级组内教师在分享思想、共享资源的基础上，你追我赶，形成了良性竞争的良好氛围。

2. 教师角色的不断转换让级组专题教研充满了生机

在传统的级组教研中，级组长常常扮演着组织者、演讲者的角色，而教师们更多的是充当倾听者。而在专题教研中，教师们在每次的教研活动中都扮演着不同的角色，时而充当主持人、主讲人、助手、参与者、记录员等不同角色的轮换，让教师们时刻保持着参与的热情，而不同角色的转换所带来的心理体验又让大家更懂得尊重别人的劳动成果，虚心学习，参与教研活动的积极性和专注度明显提高。大家都深深地感受到这样的专题教研来自教育实践，又回到教育实践，它确确实实地给教师们下一步的教育实践工作带来了新的启发、新的想法、新的冲击，这种回归是一种质变、一种提升、一种让教师们感受到快

乐的学习。

四、幼儿园级组内专题教研促进教师的专业成长

1. 促进教师研究能力和学习能力的提升

其实级组内专题教研就是级组内教师所进行的小课题研究，尽管它没有正式课题研究那么多严谨的流程和科学的研究方法，主要采用的是行动研究法。但在专题教研的整个行动研究过程中，从确立主题、制订计划到开展研究实践活动、撰写专题研究报告，其实就是一次小型课题开展的全过程。这样的专题教研促进了教师研究能力的提高，同时，也为教师参与正式的科研活动奠定了基础。由于专题都来源于教育实践，因此，教师都特别愿意投入专题教研活动中，这种发自内心的投入，在遇到难题时，会主动寻求帮助，查阅资料，用理论指引实践，这个主动学习的过程促进了教师学习能力的提升。

2. 促进教师教育实践反思能力的提升

善于对教育实践进行反思的教师往往能更好、更准地把握住问题的根本，专题教研的开展，促使教师养成了反思的习惯。首先，专题教研中的主题来源于教师对自身教育实践的思考，反复地思考与琢磨能让问题的本质更加清晰，从而帮助教师准确地定位专题教研的主题。其次，在专题教研计划的组织实施过程中，教师也要不断反思不同的方法在教育实践中的效果，然后进行调整，再尝试。而在专题教研正式举行的过程中，参与者也会就相关专题提出质疑，整个过程都促使教师不断就教育实践问题进行反思。专题教研很好地促进了教师教育实践反思能力的提升。

3. 促进教师之间的合作和分享

专题教研主题的确立既有教师个人的思考，也有团队的智慧，大家通过对话，最后确定主题。专题教研计划的制订和实施是班级中两位教师共同努力的结果，共同开展的研究活动让两位教师之间有了更多讨论的话题，让彼此的教育观念在教育实践中得到碰撞。除了班级中两位教师的合作外，在专题教研开展的过程中，级组教师在开展研究活动前期，会了解同一级组内相关研究专题的现状，在研究过程遇到瓶颈时，会互相求助，这种对话与分享时刻都在。而在正式开展专题教研的时候，这种分工合作、倾囊而出的分享表现得淋漓尽致。教师在轮流主持的机制下，不断变换角色，互相体验着不同角色所带来的快乐。专题教研让级组内教师的关系更加融洽，更加亲密，形成了友好合作、快乐分享的级组氛围。

4. 促进教师写作水平的提升

专题教研的开展还促进了教师写作水平的提升，以往一提到写论文，教师们就一筹莫展，不知从何下笔。专题教研的开展，让教师对自己开展的专题研究颇有感受，深有体会，从专题的诞生到分享的整个过程，教师对所研究的小专题有了深入的了解，对它产生的背景、研究前的状况、研究过程中容易出现的问题、解决的策略、研究前和研究后变化的对比等都有充分的认识，在写论文时，主题突出，能做到有理有据，既有理论的指导，又有实践案例的支撑，论文写作水平在不断提高。

五、对级组内专题教研活动的再思考

作为园本教研中的主阵地，级组教研扮演着重要的角色，而级组内专题教研活动的开展让传统的级组教研焕发出了新的生机，它为教师们展示自我风采搭建了舞台，为专题研究活动创设了条件，充分调动了教师参与级组教研的积极性，在合作和分享中解决了很多教育实践中存在的问题，让教师体验到了专题教研带来的成功感和幸福感，引领教师向专业成长的方向迈进。

在实践中我们也发现，在开展级组内专题教研活动过程中，由于缺乏专家的引领，教师在教育实践中所得出的研究结果会受到其自身经验水平和理论水平的限制，或许研究的成果在某一时间段内、在某个班级中能行之有效，但并非都有值得推广的价值。而级组内教师之间的对话与分享也因没有专家的引领而在原有经验范围内徘徊。为此，级组内专题教研后续的开展仍有很多值得思考和探索的地方。

幼儿园户外自主游戏材料的投放策略

陈湛

一、幼儿园户外自主游戏的概念及其价值

幼儿园户外自主游戏是指教师在户外划分若干个游戏区域，创设各种游戏内容的环境，利用户外空间和自然环境，幼儿可以根据自己的兴趣和需要，自主地选择游戏内容、游戏材料、游戏玩伴，自发交流、积极主动进行创造性游戏活动的过程。北京师范大学刘焱教授认为，户外游戏活动往往被人们看作身体的活动，事实上，户外游戏活动包含着两种不可分割的、相互关联的学习过程，即学习运动和通过运动学习，即通过户外游戏促进幼儿基本动作和体能的发展，以及通过户外游戏活动发展幼儿其他方面的能力，培养幼儿良好的心理

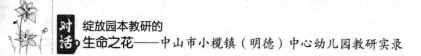

品质。而户外自主游戏同时具备户外属性和游戏属性，能够为幼儿的身心发育提供更多的自由和乐趣，在活动形式上以幼儿自主活动为主，在尊重幼儿的兴趣爱好和需要的基础上，让幼儿的动作、思维、意志等各方面都获得了发展。户外自主游戏对幼儿的身心发展有着不可估量的重要作用。

二、幼儿园户外自主游戏材料投放的现状

《幼儿园教育指导纲要》指出："幼儿园要提供丰富的可操作的材料，为每个幼儿都能运用多种感官、多种方式进行探索提供活动的条件。"《指南》指出："幼儿园环境创设必须高度关注幼儿的年龄特点，提供丰富的操作性材料，创设多样化、有选择性活动环境。"目前，幼儿园户外学习材料的投放主要体现在户外体育活动的材料，包括幼儿园购买的大型器械，各类小型的体育器材，如呼啦圈、平衡板、小三轮车、高跷、滑板等。《指南》和《指引》新教育方针政策的出台以及浙江"安吉游戏"的出现，让越来越多的幼儿园认识到幼儿园户外自主游戏的重要性。近年来，越来越多的幼儿园模仿"安吉游戏"的开展，尝试利用室外环境为幼儿创设学习环境，提供相应的游戏材料。但在材料提供方面，基本上以模仿"安吉游戏"为主，多以购买为主，由于投放材料不足，适宜性不高，难以满足儿童的兴趣。材料过于简单，对幼儿缺乏挑战或材料投放后基本上一成不变，这种现状的存在将直接导致户外自主游戏活动的发展停滞不前。游戏材料是幼儿在游戏中使用或操作的物质材料，它具有诱发游戏主题、丰富游戏情节、增进游戏持续发展的重要功能。因此，合理有效的材料投放策略才能真正确保户外自主游戏的效果得到发挥，让幼儿真正在户外自主游戏中获得发展。

三、幼儿园户外自主材料投放策略

游戏材料的投放不是简单、随意地堆叠，游戏材料要真正发挥作用，需要综合考虑很多因素，也需要讲究一定的策略技巧。基于对幼儿园户外自主游戏材料投放现状的分析，以及我国在开展户外自主游戏投放材料的过程中遇到的问题，我们总结出了确保材料来源的多元化、因地制宜地投放材料，根据游戏区域发展的目标投放材料，根据幼儿的年龄特点投放材料，根据游戏进行的情况投放材料这几大方面的材料投放策略。

1. 材料来源途径和种类的多元化

（1）材料来源途径的多元化。只有多元化的材料来源才能确保材料可以源源不断地被补充，方便材料及时得到更新和调整。在户外自主游戏环境创设初期，我们在准备材料的时候，就确定了多条不同的材料来源途径，包括盘

活幼儿园的已有资源，将积压在仓库的材料充分利用起来。如把之前的波波球放在了玩水区，孩子们玩得不亦乐乎；原来用作娃娃家的栅栏放在了大型建构区，激发了孩子们的创造力，等等。盘活已有资源，让尘封的材料焕发出新的生命力；将原有室内区域活动中不常使用的资源投放到室外，克服场地的限制，如我园有很多小型积木，由于走廊场地较窄，孩子们的建构活动不能得到很好的展现；把积木投放到室外的小型建构区后，让材料发挥了更大的价值。根据区域开展的需要购买一些大型、耐用的材料，如在变形金刚区买了一整套螺丝大型积木，让孩子们在拧拧拼拼中做出了可以移动的作品，既有创意，又能确保户外自主游戏的基本需求得到满足。发挥家长资源，收集相关废旧材料，我园通过发动收集材料的倡议书，收集了油桶、PVC管、麻绳、奶粉罐等废旧材料，通过进一步的清洁处理，分别投放到不同的游戏区域，大大地满足了孩子游戏的需求。另外，各个游戏区域除了由园方统一配置基本的材料外，各个班级还根据各自的年龄特点以及游戏开展的情况增添了游戏材料。多元化的游戏材料来源途径为户外自主游戏的可持续发展提供了充足的保障。

（2）材料种类的多元化。除了材料来源途径的多元化以外，在材料种类方面，我们也尽量做到多元化。例如，在材料的材质方面，有木质的大型积木、小型积木、木梯、木箱、木椅等，有竹子材质的竹梯、竹篮、竹筒、竹筛子等，有塑料类的积木、水盆、杯子、各类娃娃家玩具等，有铁质的油桶、螺丝、铲子、奶粉罐等，还有各种其他材质的材料。在功能方面，有比较高结构的专门化玩具材料，如汽车、水枪、杯子、小碗等，也有非专门化的玩具材料，如月饼盒、椰子汁瓶、木棍、泥巴、沙子等。材料种类的多元化能让幼儿在与材料互动的过程中体验不一样的感受，高结构的材料能满足小班孩子的需求，低结构的材料能让中、大班的孩子更好地发挥创意。

2. 因地制宜地投放材料

为了更好地创设户外自主游戏环境，我园全体教师共同出谋划策，根据我园室外场地的实际情况，将场地划分为十多个不同的区域，包括玩沙区、玩水区、攀爬区、建构区、小勇士大挑战、变形金刚、小小工人、管道区、娃娃家、捞珠区、涂鸦区、泥巴区等。相比较室内的学习环境而言，户外环境更具有差异性和可塑性，需要教师用智慧去挖掘不同场地的功能。在创设游戏区域的过程中，我们经过了一个学期的调整和完善，才最终确定了相关的游戏区域。而在材料的投放方面，也因场地的大小进行适宜投放。例如，在大型建构区，我们将大操场留给了这个游戏区域，提供了大型的积木、奶粉罐、月饼

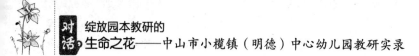

盒、塑料栏栅等，让孩子们有充足的地方可以搭建。又如，在狭长的走道墙面中，我们创设了涂鸦区，在墙面上装上了有机透明玻璃，在下面又装上了水槽，方便孩子们清洗，我们还提供了颜料、水粉笔、各类涂鸦材料等，让孩子们在户外自主游戏中泼洒五彩的梦想。因地制宜地投放材料，既能真正发挥材料的功能，又促进了幼儿游戏更好地发生和发展。

3. 根据不同游戏区域的发展目标投放材料

不同的活动区有着不同的发展目标。例如，小勇士大挑战这个游戏区域主要是发展孩子的大肌肉动作，于是我们将大操场划给了这个区域，并提供了大型的木梯、木箱、油桶、大木板、长桥板凳、轮胎等，场地靠近大型器械，让孩子们的冒险之旅更加尽兴。又如，捞珠区这个游戏区域主要是发展孩子们的小肌肉动作，于是我们在墙面上安装了水槽，在水槽中放了水和各类珠子以及塑料的小鱼、小虾等，同时给孩子们提供了不同大小的勺子、不同材质的筷子、瓶口大小不同的瓶子，让孩子们自由选择游戏的材料，将目标隐藏在材料中，等待孩子在游戏中自我挖掘。

4. 根据幼儿的年龄特点投放材料

（1）幼儿园投放材料与班级投放材料相结合。

在户外自主游戏开展的初期，各个游戏区域在幼儿园的统筹安排下共同决定材料的投放，这些材料的提供能确保游戏的正常进行。除此以外，还需要各个班级在游戏的过程中根据幼儿的兴趣爱好和游戏开展需要进行投放。例如，我园在小公园娃娃家游戏区域中已经提供了各种锅碗瓢盆、竹篮子等基本的游戏材料，在开展游戏的过程中，各个班级会自己带上需要增加的材料。有的班级将班上的小帐篷、小桌子、小椅子带到游戏区，制造私密空间，让孩子们可以在帐篷里说悄悄话、玩过家家；有的班级让孩子们带上各类水果开起了水果店；有的班级带去了理发店、小餐厅、警察局等不同的角色游戏材料，等等，不同的游戏材料构建了不同的游戏情节。幼儿园投放材料与班级投放材料相结合的方式，让材料既具有共性，又充满了个性，同样的区域因不同材料的增加而绽放出不一样的光彩。

（2）相同级组共同商讨材料的投放。

自开展户外自主游戏以来，各个级组也充分利用级组教研的时间研究户外自主游戏开展的情况，在研究游戏开展情况的同时，也在研讨材料的投放情况。例如，中班级组在进行小型建构游戏的过程中，发现游戏区域虽然已经提供了充足的木质积木，但还远远不能满足幼儿游戏的需求。于是，他们以级组为单位，共同收集了各种小动物模型、小汽车、小昆虫模型，制作了一些交通标志、小树、小草、小花等。又如，大班级组在开展"小小工人"的游戏活动中，为孩子们提供了各种绳子以及各种篮子、箱子，让孩子们在树干上、横梁上尝试将沙袋吊起来，这些游戏材料的增加大大激发了幼儿游戏的兴趣。以级组为单位共同商量并制作游戏材料，让户外自主游戏的材料确保幼儿游戏得到可持续发展。

5. 根据游戏进行的情况投放材料

（1）与主题活动开展相结合，增加个性化的游戏材料。

户外自主游戏与班上的主题活动相结合，可以让主题活动得到更好的延伸，让户外自主游戏的情节更加丰富，结合主题活动投放材料也是一个重要的策略。例如，小班开展"车子'叭叭叭'"的主题，孩子们在活动中了解了挖土机，在户外自主游戏中，孩子们将挖土机带到小公园娃娃家的游戏区去挖土，带到玩沙区去挖沙，别提兴趣有多高了。又如，中班开展"顽皮一夏"的游戏主题，在嬉水区里打水枪。与主题活动相结合投放材料，既能进一步巩固幼儿的已有经验，同时也能为户外自主游戏注入新的活力，使整合室内外环境、促进幼儿发展的研究迈出了重要的一步。

（2）根据游戏后的总结评价，调整材料的投放。

每次户外自主游戏活动结束后，教师们都会组织孩子们进行总结评价，常用视频、照片、幼儿个人讲述、同伴共同描述等方式进行，重现游戏过程，使材料的使用情况更加清晰明了。在总结评价过程中，我们可以充分了解了幼儿游戏的感受和心得，因为这些是来自幼儿最真实的感受，也是调整材料投放的重要依据和落脚点。例如，在管道玩水区，孩子们说管道中的阀门太紧，总是拧不动，听到孩子们的心声，我们请电工把阀门拧松了，以方便幼儿操作；有的孩子说看不清楚水流动的方向，于是在下一次的游戏中，教师们在管道玩水区中增加了各种不同的颜料，让孩子们将颜料加入水中，再把有颜色的水放入管道中，这样的观察就变得更加有趣了。

（3）根据教师对幼儿游戏的观察，调整材料的投放。

除了从幼儿的总结中调整游戏材料外，教师的观察也特别重要，包括观察游戏材料是否能够满足幼儿游戏的需要、是否有助于调动幼儿游戏的积极性，等等。例如，我园中班的一位教师发现班上的孩子在大型建构区进行搭建时，总是不能搭建出令人满意的作品，喜欢将各种塑料积木、木质积木和各类瓶子堆放在一起。经过观察和思考，她发现了问题的根源在于同时给孩子们提供了

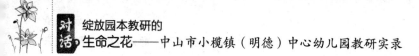

太多的材料，反而影响了孩子们游戏水平的发挥。为此，她通过先减后加、逐步增加投放材料的策略，让孩子们在一定时间内能专注其中一种搭建材料，在不断尝试的过程中，掌握一些必要的搭建技巧，从而促进了幼儿搭建水平的提高。教师通过对幼儿游戏的观察，了解了幼儿的发展水平，并通过调整材料的方式，将目标隐藏其中，更好地发挥了材料的功能，让幼儿真正在游戏中获得发展。

游戏材料的投放直接影响着儿童游戏的结果，丰富的材料有助于幼儿进行自主性、创造性的运动，满足幼儿的多种要求。在实践中，我们深切地感受到游戏材料的投放是否能真正发挥作用，在根本上取决于教师理念的更新及专业水平的提升。本文中的材料投放策略仍停留在表层，需要通过进一步的教育实践和时间去检验其有效性，而对幼儿园户外自主游戏材料投放的探索无疑是十分有价值的，值得在教育实践中继续深入研究。

基于对话理论的幼儿园后勤队伍建设研究

梁景秀

幼儿园后勤工作是幼儿教育工作的基石，是幼儿教学工作顺利开展的重要保证，是确保学校安全与稳定的重要环节，是实现学校工作管理育人、服务育人、环境育人的重要阵地，也是事关广大师生切身利益的直接渠道。全体后勤人员必须以团结、协作、务实的精神，积极认真地做好各项后勤管理工作。作为后勤工作的实施者，后勤人员的整体素质是后勤工作开展好坏的关键所在。如何加强后勤人员的队伍建设，加强和改进学校后勤管理工作，为师生提供一个良好的教育教学与学习生活环境，对于幼儿园各项工作的发展具有十分重要的现实意义。

一、对话理论的含义与幼儿园后勤队伍建设的联系

1. 对话的含义

在《现代汉语词典（第7版）》中对"对话"一词的解释是：两个或两个以上的人之间的谈话，或是双方或多方之间接触或会谈。在哲学意义上，对话意味着平等主体之间以语言为媒介的沟通，意味着主体之间精神的相遇与交融。

对话是一种方式，是人们交流、学习、存在的方式，其目的在于沟通和发现。巴赫金的对话理论把自我主体同其他自我主体连接起来，强调对话的过程是一个求同存异、异中求同的双向运动过程，强调互相之间的彼此尊重。对

话平台的一边是尊重，另一边是信任。对话是建立在双方互相尊重和信任的基础上的。

祁晓冰在其硕士学位论文《巴赫金对话理论的人文精神》中，从人本主义的视角出发，强调巴赫金对话理论中对话关系的重要前提是建立平等的对话平台，从而揭示了对话理论的本质内涵是强烈的民主精神，重视发挥人的主体性、能动性和创造性。

2. 幼儿园后勤队伍建设与后勤管理的关系

幼儿园后勤管理是由后勤管理人员遵循一定的教育方针和保教结合的客观规律，采用科学的工作方式和管理手段，将人、财、物等各因素结合起来进行的计划、组织、指挥、协调和控制的活动。通过对后勤各部门的各种资源进行优化配置和协调使用，以满足全体幼儿和教职工的工作、学习与生活需要，并为实现教育培养目标提供和创设有利条件。一般来说，幼儿园后勤管理的工作内容包括卫生保健管理、膳食管理、资产管理、安全管理、基建维修管理以及后勤队伍建设等。而后勤管理的各项工作都是通过人来实施的，对后勤管理来说，后勤队伍建设是一个最重要的因素。

3. 对话理论与幼儿园后勤管理队伍建设的联系

"管理出效益，管理出成果"已成为人们的共识，而管理的成效又取决于人的素质。只有充分调动后勤员工的工作积极性，帮助他们树立自信心，树立全心全意为保教一线服务的思想意识，在本职岗位上勇于负责，严守规范，用饱满的工作热情努力工作，才能真正实现优质服务，努力为幼儿园的可持续发展营造一个良好的环境。

要以对话理论为基点，尊重每一位职工，将对话理论贯彻落实到后勤队伍建设中，逐步改变后勤管理权威控制、形式化的自上而下的管理体系，构建多样化、平等性的对话文化，把职工的潜能激发出来，增强职工的责任感、价值感，这对幼儿园后勤队伍素质的提高及后勤工作成效的提升有着重要的现实意义。

二、幼儿园后勤队伍现状分析

根据工作性质的不同，幼儿园后勤职工可以分为保育员、保洁员、保安、厨工四大部分，作为后勤管理的实施者，后勤管理人员的整体素质水平是后勤工作开展好坏的关键所在，他们能力、素质的提高是评价幼儿园后勤工作的重要支撑。在后勤管理中出现的诸多问题，归根结底在于忽视了对人的管理。

1. 年龄结构老化，工作能力偏低

由于后勤人员自身水平限制，年龄结构老化，工作水平偏低，对培训有抵触心理。目前，我园后勤职工的基本年龄为35～50岁，平均学历为初中水平，文化层次比较低，他们只能完成简单的清洁和护理工作，大部分职工不懂电脑操作，对进一步的要求如做好保教配合、撰写工作总结、制作教具、对幼儿进行观察记录等方面，由于自身的局限性而无法满足并完成，也就很难接受新的后勤管理理念和新的后勤工作方法。以我园为例，在我园17名保育员中，目前只有1名有中级职称，其他人员均是初级职称，平均年龄为43岁，普遍年龄偏大，文化程度比较低，即使参加继续教育，也无法通过考核，对培训更是存有抵触心理。

2. 人员流动大

幼儿园后勤工作烦琐，可谓低门槛、低收入，受工作内容、社会环境、晋升机制、薪资待遇等多方面因素的影响，许多年轻人员不愿意从事学校后勤工作，导致后勤人员长期得不到新鲜"血液"的补充，整体水平也很难得到更大的提高，而部分职工在找到工资待遇高、能发挥个人特长的工作时，很容易随时离开，使得后勤队伍不够稳定，工作质量难以得到保证。

3. 职后培训薄弱

职后培训是提高后勤职工专业素质的有效手段。幼儿教育者本来就是一个弱势群体，后勤职工在这个群体当中更是处于劣势地位。随着《幼儿园教育指导纲要》《指南》《指引》等一系列新教育方针政策的出台，社会对幼儿教育也越来越重视，但相对其他教育阶段来说，政府与社会对后勤职工提供的专业培训的力度还远远不够。而管理者同样会因各种因素的影响，不够重视后勤工作人员的职后培训，部分幼儿园很少开展后勤人员园本培训，有的幼儿园即便开展了后勤人员园本培训，也受后勤职工原有知识经验、工作环境、工种等因素的影响，在观念和水平上有着极大的个体差异。这些都给园本培训的开展造成了极大困难，也由此导致一些培训只是走走形式，缺乏实效。

4. 管理过程中对话的缺失

从管理的角度来分析，幼儿园后勤工作的管理者缺乏直接的工作经验，工作方式更多的是一种自上而下的刚性规定和硬性指派，幼儿园的后勤管理围绕上级命令转，工作人员围着园长转，一切只为完成任务。后勤工作管理者的工作方式单一，使得在实际工作中，后勤人员的话语权严重缺失。来自管理层的第一指令往往不切合工作实际，加上被管理者又缺乏一定的研究意识，以及自主行为，导致管理中往往出现"被动与服从"，而忽略"兴趣与需要"。

管理过程中对话的缺失直接影响到后勤队伍的管理水平和服务效果。

三、基于对话理论的幼儿园后勤队伍建设策略

1. 基于对话理论的幼儿园后勤队伍建设的表现形式

（1）管理者与被管理者的对话。传统的管理模式几乎是管理层的独白，传统的管理模式把人力资源看作效率的工具，重控制、重制约、重制度、重规范，等等；现代管理模式把人力资源奉为最为珍贵的资源，重沟通、重激励、重指导、重帮助，管理者与被管理者之间强调多方面的沟通和了解，建立了平等民主的关系。

（2）被管理者之间的对话。团队建设不仅是团队与个体的互动实践活动，更是一种个体的自主学习，个体之间互动、交流的群体学习活动。在走向开放、走向合作、走向交往中，最终达成共识，是团队建设的最终目标。

（3）流程制度与人之间的对话。基于民主平等的对话精神，各项规章制度的制定和实施需要管理者与被管理者之间真诚对话，达成共识。

2. 基于对话理论的幼儿园后勤队伍的建设原则

（1）尊重、民主、平等原则。尊重、民主、平等是对话的首要原则。无论是在日常管理，还是在园本教研中，在一个团体中建立这样一种关系，会给每一个职工都带来心理安全感和心理自由感。同样我们也要尊重后勤人员的独立人格，将他们看成幼儿园的主人，为他们提供一个公平参与的机会，为他们提供一个交互式的对话平台，使他们在心理安全和心理自由的氛围下有主动参与、体验对话的愿望和机会，这样才能产生和谐的对话场面。

（2）有效沟通原则。沟通是人与人之间、人与群体之间进行思想与感情的传递和反馈，以求达成思想一致和感情的通畅。它具备信息传递、情感交流和控制功能。对话理念强调民主精神，沟通就是管理者与被管理者之间实现尊重、民主、平等的有效途径。如果上级部门不重视沟通或没有充分有效的沟通，下属员工就不知道工作的意义，也不明白工作的价值，这样，工作的积极性不高，创造性也就无法真正发挥出来，也就不敢在工作的方式上进行创新。下属做事墨守成规，按习惯行事，必然效益低下。

（3）开放性原则。对话的形式是开放的、自由的，内容同样是开放的。在把准方向的基础上，对话话题不能仅来自领导层，我们更应该允许后勤职工有自己的思考和理解，有自己的个性体现。

3. 基于对话理论的幼儿园后勤队伍建设的实施策略

（1）帮助后勤人员树立职业光荣感。重视后勤工作，营造民主、平等、

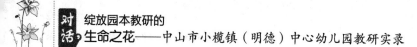

真诚、信任的对话氛围，帮助后勤人员树立职业光荣感。幼儿园的教育教学工作与后勤工作的关系正如红花与绿叶的关系。如果说，教育教学工作是盛开的鲜花，那么后勤工作就是平凡而朴实的绿叶。一片绿叶苍翠于泥土间，挺直脊梁，只为衬托红花的灿烂，这是绿叶的使命，也是其甘于奉献、甘当配角、忠诚实干的精神体现。但是，正因为后勤工作琐碎、繁杂，所以为一些人所不屑，有的后勤人员甚至认为后勤工作就是伺候人，低人一等，有自卑心理。作为领导者，要从以下几方面做好职工思想工作：首先，要有从小事做起的思想。"天下大事，必作于细。"要求员工认识到事虽小，却有关服务大局。其次，要有做好小事的耐心、诚心和决心。平衡心态，脚踏实地，埋头苦干，创造佳绩。

① 营造民主、平等的工作氛围。开好幼儿园的期初动员会和期末动员会，营造全园一体、不分你我的工作环境和氛围，让后勤职工感受到教职工在园内是平等的，都是为幼儿、为家长、为幼儿园服务的，大家的直接区别仅在于工作内容不一样而已。每一个人都是需要鼓励和肯定的，作为幼儿园的一员，后勤职工同样需要。在学期初的全员职工大会中，我们会简单总结上学期的工作情况，对大家提出共同的要求。在期末的总结会中，我们更多的是发掘后勤人员在工作中的亮点，通过图片、视频、PPT的展示，增强教师对后勤工作的深入了解，给予后勤职工更多的支持、鼓励和赞扬；通过记录他们的闪光点，树立后勤职工的自信心，只有后勤职工有了信心，才能取得更好的工作效果，和谐、团结、向上的工作氛围自然而然就会形成。

② 关爱后勤职工。关爱后勤职工，做他们工作上的领头羊、生活上的贴心人。由于后勤工作性质的局限，工作时间较长、工作单调烦琐、薪酬待遇不高，这些都会给后勤职工带来较重的心理压力。在平时的工作中，管理者要多关心了解后勤职工的工作和生活现状，针对他们出现的困难和问题，多从正面加以疏通。

③ 以活动促团结，以活动促发展。发挥党团工等组织的作用，开展各种活动，让后勤职工感受到集体的爱和温暖。为了提高后勤职工的业务素质，活跃后勤职工的业余生活，增强团队的凝聚力，每学期，幼儿园都会组织全体职工开展形式多样的活动或比赛。如全体后勤人员烹饪比赛，将所有后勤人员分成六组，每组共同完成四个内容：削切土豆丝、削切苹果、炒土豆丝、特色私房菜等。为了本次活动，后勤职工们早早做好了准备，提前商议私房菜内容，提早分工；在活动中，大家既分工，又合作，幼儿园里处处充满着笑声和快乐。其中一位后勤

人员说："虽然我们只得了第三，但是我们一样非常开心！"

（2）帮助后勤人员端正态度，培养服务意识。彼此间互相尊重、信任是前提，后勤人员只有努力做好自己的工作，才能得到更多人的认同，才有真正的自信。我们定期组织后勤人员开展学习和总结，正面强调后勤工作先行性、服务型的特点，深化他们对自己岗位工作的认识和了解，从源头上改变他们的思想认识，端正其态度，共同反思在岗位工作中出现的问题，一起找出改造的方法。同时，我们还着重围绕如何提高后勤人员的服务意识进行讨论，培训一些必要的沟通技巧。经过一段时间的培养，后勤人员的沟通能力有了一定的进步，厨工经常会主动与教职工交流，询问他们对饭菜的意见；生活教师也经常跟幼儿和家长沟通，主动了解家长和幼儿的需求，以便给幼儿提供更好的照顾，让整个团队之间更加和谐。通过对话，他们的服务意识有了明显提高。

（3）以对话为基础，积极推进后勤人员的专业化成长。以对话为基础，以民主为核心，细化工作流程，在充分了解职工的基础上，开展多种形式的园本教研，完善后勤人员成长激励方案，变"要我学"为"我要学"，变"要我做"为"我要做"，积极推进后勤职工专业化成长。

要实现幼儿园的整体发展，必须先实现教职工的专业化发展。幼儿园只有做好园本培训，才能促进教职工的技能的提升。

①按需施教，学以致用。培训的内容与后勤人员实际工作相结合，才能学以致用，才能务实、高效。这就需要管理者平时多观察和了解后勤人员的工作情况，根据他们的实际需要制定培训内容，即根据工作中出现的突出问题，针对不同层次的员工、不同阶段的工作重点，有针对性地开展园本教研活动。例如，如何将玻璃擦得又快又亮，如何去除墙面上的双面胶痕迹，如何与家长交流，等等，这些培训操作性强，对后勤人员的实际工作有很大帮助。根据后勤工作的实际情况，我园在开展园本培训的时候，把培训工作分成了四大系统，其中，保育员的培训每周1次，以卫生保健和保育知识为主要内容，由保健医生、后勤组长和后勤园长共同负责；厨房的培训每月1次，主要内容为卫生及烹调常识，同样由保健医生和后勤园长共同负责；保安、保洁组的培训以安全工作、流程操作为主要内容。

②思想为先，形式丰富。只有通过真正打动人心的、形式多样的培训形式，才能引起职工们的共鸣，才能引起职工预期的行动，取得理想的效果。首先，"走出去，引进来"，丰富视野。后勤职工在幼儿园中属于弱势群体，很少有外出学习的机会。为了帮助后勤人员成长，我园与镇属其他姐妹园一起采

用"走出去，引进来"学习的方式，充分利用各种资源，带领后勤职工到各姐妹园参观学习，把能力强的职工送去参加市级的相关培训，同时邀请姐妹园的同行、其他专家到园进行讲座，给后勤职工提供更多的学习机会，帮助他们开阔视野，广泛吸收同行们在后勤工作中的成功经验与模式，不断提高后勤服务水平。其次，分析讨论，思维碰撞。在后勤精细化管理工作中，我园与后勤职工一起细化各岗位的工作流程，把存在的问题一一拿出来讨论，在倾听和碰撞中寻找思维的火花，最终达成共识。例如，在一次关于幼儿餐后如何使用抹桌布的讨论中，保育员之间发生了激烈的讨论，有的认为应该把抹桌布直接放在桌子中间，第一位吃完的幼儿抹了后直接离开即可，但大部分保育员则认为抹了桌子后，幼儿还应该把抹布清洗干净，再重新放回原来的位置。在热烈的讨论氛围中，保育员对抹布的使用流程有了清晰的认识，在这种自下而上的规则制定中，在"一切从孩子的需要出发，一切从工作的实际出发"精神的带领下，保育员的各项工作越来越精细，他们发自内心的努力付出得到了家长和教师的认同。最后，示范观摩，现场操作，直观教学。操作类培训的特点是直观，能最直接地帮助后勤人员掌握知识，更好地完成工作。对大家讨论出来的共识如何实施，保健医生或保育员会当场示范标准动作，供职工人员模仿学习。

③ 效果评估，引领服务。培训后要对培训效果进行检查评估，以促进培训工作的持续提升。一些后勤人员把培训当成任务，只是遵从幼儿园的要求来参加培训。只有让他们明白培训能有效提升他们的工作能力，他们才会主动接受，并自发学习。在大家的共同商议下，一个流程制定出来了，但是由于幼儿年龄的原因，不一定会适合小、中、大班所有年龄段的幼儿。管理者在后期要做的工作是对结果的实施进行跟踪和了解，倾听一线人员的意见，在此基础上继续完善。这样一个反复的过程虽然烦琐，却很符合后勤人员的实际情况。培训后可开展相关的竞赛和评奖活动，给予参加人员一定的奖励，并将结果与期末考核评价挂钩，有效地调动、激发他们的学习热情。

情境演示是检验培训成果的一种方法，对一些实操类的内容如急救常识、工作细节等都可以通过情境演示去检验。在演示过程中，后勤人员可以积极地寻找合作伙伴，并针对出现的问题一一进行探讨，每一次的情境演示都会让后勤人员在收获知识的同时，收获更多的友谊和笑声。

④ 完善后勤人员专业成长激励方案。我们还要完善专业成长激励方案，表彰、奖励那些在工作中做出突出贡献的团队和员工。通过肯定和认可员工的工作业绩和价值，为全体员工树立榜样，进而激发全体员工积极进取的激情；

通过多种方式促进后勤职工专业成长。让员工制定个人成长规划，为自己的专业成长制定目标；让员工根据个人成长规划的制定，通过业务学习、个人努力等多种方式，将目标融入学习和工作中。我们还积极鼓励后勤职工参加学历进修，让员工通过提升学历的方法提高自己的业务能力和工作水平。我们会对积极参与学习的职工给予一定的物质奖励。

（4）在对话中换位思考，完善管理机制，建立监督体系。"没有规矩，不成方圆。"完善的后勤管理制度是保障后勤工作高效有序的有力工具。做任何事都必须行之有据，按章办事，有规可依。对后勤人员同样要有规范的约束性条款才能以理服人，具有激励性。在规章制度的建立过程中，双方应多在对话中进行换位思考，各自站在对话的立场上思考、说话、做事。常常这样思考，就会在对话中心存宽容，彼此尊重对方，这样的规章制度才能做得公平、公正、公开，才能让大家信服。

四、结论

后勤工作涉及面广，人员培养难度大，给管理者带来不少压力和挑战。要做好后勤人员团队建设，必须营造民主、平等、真诚、信任的管理氛围，从思想教育、园本培训、制度健全等多方面入手，加强精细化管理，加强人文关怀，营造一荣俱荣、一损俱损的共识，打造一支业务精良、思想素质高的后勤团队，为幼儿园各项工作的开展保驾护航。

参考文献

［1］周启超.中国学者论巴赫金［M］.南京：南京大学出版社，2014.

［2］北京师范大学实验幼儿园.幼儿园后勤精细化管理［M］.北京：北京师范大学出版社，2015.

［3］成尚荣.对话：意义溪水的流动［J］.当代教育科学，2006，5：10–12.

［4］刘爱民，彭璟.管理学原理［M］.北京：北京理工大学出版社，2012.

［5］教育部基础教育司.《幼儿园教育指导纲要（试行）》解读［M］.江苏：江苏教育出版社，2002.

［6］幸福新童年编写组.《3—6岁儿童学习与发展指南》解读［M］.北京：首都师范大学出版社，2013.

［7］朱永庚.后勤流程管理［M］.北京：天津大学出版社，2009.

［8］黄伟珍，陈颖.幼儿园后勤团队建设的策略［J］.教育管理与艺术，2014，9：70.

小班数学教学中操作图标的运用策略研究

陈倩蔚

一、操作图标的含义

操作图标，又叫作操作图例标识，是指在数学活动中将数学操作提示或操作步骤以小图的形式呈现出来。操作图标是教师进行数学教学的一种重要手段和教学工具，是将复杂的教学提示以及操作步骤具体、简练化的一种方法，也是一种将幼儿抽象数学具体化的主要途径、一种幼儿自主学习的重要工具。

二、操作图标在小班数学教学中运用的现状

孩子最早接触图标的时间是刚进幼儿园。他们对自己的椅子、杯子、毛巾、床等物品上粘贴的属于自己的标识图最为敏感。许多教师们认为图标主要是运用在日常生活中，如在日常常规中使用大量的暗示地线、幼儿的图像标志、进区的对应记录等，却忘记了在数学教学活动中，图标也起到同等重要的作用。在小班的数学教学活动中，教师只注重与孩子的语言、动作的互动，而操作图标作为一种图例存在于数学教学活动以及操作单页面中，由于它的细小和图片化，往往让教师和孩子们忽略了它们的存在以及作用，致使操作图标不能起到它该有的作用与功能。教师们在使用操作图标时，都是以原本呈现的全部状态出示，使得孩子在先入为主的状态下理解图标的意思，如果图标有所改动或变动，孩子们就无法理解了，便做不到举一反三了。

三、操作图标在小班数学教学中的有效运用

1. 操作图标的类型

（1）点线式。

点线式是指在图片下方或上方标出小圆点，让孩子用线将两物相连，如右图所示。这类图标更多地应用在对应方面，可以让孩子感知相同颜色、相同形状、位置变化之间的简单对应。而点则成了图标中的主角和重要媒体。小班幼儿对此类操作图标有着比较高的敏感

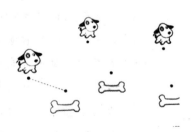

度，在自己的观察下，能将两点相连接，但是只会根据自己的喜好随机连接，在连接的过程中，线条呈现弯曲状，有时还会出现拐了个弯再回来连接的情况。

（2）象形式。

象形式是指运用相似图形来替代实物，并在相似图形的相关位置做出示范记录的图例标识（如右图所示）。这类图标比较多地被应用到比较的内容上，可以使幼儿能正确分辨比较的相关内容，建立思维转换意识。象形图标变成提示卡，可以让孩子慢慢自己学会看图标操

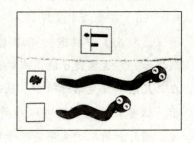

作。此类图标在数学活动中出现的频率较高，也是比较容易运用的一种。小班孩子对此类操作图标兴趣度较高。由于象形式图标的多变性更能吸引孩子的注意力，能有效提高孩子的思维灵活性与反应能力，因此它是幼儿日常操作活动的基础图标。

（3）填充式。

填充式就是让幼儿根据画面，对空白的图案或画面进行涂色或填充的图例标识（如右图所示）。这类图标更多被应用在算数、排列、对应填色等活动中。体验方位可以从左到右，让幼儿感受物体转换。因为这种图标的不明显性，隐藏在整个操作单画面中，所以往往会被

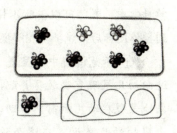

教师所忽略，同时因无法让孩子明确目标而导致错误百出。教师在小班数学教学活动中运用此类不明显的图标时，应强调幼儿的动作与语言的共同使用，使图标在隐藏中得以明确起来。语言和动作的共同使用也使幼儿在操作中的思维更清晰。

（4）表格式。

表格式是指将所有相关的图形、颜色、事物等形象图案有规律地置于表格里的图例标识（如右图所示）。这类图标较多地运用到分类、统计中，能有效地让孩子在三维空间中找出适当的图形、颜色、物体，感受形色合成与事物之间的联系。此类图标一般在小班下学期才会出现。由于表格具有三维的复杂性，因此

教师在小班数学教学活动初期呈现时最好只呈现两个条件的，在孩子掌握了以后，再将条件逐步增加。

2. 操作图标的呈现方式

（1）在生活中呈现。

《指南》中提道："环境中要有幼儿易于识别的安全、健康、生活等规则提示。"这些提示就是我们说的操作图标。它存在于班级环境中，同时潜伏在幼儿的一日生活环节中，让幼儿能在盥洗、餐饮、睡眠等日常活动中得到提示。这些操作图标既可以是简单的图形、符号、数字、方向标，也可以是照片、图片和简单的文字。孩子们排队倒水喝的暗示地线、小箭头，定点摆放杯子位置的小圆形，以及洗手的流程图等都是生活中的操作图标。生活中的操作图标不仅能让孩子在潜移默化中养成良好的行为习惯与品质、自觉遵守班级常规，还能培养他们观察图标、理解图标的意识。

（2）在教学中呈现。

数学教学是指让幼儿依靠对学具、材料的操作、尝试，得到经验。在小班数学教学中，教师可以借助各种类型的操作图标帮助幼儿理解教学内容。幼儿在看到操作图标后，能很快理解操作意图，在材料操作过程中建构相关经验。

① 示范讲解中的呈现。讲解示范是数学教学中的关键环节，是指教师通过向幼儿呈现直观教具并配以合适简练的解释说明，把抽象的数学知识具体形象地呈现在幼儿面前，帮助幼儿理解和掌握。对于小班的幼儿来说，在这个阶段呈现相应的操作图标，可以帮助幼儿理解一些不易理解的新内容或某个内容的难点、重点。例如，小班活动"区分里外"，由于孩子的年龄特点，他们不能很好地掌握空间方位，特别是这种教师难以用语言表达的知识，孩子们更不能很快地反应并做出动作。但如果我们在讲解示范中出示操作图标（如右图所示），那么孩子就能很直观地理解空间位置，明白里外的空间方位，对教师的指令也能较快地做出反应。

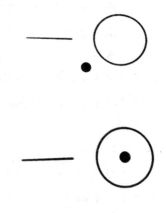

② 操作练习单中的呈现。在教师的讲解示范后，幼儿还处于知识掌握的初步感知理解阶段，教师必须提供机会和条件让幼儿自己练习与运用，让幼儿通过自己的亲身体会加深印象，巩固知识。这个阶段提高含有改动后操作图标的操作练习单意义重大，不但有利于孩子的思维发展，还能提高孩子的数学逻辑性，以及反应能力。象形式操作图标有很好的引领作用。例如，小班数学教学活动"比较大小"。在讲解示范阶段，教师出示的大小不等的圆形，（如右

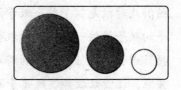

图所示），图标作为记录的色块，则成了可变的对象。这时，我们在操作练习单中所出现的操作图标就会与讲解示范中的操作图标有所不同。通过这样的改变，不但能将幼儿的兴趣转移到操作练习单中，而且对孩子的观察能力和思维转换能力有着更好的促进作用。

（3）区角材料中的呈现。

区域活动是一种幼儿的主体活动，它具有自由、自选、独立而主动的特点，赋予了幼儿极大的自由度。孩子在区域活动中，能够按自己的意愿，独立自主地进行活动，这为幼儿自主习惯和能力养成发展提供了条件。《纲要》指出："教师要为幼儿提供大量的、各种各样的材料，让幼儿摆弄、探究、体验，在实际操作的活动中不断积累经验。"在区角材料中呈现操作图标，不但能很好地构建幼儿的相关经验，而且幼儿在看到操作图标后，能很快理解操作意图，这样，幼儿就在玩中学，在玩中轻松实现了预设的活动目标。在小班区角材料中，我们更多地提供了、包饺子、折毛巾等具有步骤性的操作图标，"送珠子回家（分类）""图形找妈妈"等象形式的操作图标，以及科学小探索"浮与沉"等记录性操作图标。

3. 操作图标的运用手段

（1）游戏法。

著名教育家陈鹤琴先生说过："游戏是儿童的生命。"游戏活动是幼儿教育的一种普遍方式，也是师幼之间交往、互动的一种手段。幼儿游戏还是一种使幼儿身心愉悦的活动。只有适当地游戏才能满足幼儿知识和技能发展的需要。

① 引入阶段。此阶段是教师引起孩子注意的时段，是小班幼儿精神最为集中的时间，是孩子观察操作图标的最有利时机。例如游戏"大大小小"，教师出示大小图标，让孩子看图标做动作，孩子在愉快的情绪中感知了图标的大小概念。

② 活动阶段。这时的游戏活动具有操作意义，能使孩子在动手的过程中得到知识的丰富和升华。例如，游戏"我会……"中，"区分里外"的操作图标就成了整个游戏的重要媒介，孩子们要根据图标的变换，调整圈里或圈外的位置。而操作图标作为主线贯串整个游戏活动，能让孩子更快地掌握操作图标的目标，为以后的操作练习活动打下基础。

③ 结束阶段。此时的游戏是帮助孩子巩固知识的最好途径，在结束阶段

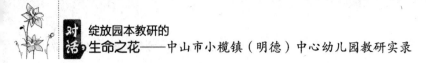
的游戏时段是孩子整个教学活动的知识延伸，既能巩固新学的内容，又给高水平的孩子提供一个跳跃的机会。在游戏"找朋友"中，我们就能运用"数量"操作图标来进行，这样的游戏时间不但能令小班的孩子很好地体验数量的对应关系，还能让教师了解孩子的发展水平，为下次活动做好准备。

（2）情境导入法。

导入活动是教学的起始环节。精心设计的导入方式和导入语起着集中注意力、引出内容、带入环节的作用，能使幼儿很快地步入智力兴奋状态，产生强烈的活动动机，全身心地投入学习活动中。

① 故事情境导入。小班的孩子喜欢听故事，如把数学知识编成故事用于导入，一定能激发孩子们的兴趣。在"比较长短"的活动中，我们将《小蛇散步》编入数学教学活动中，让孩子在故事中了解比较长短的操作图标的意义。

② 问题情境导入。"问题是开启任何一门科学的钥匙。"提出一个问题往往比解决一个问题更重要。问题提得巧，能使孩子们积极主动去探究。如在"组合建构"时，教师可以创设这样的问题情境：今天，图形宝宝来到了花园里散步，它们一起玩叠罗汉的游戏。这时教师出示"图形操作图标"，提问："你们看看是什么图形叠出来的？"孩子们从观察到的问题情境中发挥想象，转动起空间思维，而后进行积极探索。

③ 图像情境导入。幼儿对形象逼真、色彩艳丽、栩栩如生的动画片、卡通片、实物等非常感兴趣，思维容易被激活。如在小班数学活动"3以内计数"时，教师可以创设花园的图像情境：树上有三个苹果，天空有两只小鸟，草地有一只小鸡等，先让小朋友叙述这个画面，教师再出示"数量记录图标"，让幼儿把直观形象的事物用半抽象的圆圈中的颜色来表示，从而让幼儿用图示的方式理解和表示事物的数量。

4. 操作图标的有效使用

（1）提取操作图标。

操作图标的存在形式决定了它本身的不明显性，教师要对每次的数学教学活动内容有透彻的了解和掌握，对孩子的年龄特点和具体表现要有充足的准备，这样才能初步就本次活动来提取操作图标。操作图标的提取要反复进行，而且每次的提取要考虑是否适合本次的教学内容，是否适合幼儿，是否有利于孩子轻松愉快地感知、理解数学目标。抓住每一个环节的教育契机，才能够真正将数学巧妙地融入生活中。

（2）明确操作图标的目标。

教师提取了操作图标后，要了解这个操作图标为什么有这样的设计，明确操作图标的操作目标是什么，围绕这个目标展开活动。例如上面所举的例子"比较大小"，许多教师只注重比较事物的大与小，但当中的记录目标却被忽略或省去了。这样的操作图标就失去了它原有的操作意义。在开展数学活动时，幼儿在有合适的操作图标的辅助下才能参与活动，才能把学到的知识内化为自己的能力，也才能感受到数学的重要和有趣。

（3）有层次地呈现操作图标。

在操作练习单中或在教师指导手册中操作图标都是最后呈现的，这样的呈现方式让教师们认为这就是操作图标的全部状态，同时使教师误导孩子对操作图标的了解，让孩子无法很好地掌握操作图标的学习目标。有层次性地呈现操作图标是教师进行数学教学的必要手段。如象形式中的图标，教师第一步呈现的是长短不同的两个长方形条，当小朋友理解了其意义后，第二步呈现色块，并告诉孩子"色块想跟哪个做朋友"。这样的呈现方式能帮助幼儿形成数概念的逻辑准备，而操作图标的层次性呈现能简单明确操作的程序与步骤，弥补教师语言，有助于幼儿思考的逻辑性与条理性的建立。

《指南》指出："理解幼儿的学习方式和特点。幼儿的学习是以直接经验为基础，在游戏和日常生活中进行的。要利用游戏和生活的独特价值，创设丰富的教育环境，合理安排一日生活，最大限度地支持和满足幼儿通过直接感知、实际操作和亲身体验等方式获取经验的需要。"而小班幼儿是在使用物品、摆弄玩具的动作过程中进行思维活动的，具有很大的直觉行动性。教师应懂得选择适合他们的教学内容和方法，这样才能让幼儿成为学习的主人，才能让每一个孩子富有个性地发展。

以图书袋漂流为切入口培养幼儿的阅读习惯

董敏

一、传统的图书漂流活动

图书漂流活动在幼儿园并不陌生，图书漂流活动的开展实现了图书资源的共享，让更多的家长和孩子参与到活动中，有利于孩子阅读能力的培养。大部分图书漂流活动以自愿为原则，图书来源通常是由家长把家中的图书带到幼儿园，教师再进行一定的筛选，这是图书漂流活动中图书的重要来源。通常是在周五开始图书漂流活动，为确保孩子在园的阅读，周一再把图书带回园。这种操作模式让图书在家中停留的时间不长。由于这种松散的操作模式以自愿为原则，因此个别不是特别重视或者忙于工作的家长常常会把这件事情当作可有可无的事情。以我班开展的图书漂流活动为例，我班小班上学期就开始了图书漂流活动，为了让孩子们更为重视这件事情，我们还为每位小朋友准备了一本"借书证"。每逢周五放学，孩子可以自由地在阅读区里挑选3本图书，做好登记后就可以借回家阅读。为了保证孩子在园期间的图书量，要求周一就要还书。经过一段时间的观察，发现来借阅图书的来来去去就是那几个孩子，大部分的孩子还不会主动过来借阅图书，家长也没有引导孩子过来借阅图书的意识。这种传统的图书漂流活动所存在的问题引发了我的思考：如何解决图书漂流活动中的这些局限性，真正发挥图书漂流的作用呢？在一次与一位特别重视阅读的家长聊天的过程中，我突发奇想，于是，图书袋漂流活动的概念就产生了。

二、图书袋漂流的概念

图书袋漂流活动是指由班级教师和对阅读比较有经验的家长根据一些权威儿童阅读专家所推荐的分级阅读，一起挑选优质且适宜本阶段幼儿年龄特点阅读的图书，将若干本（小班以5本为宜）图书放入一个袋子中，以袋子为单位进行图书漂流。而漂流的时间以周为单位，每周漂流一次，每周星期五漂流到家庭中，下周星期五上午回归到幼儿园，由教师再次检查并重新安排漂流。每次图书袋在孩子家中可以停留一周的时间，确保了家长和孩子有充足的亲子阅读时间。

三、图书袋漂流开展的模式

1. 争取家长的理解与支持

为了让家长们从心底里赞同并支持图书袋漂流活动的开展，我们专门在小班学期末的家长会上做了详细的发动工作。首先，教师做了关于阅读培养的专题讲座，让家长们意识到从小培养孩子阅读习惯的重要性。其次，请有亲子阅读经验的家长分享心得体会，用实例告诉大家阅读带给孩子的可喜变化。当我跟家长们分享了我班图书袋漂流活动的概念时，我还给家长们算了一笔账，以一个班30位孩子为例，每人提供5本图书，我们就可以享受150本优质图书的阅读。家长们都特别认可这个概念，在最后的投票决定环节是全票通过的。

2. 为孩子们准备优质而适宜的图书

为了给孩子们提供优质而适宜的图书，我们挑选出两位有亲子阅读经验的家长和教师一起成立了图书选购小组，利用暑假的时间，根据本班孩子的年龄，并参考了网上和其他书籍中很多儿童阅读专家的意见，确定了图书的目录，其中大部分是优质的绘本。在开学前，我们将需要准备的图书目录发放给家长，各自购买相应的图书。这样的安排确保了图书袋漂流活动中图书的质量，让孩子们的精神食粮变得优质。而且在这个过程中，家长们对教师专业的认可度变得更高，参与整个定制图书目录的家长对儿童阅读也有了更进一步的了解。家长理念的不断更新更好地推动了我班图书袋漂流活动的开展。

3. 继续完善细节的准备，制定相关的规则

得到家长们的支持，图书顺利地准备好了。我们把所有收集回来的绘本封面拍成照片，按照主题、种类等标准进行分类，均衡地分配好，以5本为一份，制作出图片书单并配上规则说明。我们把5本图书、图片书单以及活动规则一起放进精心选购的防水的图书漂流书袋中，并在书袋的侧面放入孩子的名字卡片。这些细节的完善其实是防患于未然。放在书袋侧面的幼儿名字卡片是为了方便孩子最快地找到自己当周漂流的书袋；图片书单的提供是为了方便家长和孩子们在收拾整理的时候，能够根据书单内容检查对照图书是否齐全；活动规则是为了让家长们进一步了解图书袋漂流活动的规则，爱护图书，确保图书的使用期限和使用质量。具体规则如下：A.漂流周期为一周，周五开始，下周五上午必须带回幼儿园；B.请陪伴在孩子身边阅读，坚持亲子阅读；C.阅读时教会孩子爱护图书、轻轻翻书、认真阅读；D.如发现图书有破损，请指导并与孩子一起进行精心修补；E.如造成图书的遗失或者被破坏得不适宜修补了，请自觉重新购买，以便图书能顺利循环漂流。这些规则的制定，为图书袋漂流活动保驾护航，保障了活动的顺利开展。

4. 后续的跟进

图书袋漂流活动以周为单位进行轮换，每周五上午，孩子们将图书袋带回园后，我们会再次检查每个袋子中的图书是否齐全，如不齐全，会及时与家长沟通。确定齐全后，我们会按照漂流的顺序直接将书袋侧面孩子的名字卡片轮换到下一个书袋，操作非常简单。为了避免漂流过程中出现的因特殊原因不能按时归还书袋的情况，我们还设计出了图书袋漂流记录表，记录好每周的图书袋的漂流情况，以便对特殊情况进行调整。另外，我们还记录了孩子对图书的喜爱和熟悉程度、家长的陪伴情况，等等。在活动开展初期，我们还在每周的"家园彩虹桥"上温馨提醒家长每天坚持亲子阅读的时间，当家长及时反映孩子的阅读情况时，教师会对孩子进行表扬。对于能坚持陪伴孩子阅读的家长，教师会通过各种方式加以宣传，通过小手拉大手、大手牵小手的方式，鼓励家

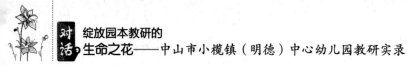
长们重视、支持并坚持图书袋漂流活动的开展。

四、图书袋漂流活动促进孩子良好阅读习惯的形成

1. 喜欢阅读

经过我们精心挑选的图书涵盖的内容比较广，不同的主题、种类迎合了男生、女生不同的喜好，经过家长反映和与孩子们的谈话中了解到，孩子们对图书袋里的图书爱不释手，总能找到自己喜欢的图书反复地看。有些家长还反映，自己的孩子只看一本书。我们首先要相信这是一个好现象，至少孩子是因为在思考，所以才会痴迷。在活动开展期间，我们还举办了丰富的和阅读有关的活动。如亲子制作一幅"我最喜欢的绘本"封面，"我与孩子共读一本书"征文活动，组织"爸妈故事团"，在每周五下午由故事团成员轮流来给孩子们演讲一个精彩的绘本故事，每月由故事团成员挑选精彩绘本故事进行一次木偶或者人偶表演。这些活动的开展也大大提高了孩子们对阅读的兴趣。

2. 形成每天阅读的习惯

经常听到一些家长跟教师"抱怨"说：孩子很喜欢看书，每天睡觉前一定要陪他看完两本书才愿意睡觉，有时候还要求再看一本。有位新插班的孩子家长很开心地反馈，说很喜欢我们班的图书袋漂流活动。几个星期下来，发现孩子最大的变化是爱看书了，而且每天离园回来后的第一件事就是从书袋里拿出来一本书认真地看。每每听到这些反馈，我们都感到很高兴，孩子们不但喜欢上了阅读，还能形成每天必看书的好习惯。

3. 阅读水平明显提高

孩子们已经初步掌握了简单的阅读方法，例如，能够按照从左到右、自上而下地顺序看，对于非常熟悉的图书，能够逐字正确地边指边念；能够从封面开始一页一页翻看图书并且会从指定页码翻书；在成人的指导下，在看新书时，能够看着图片，结合文字及已有经验阅读。

4. 形成经常去书店和图书馆的习惯

家长们的培养意识也逐渐提高了，在每周的"家园联系单"上都会记录下带孩子去图书馆或者书店看书的事情。有些家长会在班上的交流平台上主动询问大家哪里有大型的图书馆或者书店，以便带孩子过去看书。通过这些事情可以看出来，通过我们的图书袋漂流活动，孩子们的阅读需求在不断提高，家长们培养孩子阅读的意识也在慢慢提高，从而产生了这种寻找更多阅读资源的现象。

5. 形成爱护书籍的习惯

图书袋漂流活动在我们班开展顺利，孩子逐步养成了爱护图书的好习惯，家长也能关注孩子这方面的发展，发现有毁坏的会和孩子一起进行修补，有个别遗失或弄坏现象的，家长能主动把新书购买回来，不影响图书袋漂流活动的正常开展。

6. 有利于积累

孩子在亲子阅读过程中积累了许多好词好句，在日常生活场景中经常能运用起来。许多孩子喜欢把自己看过的书和同伴分享，在分享的过程中，孩子的表达能力、理解能力、复述能力都大大提高了。据家长反馈，孩子的识字量也在不断增多，走在大街上经常会指着路牌、商店招牌认读出来。

图书袋漂流活动是图书漂流活动的升级版，它克服了图书漂流活动所存在的局限性，为孩子们阅读活动的开展提供了更加优质的图书，创设了良好的阅读条件，这种创新的操作模式使阅读在不知不觉中成了孩子们终身受益的良好习惯。

标识性环境创设对幼儿良好行为习惯养成的作用

黄春燕

一、标识性环境的含义

标识性环境是指教师和幼儿因地制宜，根据某种约定俗成的学习生活习惯与规则而创设的环境，它对幼儿参与活动具有明确的标识和指示作用。幼儿园的各个角落都能体现标识性环境，例如，孩子们上楼梯的小脚印，水龙头上的控制线，这些简单的图形、符号、数字、方向标、照片、图片和简单的文字等，都属于标识性环境。

二、标识性环境的分类

1. 文字类区域环境

一般包括区域计划牌、区域名称、区域规则、区域材料标志、区域材料说明等。有了以上区域的标识，孩子在个别化学习的时候就知道该区域的规则及人数的要求，就不会盲目地想去什么区域就去什么区域，而是通过计划牌上人数的情况选择区域。另外，为了幼儿在区域时能有序地操作，以往我会将小圆点贴在桌子旁边，表示可以坐在这里操作。但是通过一段时间的实践，我发现这并不可行。一是贴在桌面的圆点经常脱落或者被撕掉；二是一旦换了桌子，需再次粘贴。为此我在每个区域柜上贴上了一张"座位操作图"标识图。例如，图示分别有4个孩子，每个孩子座位中间打×，表示以最先坐下的孩子为主，旁边不要坐其他人。其一是让孩子养成良好的操作氛围，互不干扰；其二是搁置材料时的空间位置不会觉得拥挤。这样在操作区域活动时，幼儿就显得更有秩序感了。

2. 生活环境

一般包括杯架、毛巾架、鞋架、书包架、小床、椅子、蜡笔盒、材料盒等属于孩子的物品上的标识。从孩子上幼儿园的第一天起，我们就为每个孩子设计了属于自己的标志，有了这些标识，孩子们会对于自己的毛巾、抽屉、茶杯等逐步熟知。我们会设计属于孩子不同年龄阶段的标识图。在小班幼儿的生活标识图设计上，我们抓住孩子的兴趣点，根据孩子的年龄特点，设计出合适的标识图，并最大限度地发挥这些标识图的作用。例如，对于动物标识的使用，我们选择了一些幼儿比较熟悉的动物，如小狗、老虎、小兔、小猫等。我们将相同类型的动物舍去，这样避免了孩子之间对动物的混淆。孩子通过每天反反复复使用自己的标志，逐步熟知标识。这样可以帮助孩子建立自信，可以让幼儿以更加愉快的心情面对幼儿园的生活。根据孩子的年龄特点，对中、大班的孩子，我们更多的是选择文字或数字作为孩子的标识，这样孩子就会养成自我管理的好习惯，也起到隐形助教的作用。

3. 主题环境

包括主题说明、主题环境、亲子作业单、亲子手工等。根据主题活动的内容而创设的区角、游戏、主题墙饰等环境能激发幼儿的潜能，让幼儿与环境进行和谐互动，让宽松、和谐、平等、自由的氛围促进环境与幼儿的对话，从而使幼儿获得经验。

4. 符号类

（1）生活符号。包括：小脚印（鞋架、睡室）、喝水路线图、拿餐路线图、水龙头的控制图、值日生等。

（2）区域符号。包括：区域规则、区域人数、区域要求等。

（3）学习符号。包括：区域材料说明示意图等。每个标示图就像一位不说话的小老师，默默地发挥着它在进区方面的独特作用。小班幼儿通过标记图的启发，可以自主、有序地进区。同时，还可以避免幼儿由于拥挤而引起争执和矛盾。小班的幼儿进入各个活动区，也会受到相应人数的限制，一般一个区域以3～5人为宜。与以前教师一味地抽象说教"某某区最多只能进5

人"，或采用生硬的"太多了""太少了"的效果相比，利用标记图来融合进区规则，实际效果好多了。

5. 图示类

包括洗手流程图、课间流程图、进餐后流程图等。通过这些图示类标识，幼儿可以直观形象地知道每个步骤自己应该做什么。如洗手流程图，孩子们对着图示一步一步地做就好，并通过日积月累，养成了良好的洗手习惯。

三、标识性环境对孩子良好行为习惯养成的作用

1. 示范指引作用

区域标识作为区域环境的重要组成部分，同样可以在区域环境中发挥教育的作用。根据本班孩子的年龄特点，我们分别设置了美劳DIY、益智天地、温馨书吧等。为了让孩子能更明确地进区操作，每个区域都有不同的要求。例如，温馨书吧的配对区域规则要求是：①限定进区人数；②保持安静；③爱护图书；④放回原位。通过一段时间的实践观察发现，虽然该区域满人了，但还是会有个别孩子挤进去，图书也摆放得乱七八糟，使得区域变得拥挤、吵闹。此时，教师可用标识性环境，把一些常规性的细小而烦琐的工作变成幼儿可以看得到的环境要求，让幼儿在与环境的互动中明白并遵守规则。如教师可以在语言区摆放图书的地方贴上数字或卡通图片的标志，表示每本书都有自己的"家"，这样幼儿在收放图书时自然知道每本书都应该让图片或文字一一对应；对于满人的情况，教师可在该区域设置"小脚印"，"小脚印"放满鞋子，代表该区域已满人，不可以再进去。

2. 规则暗示作用

所谓规则暗示法，是指将区域活动规则蕴含在环境之中，让环境说话，让区域中的环境来告诉幼儿该区域的活动规则。如区域活动时经常会出现玩具乱收、乱七八糟的现象。这时教师只需将玩具实物照片或图片贴在指定的收藏位置上，幼儿一般就能根据这一提示将玩具收回到教师指定的位置。这样的标识性环境发挥着隐形暗示的作用，缓解了教师指导区域活动的压力及高效控制。其实维持区域活动的照常开展通常会花费大量时间，无形中增加了教师的工作量，制约了教师对幼儿区域活动的观察与指导。教师在表演区投放的供幼儿表演用的磁带上贴上明确的标识，可以帮助幼儿区分用于故事表演和歌曲表演的磁带，如此，幼儿也就不再需要教师不断提醒"不要拿错""放错磁带"了，教师就可以花更多的时间用于观察幼儿的活动了。

3. 秩序维持作用

利用标识图建立良好的秩序感。在开学初，我给了每位幼儿一盒新的蜡笔，通过一段时间的使用，孩子总会跟我反映，老师："我的蜡笔不见了。××拿了我的蜡笔。"一段时间后，孩子的蜡笔有的不见了，有的混乱了，一盒蜡笔里有几支是相同的颜色，幼儿却没有察觉自己少了什么颜色，只知道自己蜡笔的位置空出来了。为此，我给每盒蜡笔贴上一一对应的颜色，如红色蜡笔图对应的是红色。一一对应的方法大大减少了蜡笔不见的情况，即便蜡笔不见了，孩子也能很快找出自己缺少的是什么颜色，幼儿从中学会了自我管理，教师的工作也更加有条不紊。

4. 自我意识的觉醒作用

对于小班幼儿来说，尽快适应新的环境是入园后首先需要克服的障碍。教师利用班级中的生活标识，创设班级环境，就可以帮助幼儿尽快地了解幼儿园中的一些基本规则。例如，上厕所时排队、依靠个人的动物标记寻找自己的物品，等等。

自主意识的觉醒意味着孩子们对于一日生活中各个环节、对于班级环境的基本规则有了认识，这样，他们在行为上就有了转变。"老师也来排队啦"，孩子们从教师的行为中意识到自己应当遵守这些生活标识的暗含规则。环境中的生活标识不只是一种装饰和摆设，教师的正面引导能让孩子意识到这些标识的作用，并在行为上进行转变，自觉地遵守这些标识潜藏的规则提示，从而逐步养成良好的生活习惯。

5. 幼儿行为的转变

对于新生，良好的环境创设可以给幼儿以安全感，帮助新生克服分离的焦虑，促使他们更快地融入集体教学活动中。生活标识的使用，使孩子的自主意识得以觉醒，通过环境的暗示，幼儿认识到盥洗室、教室、走廊、楼梯的基本规则，例如，靠边走、站脚印排队、寻找自己的杯子等。通过熟悉这些标识，幼儿在不知不觉中熟悉了班级环境，从陌生到熟悉，从被动到主动，慢慢地，分离焦虑逐渐被自主意识取代，这也是幼儿与环境互动的良好结果。

环境是幼儿进行生活学习的重要教育资源，其就像是一位不会说话的老师。《纲要》中提出"环境是重要的教育资源，应通过环境的创设和利用，有效地促进幼儿的发展"。我们需要布置环境来充实儿童的生活环境，丰富儿童的学习材料，同时要注重创设一个具有标识性的活动环境，用润物细无声的潜移默化帮助孩子们养成良好的生活和学习习惯。

促进大班幼儿分享行为发展的行动策略

刘健敏

分享是一种美德，是一种责任，分享可以带来无穷的快乐。对幼儿实施分享教育，让他们在充满童趣的分享活动中真切感受到分享带来的乐趣，这对他们理解分享以及将来形成健全的人格都有十分重要的作用。

幼儿在幼儿园进行区域活动时，教师经常会看到这样的情景：两个孩子为了同一件玩具而发生争吵甚至打斗，或有的孩子宁愿自己拿着玩具不玩，也不愿把它让给别人玩。他们乐意接受别人的东西，却不愿将自己的东西与别人分享；有的孩子则当着教师的面愿意与人互换玩具，和同伴一起玩，而教师一走，他就抢回了自己的玩具……

幼儿的这些行为是以自我为中心的外在表现。对于大班孩子来说，如果幼儿不懂得互相谦让，霸道骄横，缺乏交往意识、交往技能，就会难以适应日后的小学生活。而交往则需要具有良好的心理品质和人格素养，如自信、责任、守信、诚实、真诚等。为了做好幼小衔接工作，我们在班级中开展了一系列的分享活动，通过分享活动，让幼儿能与同伴学会主动交往、友好相处、互相帮助、团结合作，培养幼儿良好的社会交往能力，为幼儿一生的发展奠定良好的基础。

一、在日常生活中创设分享的机会

在幼儿园的一日活动中，我们会利用各个环节创设分享的机会，让孩子从中获得分享的乐趣及分享所带来的满足感。

1. 在课间餐中创设分享环节

每天课间餐环节都是孩子特别期待的时间，因为幼儿园厨房的叔叔阿姨会根据季节、时令而为孩子们准备新鲜、可口的水果，并且每天的水果都是不一样的。而对于我们大班的小朋友来说，正好可以利用品尝水果的时机，和同伴们共同分享水果的基本特征及其营养价值。我们会提前一天告知孩子第二天会吃什么水果，然后鼓励孩子和爸爸妈妈共同查找水果的各项资料，在课间餐活动中要求幼儿到同伴面前进行讲述与介绍，使得孩子既能品尝到美味的水果，又能知道水果的营养价值和产地、种植的季节以及品尝的方法等方面的知识。开展这样的活动可以使孩子们对水果的认识更加深入，促使他们积极参加这项分享活动。家长们也反映现在孩子们对于水果方面的知识面更广了，相互沟通

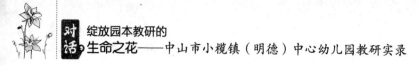
的话题更多了。

2. 在日常生活中树立分享的榜样

为了能让分享的作用更有效地发挥，我们会鼓励孩子利用晨练活动后的谈话时间、课间过渡环节的时间、餐后的活动时间和离园前准备的时间和同伴多进行观察与沟通，把在同伴身上发现到的出色表现分享给大家。如每天在放学前，我们会与孩子进行一天的回顾与反思，让孩子分享一下自己今天在哪方面有了进步、做得很棒或不足，也可以说说同伴在哪些方面又有了一定的进步和做得很棒的方面，只要是值得大家学习的，就都可以进行分享和回顾。我们教师还会根据孩子们的分享，有针对性地进行引导。利用这样的分享活动，提高班级的常规管理水平，也使得孩子们的观察能力和自省能力得到提升。在开展这一活动后，我们惊喜地发现班上的常规明显比中班时更有序，孩子们为成为同伴的榜样，也会以身作则地努力做好自己，严格要求自己。同时，我们也会让每天获得进步或表现得好的孩子在同伴面前分享使自己变得更棒的做法。例如，我们班上原来比较调皮、爱捣乱的炜霖经过活动的带动后，自我约束、自控能力都提高了许多。家长也反映在这项活动开展后，孩子经常会把同伴做得好的方面告诉家长，让家长在家多督促、提醒他，让他也能慢慢形成良好的习惯，这让家人省心了许多。而他有时还能提醒其他做得不足的孩子，促进了同伴间的共同进步。

3. 在自主游戏中鼓励幼儿进行分享

本学期，为了更好地促进孩子的全面发展，增强孩子各方面能力的提升，幼儿园开展了自主游戏的课程活动。由于自主游戏刚起步，各个活动区域材料的需求量比较大，因此我们就发动各个家庭来共同收集活动材料。经过两周的动员，家长们积极参与、共同努力，为我们的自主游戏活动带来很多不同的材料。我们还打破班级之间的隔阂，除了鼓励自己班的家长为班级捐赠物品外，还会根据不同的区域或其他班级的情况，有针对性地进行材料收集。经过全园教师和家长的共同努力，我园的自主游戏已经有序地开展起来了。

在开展自主游戏活动中，孩子们在区域里通过自由选择材料、选择伙伴、自选活动主题来进行游戏，使得孩子的个性发展得到充分的体现。我们教师在活动中只充当旁观者、协助者，观察孩子游戏的情况，还给孩子自由创造的游戏氛围。经过两周活动的开展，我们欣喜地发现，孩子们的分享意识在不断增强，以前总喜欢争抢玩具的天天和锦鸿也在游戏中学会了与同伴共同合作、友好相处。

二、分享会的设立与开展

中、大班的孩子逐渐具备一定的分析和讲解能力，他们会根据自己的需求，主动向我们教师提出要求。为鼓励孩子多与同伴进行交往，增进其合作性，我们会根据孩子的情况，定期举办各类分享会。

1. 图书漂流分享会

为了培养孩子良好的阅读习惯，我们会尽量扩大孩子的阅读面，丰富孩子的阅读量，让家长参与孩子的活动。我们将利用周末的时间开展图书漂流活动。每学年开学初，我们会挑选一些适合孩子年龄段的图书，装入袋子以漂流袋的方式让幼儿带回家与爸爸妈妈共同阅读。通过开展此项活动，孩子们与家长的亲子关系更密切了，孩子的阅读能力提高了，生活经验增多了。家长们也特别喜欢这个活动，他们说班上开展的这项活动不仅让孩子喜欢上了阅读，让大人们也逐渐养成了看书的好习惯。有的家长还说孩子的积极性特别高，每到周末，孩子都会拉着自己一同阅读图书，让自己也收获了许多新的知识，亲子间的话题更多了。每周一回来，总会听到同伴间分享自己在周末和爸爸妈妈阅读了哪些图书，收获了哪些新知识，还会提出一些问题考小朋友等。

而我们也会有针对性地在阅读区内增设一些推荐好书的专栏，如"向您推荐"或"我喜欢的一本书"等分享方式，由孩子和家长共同提出问题，与同伴产生互动，进行阅读交流。王元园带了一本《植物的秘密》图书回来，她提出的问题是：为什么叶子会从树上落下来？有的孩子认为是地球的引力把叶子吸下来的；有的孩子觉得是风儿把叶子刮下来的；有的孩子认为是虫子咬下来的……这样在阅读区里，同伴之间可以互相交流，发表自己的不同意见，让孩子共同分享阅读的经验与快乐，使他们的交往能力得到进一步的发展。

2. 情感分享会

在日常生活中，处处都有幼儿感兴趣的事物让他们情不自禁地想表达自己快乐、忧伤的心情。节日是每个孩子最期盼的日子，如六一儿童节、圣诞节、元旦、新年等节日。我们会鼓励家长和孩子在节假日一同外出旅游，利用拍照的方式把旅程记录下来，并发布在我们班的微信群内或以制作亲子简报的方式带回来和同伴一起分享自己愉快的旅程。我们还为幼儿提供了一个展示的舞台，让他将自己外出游记的照片布置成展示区，并鼓励他们把自己的见闻和趣事以口述、剪贴画或亲子记录的方式向全班幼儿展示。当孩子遇到挫折或不开心时，我们也会在班上设立"情感宣泄区"，让孩子把自己不愉快的事情统统在这个区域里说出来。有时孩子还会和自己的小伙伴一起在区域里说起悄悄话，把自己私密的话语告知好朋友，从而让其情绪得以发泄和疏导。

3. 生日会的开展

生日是每个小朋友都非常渴望和大家一起过的日子，他们都希望自己能在幼儿园里和同伴一起分享这开心的日子，于是我们和家委会的家长共同商议了每个季度在班上举行一次生日会，将在同一个季度里过生日的孩子组织在一起过生日。在准备生日会前，我们教师会先与家长沟通好，不让幼儿随意带食物到幼儿园，只邀请家委会的家长到指定的蛋糕店购买蛋糕、小量的文具和水果。在生日会上，蛋糕将成为小朋友共同分享的物品。我们教师在主持生日会的过程中会有意识地为幼儿创造分享的机会。例如，教师在请大家唱完生日歌、说完祝词之后，就会请小寿星简要谈一谈成长中值得分享的故事。然后，请小寿星为大家分发生日蛋糕，这是小朋友共同期待的时刻，在这一时刻，大家分享食物，体会着快乐的心情以及因分享带来的乐趣。通过举办生日会，让幼儿体验交往中的快乐。

4. 爸爸妈妈故事团

每个孩子的童年都是在经典故事的伴随下度过的，尤其到了大班，孩子不仅有听的需求，还有讲的欲望。我们会定期邀请爸爸妈妈到班上为孩子举办故事会。在故事会上，孩子们都能听到自己爸爸妈妈为大家精心准备的故事，因爸爸妈妈为大家讲故事而产生的那种开心和荣誉感特别神奇。每当听到同伴们给予的掌声时，孩子都感到很骄傲，从而激励了孩子和家长主动参加阅读图书与参与活动。我们教师还会在期末时评选出"故事大王""最感人的故事""最具表现力的幼儿/家长""语言最生动的幼儿/爸爸妈妈"等并设置奖项。同伴之间还会互相点评，选出"最佳故事"。于是孩子为了让自己有精彩的演讲，就会回家阅读大量的故事书，有的孩子还会从家里找来一些空白光盘，把自己练习的故事录下来，或用电话录音的功能记录自己的故事，让爸爸妈妈帮忙制作背景音乐等。例如，刘圣男讲述的故事《小猴子打电话》，声情并茂、惟妙惟肖。大家都称他为"美猴王"。久而久之，故事会成了孩子们最期待展示的平台，在分享故事的过程中，孩子快乐、自信、健康地交往。

5. 餐前小剧场/餐前演讲活动

这个小剧场活动是我们利用每天午餐前的分餐时间开展的，给孩子提供短短几分钟专门开设的分享活动。在这一时间段，孩子尽可能地把自己拿手的歌曲、舞蹈、诗歌、谜语、故事、笑话等都分享给其他同伴。这样的分享活动可给每个孩子提供更多精神上的分享机会，让他们尽展才华。这一活动不仅有利于培养孩子的分享行为，同时也有助于培养孩子大胆表现自我的能力，增强孩子与同伴交往的自信心。

三、家庭小组分享活动

父母是孩子的启蒙老师，对孩子的教育有着潜移默化的作用。家庭对于孩子生活习惯的培养、情感的熏陶、知识的引导以及社会规范的指导更能为孩子以后的发展奠定重要的基础。

1. 引导家庭之间自由结伴，形成家庭友好小组

幼儿刚入园时，家长互不相识，而经过两年多的相处，在教育孩子方面的相关经验越来越丰富，家长间的联系也越来越密切，经常会以小组活动的方式利用周末和节假日的时间相约到户外游玩。通过野餐、郊游、参观、制作家乡特色美食等方式，孩子和父母在轻松、愉快的氛围中参与活动。在活动中可以充分发挥孩子与孩子、孩子与家长之间在分享方面的互动作用。

2. 以教师固定安排的小组形式开展分享活动

我们每学期会定期举行亲子小组活动，让同区的小朋友和家长聚集在一个孩子的家庭里，以游戏、聚餐、聊天、经验分享等活动形式，增强其家庭间的凝聚力，使孩子在活动中学会分享玩具、分享食物，增进同伴间的情感；家长间分享更多、更新的教育理念，同时还能争取更多的家长资源。我们教师也能及时向家长介绍幼儿园和班级的最新动态，为更好地开展班级工作做准备。

卡尔·威特在他的教育理念中说过："一个人要想将事情做好，仅仅依靠学识和能力是不够的，要想成功，一个人的力量是单薄有限的，他必须有团结合作精神，学会与人分享、合作。"特别是在当今竞争如此激烈的社会，只有更多地与人合作，才能求得发展，而让幼儿学会分享是使其学会合作的前提。

幼儿期更是培养幼儿良好行为习惯、个性品质的关键时期，在幼儿阶段培养幼儿的分享行为有助于孩子从小学会与人和睦相处，养成对他人、对社会有利的行为习惯，为今后顺利适应集体、适应社会奠定基础。

教师行为对区域游戏中幼儿创造力的影响

叶穗明

一、区域游戏开展的现状

区域游戏是创造性的游戏，其形式多样的特点使区域游戏具有丰富的表现力，为孩子们提供了创造想象的广阔天地。而每个孩子都渴望展现、渴望自

主、渴望创造，恰好在区域游戏里，孩子们最自由，最随意，在这种情况下，孩子的个性容易充分突显，他们也最容易迸发出创新的火花。然而，无论是在认识上，还是在实践上，目前幼儿园开展区域游戏时，教师的行为普遍存在以下几个特点：

（1）教师在组织幼儿区域游戏时，往往偏重技能的培养，而忽视了幼儿的自主活动，从而令操作形式偏于模仿，忽视了幼儿个体的自由想象力。

（2）教师在区域游戏时的介入比较多的是直接干预幼儿的游戏活动，用自己的想法来代替幼儿的想法，这样无形中影响了幼儿创造性的发挥。

（3）在评价区域游戏时偏重游戏的结果，而忽视了对幼儿游戏过程的观察与分析。

区域游戏的开展是我们幼儿园的一个特色，我们在区域游戏的实践研究过程中，感到教师的教育行为将直接影响幼儿在区域游戏中的创造能力的发挥。

二、教师对区域本质的认识对幼儿创造力发展的影响

教师对区域活动的最本质认识将会影响孩子在区域活动中的发展程度，如果教师认为区域活动仅仅就是孩子通过操作区域中的材料实现相应的技能目标，那么教师就会把注意力放在材料本身和有相对局限性的操作目标上，那么区域活动所发挥的功能也将会受到限制。如果教师认为区域游戏可以更好地促进幼儿创造力的发展，那么，教师应当努力创设有利于促进幼儿创造力发展的环境，并在游戏过程中明白自己的行为将直接影响幼儿创造力的发挥。如果把良好的游戏环境比作土壤的话，那么，教师适时的介入、对游戏进行有效的观察、分析、对孩子游戏的肯定和鼓励就好似对种子的科学灌溉、施肥，这样，种子就会发芽、生根、开花、结果。教师对区域活动的正确认识可以更好地促进幼儿创造力的发展。

三、教师对区域环境创设的行为对幼儿创造力发展的影响

心理学家皮亚杰认为："幼儿是在与环境的互动中不断建构新的认识结构的，他们在环境中接收信息，按需要提取和操作信息，然后做出反应。"人的成长离不开环境的作用，创造力的发展更是如此。为此，教师应该为幼儿创设一个良好的心理环境，提供适宜的操作材料，从而促进幼儿的创造力最大限度地发展。

1. 教师要尊重幼儿

在区域活动中，教师应该让幼儿充分自主地选择区域材料、区域内容、操作方法、操作场地、游戏伙伴。站在儿童的立场看待儿童的一切，在游戏中要

给予幼儿充分表达意愿和问题的机会，以平等的方式与幼儿进行讨论和交流，让幼儿通过师生互动、生生互动来激发想象，增强兴趣。

2. 教师应根据幼儿的需要创设一个丰富的、充分发挥幼儿想象力的物质环境

一直以来，受传统的区域活动方式的影响，区域环境大都是由我们教师创设的，所提供的区域材料相对单一，幼儿的操作方式也变得简单划一，未能真正体现幼儿游戏的自主性，从而大大影响了幼儿创造力的发挥。为此，我们认为在区域活动物质环境的创设中应该让幼儿成为环境创设的主人，教师在适宜的时候给予指导和帮助。

案例：结合主题"汽车嘀嘀嘀"，近段时间，幼儿们对有关汽车的东西特别感兴趣。今天，子帆、志远、晓逸、誉谦这几个小朋友在建构区搭了一条"高速公路"，誉谦提议："我们开车如何？"在征得大家一致同意后，四个小司机在马路上到处开。子帆的车和晓逸的车迎头相撞了，志远说："汽车不是这样开的，会很危险的，我们应该朝同一个方向开！"在他们朝同一个方向开了几圈后，誉谦把车开得飞快，一下子就开到走廊的另一边了，晓逸叫："超速了！超速了！交警来了，交警来了！"这时，誉谦蹲下来，嘴巴发出声音，原来是模拟在加油站加油。但苦于没有标志，晓逸误会了。通过和幼儿协商，幼儿认为应该增设交警，汽车没油了应该增设加油站，在往后的游戏中就出现了交警哥哥（交警姐姐），他们负责巡逻每个区域，同时加油站也产生了，加油站的工作人员也上岗了。

在实践中我们发现，对于每个区域的产生、所在位置、所应提供的材料、相关的规则，孩子们都有着自己的见解，我们应该时刻关注幼儿的需求，关注孩子游戏进展的状况，聆听孩子的声音，并适时地进行调整。

四、教师在幼儿区域活动过程中关注的态度对幼儿创造力的影响

在传统的区域活动中，教师比较关注孩子操作的结果，而对操作的过程不太关注，这种状况导致教师不能更好地掌握孩子操作的真正水平，并忽略了关于孩子操作的更多重要信息。相反，如果教师能够通过仔细观察幼儿在游戏中的表情、行为、过程，分析幼儿游戏的特点，将对促进幼儿创造力的发展具有极其重要的价值。在关注过程中，教师可以采用表格式和文字记录等方式对幼儿进行记录、分析。

五、教师在区域游戏中的介入对幼儿创造力的影响

在以往的区域游戏中，我们教师或多或少都会对幼儿进行直接的指导，指导的目的是教会幼儿运用各种材料来表现事物的主要特征，重视幼儿技能的掌握，幼儿的行为往往是教师行为的再现。在实践中，我们发现，教师与幼儿建立一种平等的关系，在游戏中以玩伴的身份参与幼儿的游戏，在幼儿需要的前提下介入幼儿的游戏，可以更好地保护和激发幼儿的创造力。

现摘录以下片段：

今天，婷婷来到扮演区，刚进去，她熟悉地拿下挂在墙上的白色翅膀、紫色纱裙、蝴蝶头饰和蝴蝶魔法棒，然后一一穿套在自己的身上和头上。当她穿戴好后，来到镜子前转圈圈，拿着手上的魔法棒一边摇来摇去，一边念念有词。正当她自我陶醉中，忽然她停住了，到处张望，见到我，于是转着圈圈"飞"过来，问我："叶叶老师，我漂亮吗？能帮我照个相吗？"当然，这时候我是绝对配合的。

在照了几张照片后，不好，我的手机没电了！扫兴哦！怎么办？婷婷急了，旁边扮演王子的博博说："看我的，我有办法。"只见他去美工区"借来"两个纸筒，然后用粉色纱布把纸筒绑在一起，上面还打了个蝴蝶结。于是一部粉色照相机闪亮登场，现在帅帅的博博王子成了婷婷公主的摄影师，只见他通过纸筒观看婷婷的造型，还不时给予提醒、提示……而我，也功成身退了。

从以上片段可以看出，教师的介入应当是适时的，那在什么情况下教师的介入是适时的呢？

1. 介入的时机

教师适时介入的时机是：当幼儿面对操作材料无从下手，向教师求助时；当幼儿在游戏中遇到困难，多次尝试失败想放弃时；当幼儿多次重复，游戏水平没有进展时；当幼儿在游戏中已萌发创新意识却表现出缺乏自信行为时；当幼儿之间出现矛盾并向教师求助时。

现摘录以下片段：

片段：津津在美工区选择了制作服装的材料，她拿起彩笔在塑料袋上画好衣服的图样，开始把图样剪下，由于塑料袋是软的，而津津又不能很好地控制剪刀的方向和力度，因此尝试了大约半分钟，也不能按她原先画的图样剪下。要不剪弯，又要把小洞剪成大洞，要不根本剪不断。剪着剪着，已经看不出一件衣服的形状，她看着自己的"作品"，忽地将其丢到一边，不愿意再剪了。

该片段显示津津小朋友在游戏中遇到了困难，多次尝试失败想放弃，这时就是教师介入的恰当时机。

2. 介入的方法

教师在区域活动中介入的方法有很多，如语言交流法，通过与孩子进行交流，在不知不觉中给予孩子建议，又如用动作暗示法支持和帮助幼儿游戏。

对于不同性格的孩子，教师的介入方法也应有所不同，对外向自信的孩子，教师可直截了当，向幼儿提出问题，了解幼儿的设想。而对于性格内向、不那么自信的孩子，教师可先肯定，再提问，委婉地了解幼儿的想法，以便给予幼儿充分的信心，让他敢于挑战自我。

针对上述片段，这时教师介入：（考虑到津津是个比较内向的孩子）教师取出一块同样剪得不好的图样，让津津猜猜这是什么，告诉孩子这是教师之前的作品（让孩子觉得原来教师和她有一样的经历，拉近彼此间的距离），然后和孩子一起研究第一步：为什么会剪不好？（是剪刀的问题？那剪刀动作、力度是否到位？剪的时候，塑料袋是否摆放整齐？）孩子一边思考，一边尝试，成功后还"指导"我，而我也乐意地做了一回学生。之后，津津成功地设计了一条裙子和一顶帽子。

在以上这个片段中，教师的介入是有价值的，我们坚持介入的目的是促进幼儿个性和谐地发展，尊重与培养幼儿的创新意识。在介入的过程中，教师要允许学生不断地探索，按照自己的步伐逐渐进步，而不是一味地拔苗助长，剥夺孩子成长的机会。

六、教师在幼儿区域活动分享中的行为对幼儿创造力的影响

1. 区域活动中分享环节的作用

教师在分享活动中的行为态度会直接影响幼儿创造力的发展，以往教师在总结分享时如果只关注孩子的不足，就会直接打击孩子的积极性。相反，如果教师能充分利用分享的环节，创设轻松愉快的分享氛围，则可以充分调动幼儿游戏的积极性、主动性、创造性；可以树立每个孩子的自信心；可以让幼儿分享同伴游戏的经验，丰富游戏的内容，起到一种生生互动的作用；可以促进幼儿情感的发展。教师应站在幼儿的角度来看待他们，把每一个幼儿看成一个发展中的有自己特点的个体，和孩子保持一种融洽的关系，尊重幼儿的想法，尊重幼儿的个性。尤其是对于那些缺乏自信心、能力相对较弱的孩子，我们可以在分享活动中让这些孩子在教师和同伴一次次的肯定中建立自信，体验创造的乐趣。

2. 区域活动中分享的形式与方法

（1）针对小班幼儿的年龄特点，采用"快乐分享法"，即在分享过程

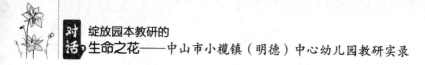

中，激发幼儿分享的兴趣，以表扬为主，树立幼儿分享的信心。

（2）中班幼儿通过"视频操作情境"来体验游戏的快乐，即在游戏分享过程中，教师通过让幼儿看自己如何操作的视频，介绍玩法，在情境中获得游戏的愉悦感。

（3）大班幼儿的目的性、自主性明显增强，并喜欢与同伴交流，适合用"经验分享型"，即会根据自己游戏的经验进行分享和整理。

（4）大班幼儿还适合用"想象扩散型"，即在教师或同伴的暗示与引导下，通过对游戏的讨论进行想象和再创造。

综上所述，教师在区域活动中的行为对孩子创造力的发展有着重要影响，教师对区域活动有正确的认识，在区域活动中创设温馨的人文环境和适宜的物质环境，更多地关注孩子的操作过程，在适当的时间以适宜的方法介入孩子的操作，在分享环节让孩子们自由地分享成功的经验，这些行为都有助于孩子们创造力的发展，从而让区域活动发挥更大的作用。

从"小炘出逃"看大班挫折教育的开展

黄展

一、课堂片段回放

在某私立幼儿园的一堂小型公开课上，老师给大班小朋友们演示完了毛毛虫的制作过程后，就到了学生动手实操环节。20多个小朋友全都专注地做自己的作业，只有小炘一动不动地看着自己台面上的材料。老师轻轻地走过去，再次对她指导了一番，小炘似懂非懂地听着老师的话，当老师问她："会了没？"她点点头，却没有吭声。这时，其他大多数小朋友已经做好了，正在相互展示，可小炘还呆呆地坐在那里，眼睛里含着泪花。看到小朋友们已经"躁动"了，老师就没有再理她，而是参与到孩子们的作品展示中去了。

突然，小炘哇的一声哭起来，然后冲出了教室，听课的老师、学生全都"石化"了！好在上课的老师立刻反应过来，连忙招呼生活老师去追赶小炘……

一节原本好好的公开课就在小炘的"出逃"中草草收场了。

二、观察分析与思考

课后，我听说这个小炘一贯就很"娇气"，受不得半点委屈，动不动就哭，这次的课堂"出逃"并不是第一次。从课堂上看，老师处理得很好，对小炘这样"特别"的孩子做到了"多看一眼"，进行了个别辅导，但仍然出现了小炘"出逃"的闹剧。究其根本原因，是缺少挫折教育或者说对孩子的挫折教育还很不到位。尤其是对大班的孩子，挫折教育应该是这节公开课，乃至平常的每一节课都应该重视的一项内容。

2014年5月3日，浙江卫视的《中国好舞蹈》让人们记住了一个来自深圳的参赛者——叶秋欣。她是一个为了养家而不得不放弃学业的19岁小姑娘。金星老师是这样点评这个坚强的女孩的："她会把自己家庭的境况说得平平淡淡的，带着笑。从语气当中反映出来，我不想说这些，但是你问，我出于礼貌，回答你，但并不是很苦难地回答你……她对生活的态度特别好，我就是为了养家，也清楚自己的学习成绩特别好，但对这个社会没有任何怨言。"一个在蜜罐中长大的孩子，在家庭巨变之后能如此微笑地面对生活，不能不让我们感叹其抗挫折能力之强！

小炘的"出逃"和叶秋欣的"微笑面对"提醒我们，在这个急剧变化的时代，重视孩子的挫折教育具有现实意义。对我们幼儿园而言，在大班开展挫折教育，对我们孩子走好人生的第一步有着十分重要的意义。

1. 把握好敏感期有利于儿童养成良好的行为品格

西方的教育和心理卫生专家普遍认为，对待挫折的良好心态是从童年开始在不断受挫和解决困难中学来的。儿童养成良好的行为品格有个敏感期（或称为关键期，在2～6岁）。苏联教育家马卡连柯说："对一个人的教育成功与否取决于5岁以前的幼儿期"，"孩子将成为怎样的人，主要取决于家长在5岁以前把他塑造成什么样子"。意大利著名教育家蒙台梭利认为："在敏感期，儿童心灵吸收的东西在他的整个一生都能保存着，而在其他时期所吸收的东西则永远不可能有这种性质，一旦忽略了，永远都不能弥补。"提高孩子的心理承受力、培养他们自信与乐观的品质必须从小抓起。

2. 落实《纲要》矫正目前幼儿教育保护过度的现象

《纲要》中指出："既要高度重视和满足幼儿受保护、受照顾的需要，又要尊重和满足他们不断增长的独立要求，避免过度保护和包办代替，鼓励并指导幼儿自理、自主地尝试。"

而现实情况是，我们家长、社会过度保护孩子，生怕孩子受到一丁点儿委屈。通过一项以大班孩子家长为调查对象的研究发现，98.6%的家长希望教师能多表扬孩子，只有1.4%的家长希望给予孩子适当的挫折、困难和批评，让孩子体验到，并不是任何事都是一帆风顺、随心所欲的。在平时跟家长们的交流

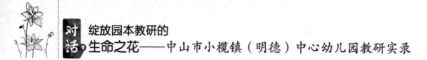
中，我们也发现大部分家长都只喜欢听教师表扬自己的孩子，却很难接受教师指出自己孩子的问题，哪怕是以很委婉的方式。

北京教育研究会的一项调查表明，正是这种过度保护，让31%的儿童承受挫折的能力不够，5.5%的儿童顶不住失败的打击。儿童教育家陈鹤琴在论述家庭教育时说过这样的话："不要担心孩子的失败，应该担心的是，孩子为了怕失败而不敢做任何事。"

3. 为孩子进入小学接受第一次升级"洗礼"做准备

大班孩子结束了幼儿园的学习后，要转入小学就读，这对幼儿来讲是一次较大的跨越。由于环境、作息和学习要求方式等方面的变化，很多孩子这一步没有走好，导致害怕学习甚至厌恶学习，从而影响他们未来的人生。利用大班幼儿觉得自己已是幼儿园里的"大哥大""大姐大"这种"优势"心理适当进行挫折教育，既不会打击孩子的自信，又有利于锤炼孩子的抗挫心理与能力。

三、落实大班挫折教育的思路与对策

1. 正视挫折的两重性

挫折，是指人们在追求某种目标的过程中，遇到无法克服或自认为无法克服的障碍，致使目标不能实现时所产生的一种情绪体验。这种情绪具有两重性，一方面使人失望、痛苦、消极、颓废，从此一蹶不振或引起粗暴的消极对抗行为，导致矛盾激化；另一方面，挫折又能给人以教益，使犯错误者猛醒，认识错误，接受教训，同时它能磨炼人的意志，使其更加成熟、坚强，并激励人发奋努力，从逆境中奋起。

我们所说的挫折教育就是在科学教育思想的指导下，有意识地利用或创设一些困境来培养孩子的坚强意志，提高对环境的适应能力和对挫折的承受能力的教育。

2. 坚持循序渐进和因材施教的教育原则

在幼儿园大班开展挫折教育，必须坚持循序渐进和因材施教这两项重要的教育原则。

所谓循序渐进，就是必须注意情境设置的适度和适量，既能引起孩子的挫折感，又不会太强，应该逐步增加难度；孩子一次面临的难题不能太多，否则，过度的挫折会损伤孩子的自信心和积极性，使其产生严重的受挫感，从而失去探索的兴趣。

所谓因材施教，就是对幼儿实施抗挫折教育时，一定要"摸准病情把准脉"，对症下药。对于一些经常受到表扬的孩子，一是应该发现他们的缺点和

不足，该批评时就要批评；二是提高对他们的要求，设置更高的难度让他们去攀登，去探索，给他们设置困难与挫折。而对于一些平时表现不那么优秀的孩子，他们往往表现为怯懦和不自信，教育者应该用敏锐的眼光发现他们的进步之处及闪光点，并及时给予肯定和鼓励，以使其取得更大的进步。

3. 在大班开展挫折教育的途径

（1）在教学中渗透挫折教育。对于幼儿而言，其实他们时时刻刻都会面临困难，面临挫折。如出逃的小炘，面临动手操作的困难，看到别的小朋友都完成了，令她产生一种强烈的挫折感，于是她出逃了。如何在课堂上抓住这一教育契机呢？作为熟悉孩子的教师，在"多看一眼"孩子时，更多的应该是在孩子感受到困难时帮助孩子树立自信，鼓励孩子为克服困难做出自己的努力，而不仅只是做学习上的"技术"指导。

在日常教学中，我们幼儿教师要做有心人，善于抓住一切教育机会对孩子进行挫折教育。如当好不容易搭成的积木突然倒塌了，孩子会显得很失望，如果教师及时鼓励他"没关系，再来一次"，就可以给幼儿以自信，让幼儿有勇气面对失败，让幼儿懂得面对失败不应该是生气、沮丧，而应是继续坚持，重新再来。只有让幼儿在克服困难中感受挫折、认识挫折，才能培养他们不怕挫折、勇于克服困难的勇气，使幼儿产生积极主动接受事物，以及承认并勇于面对挫折的决心。

（2）家园结合渗透挫折教育。教师应与家长密切配合，引导家长有意识地提高孩子的抗挫折能力。如多为孩子创设与亲戚、朋友的同龄孩子交往的机会，可以使孩子克服自我中心意识，学会如何与陌生人友好相处、如何合作，等等。这些磨炼式的交流学习有助于提高幼儿的耐挫力，进而帮助幼儿养成勇于面对困难、坚持不懈战胜困难的良好品质。

家长要为孩子创造实践的机会，将挫折教育融入生活中，让孩子从小体验挫折。在孩子的生活、学习活动中，家长可以随机利用现实情景，或模拟日常生活中出现的难题，让孩子开动脑筋，根据已有的生活经验，经过自己的努力克服困难、完成任务。当孩子在经历了由不会到会、由别人帮助到自己干的过程后，其在心理上会得到一种满足，同时，也锻炼了他们的自理能力。

与此同时，家长的榜样作用是至关重要的，许多孩子的自信都是从父母身上学到的。

俗话说，"知易行难"。在幼儿园大班开展挫折教育很重要，但挫折教育其实是一项长期的、艰苦细致的系统工程。要实施好这一工程，需要我们不断

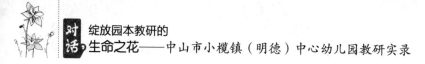
更新教育观念，端正教育思想，从世界的角度，以未来的眼光，按现代教育的标准，精心地组织安排好日常的各种教育教学活动，多层次、多形式、多途径地开展挫折教育，为孩子将来成为素质好、能力强、身心健康的新一代奠定坚实的基础。

《指南》实施的基本原则
——浅谈幼儿的学习品质培养

陈秀全

一、什么叫作学习品质

所谓学习品质，主要指学习态度、行为习惯、学习方法等与学习密切相关的基本素质，是幼儿期开始出现与发展，并对幼儿现在与将来的学习都具有重要影响的基本素质。《指南》中指出，幼儿活动过程中表现出的积极态度和良好行为倾向是终身学习与发展所必需的宝贵品质，要充分尊重和保护幼儿的好奇心与学习兴趣，促使其养成认真专注、不怕困难、敢于探究和尝试、大胆想象和创作等良好的学习品质。

二、重视幼儿学习品质的培养

幼儿在活动过程中表现出的积极态度和良好行为倾向是终身学习与发展所必需的宝贵品质。教师和家长要充分尊重与保护幼儿的好奇心和学习兴趣，帮助幼儿逐步养成积极主动、认真专注、不怕困难、敢于探究和尝试、乐于想象和创造等良好的学习品质。

1. 善于学习，重在领悟

每个小孩子都喜欢问"为什么""这是怎么回事？"面对孩子千奇百怪的问题，我们要知而答之，因为这些问题恰恰是求知的萌芽。孩子爱提问是受好奇心的驱使，是兴趣爱好的标志，也是其智力活跃的行为特征。很多时候，对于孩子在自己喜欢的画画、读书、做手工、担任值日生工作等方面的劳动成果，教师要充分肯定和鼓励，让孩子体验到自己喜欢的事情能得到肯定，还可以感受到自己创造成功的快乐。教师要保护孩子的这种兴趣爱好，并加以培养和正确引导，一定能收到良好的效果！

在求知欲望方面要尽量满足孩子，也要在思考方面让孩子多给予自己一些反思空间和"领悟"。如宝宝学认数字。刚出生的宝宝正如一张白纸，什么都不认识，要想宝宝认识数字1～10，爸爸妈妈只能从简单的1开始，并累积生活的点滴来教孩子学数学，如上楼梯时可以教孩子一阶一阶地数楼梯，吃饭发碗等小细节可以教孩子数学，也可以采用形象生动的事物教孩子认识数字，如1像铅笔来写字，2像鸭子水上游……10像筷子夹鸡蛋等口诀来帮助孩子更好地记住数字。这不仅能让宝宝慢慢地认识数字1～10，还能让宝宝在学习数字的同时，"领悟"到数量的意思。

2. 善于激发孩子的学习兴趣

兴趣是最好的老师，学习兴趣是孩子对学习的积极情绪和态度。俗话说，"授之以鱼，不如授之以渔"。孩子正处于人生最重要的启蒙时期，教师、家长的言传身教、以身作则是不够的。孩子的学习兴趣浓厚与否，决定了孩子学习的积极精神。兴趣是孩子们不断探究他们所生存的这个未知世界的动力源泉，是开展各项活动的前提和保障。

（1）教育活动。在教育活动中，教师既要以拓展孩子的兴趣为首，也要着重培养幼儿的思维。比如，我们中班"走进纸王国"主题里的"纸的大力士"活动，在活动中，教师以揭秘的形式来撕开瓦楞纸，请幼儿观察其中的构造，比较瓦楞纸和白纸有什么不一样（瓦楞纸中间夹着波浪）。教师将纸张折成波浪状，因此可以将重力分散，所以瓦楞纸能承受更大的力量。然后让幼儿观看多媒体图片，教师提出问题："书上的小朋友做了什么实验？是不是所有的纸折成像瓦楞纸一样的波浪形状后，都和它力气一样大了呢？"接着请幼儿进行实验操作，教师讲解实验方法："小朋友负责把各种纸折成波浪形，先猜测每种纸能承受多少颗胶花，家长帮忙记录。"小朋友用折好的纸做承重实验，记录下真实的承重结果，并请幼儿自己总结，请个别幼儿展示自己的实验记录表，分享自己的实验成果。通过这项活动，幼儿不但知道了不同纸可承重不同的特性，还能亲自参与实验，体验到纸能在不同状态下承受不同大小的力，在预期、假设、发现和记录过程中，孩子们依然保持着浓厚的兴趣。

（2）区域活动。为了让幼儿在动手能力方面得到更好的发挥，也能更贴切地融入实践生活中，我们创设了各个区域游戏，让幼儿在各个区域中尽情发挥自己的动手能力，不但在扮演区扮演爸爸、妈妈、医生、护士等角色，而且在小剧场大胆地表演唱歌、跳舞；在角色游戏中能与同伴商量简单的计划并照着去做，培养了幼儿坚持、提问和负责任的品质。

（3）户外活动。幼儿对自己感兴趣的活动会表现出异常激动和专注的神色，而对自己不喜欢的活动往往注意力不集中。在活动中，教师应积极关注孩子们的表情，洞察孩子的心思和动机，引领他们去寻找活动的兴趣。在开展体育户外游戏时，孩子们都喜欢表现自己，特别是喜欢在活动中体验到成功的喜悦心情。教师在活动设计中根据孩子年龄的特点，挑战难度层层递进，让他们充满自信心地挑战自己与同伴。这样，孩子们不仅会对活动产生新的激情，使得活动能进一步深入开展下去，而且可以使孩子在活动中为自己的进步感到骄傲和自豪。

3. 日常行为养成习惯的培养

在日常生活中，教师和家长可以对孩子进行行为养成习惯的培养。比如，在公交车上有需要让座的人，自己要主动站起来让座，让孩子看在眼里、记在心里；每当有人闯红灯时，只要用手做一个交叉的动作，并对孩子进行正确的引导，孩子就能明白其中的意思；每当吃完东西将纸屑随手扔在垃圾桶里，如纸屑掉在地上，要及时弯腰捡起来扔进垃圾桶……这些一点一滴的行为其实都是习惯的积累。有人说"行为养成习惯，习惯造就性格，性格决定命运"，可见，良好习惯的养成对人生的重要意义。我相信，只要找到合适的方法，以身作则并且持之以恒，就能使孩子养成良好的习惯和优秀的品质。

三、学习品质不是孤立存在的

学习品质不是孤立存在的，并不存在一种脱离具体学习领域或学习内容的抽象的学习品质，它是在健康、语言、社会、科学、艺术等各领域的具体学习活动中表现出来的，是在幼儿的生活中、游戏活动中显露出来的。学习品质也一定要在幼儿实际的生活、游戏中，在幼儿的所有学习活动中进行长期的培养。如《指南》中的"教育建议"所倡导的那样："开展丰富多样、适合幼儿年龄特点的各种身体活动，如走、跑、跳、攀、爬等，鼓励幼儿坚持下来，不怕累"；如户外活动"玩报纸"，在音乐的情境和节奏下，教师引导幼儿做走、跑等准备动作，活跃活动的气氛，然后创设情境，激发幼儿发现报纸不同的玩法。教师提问幼儿："报纸是我们生活中常见的纸，除了阅读外，报纸还能怎样玩呢？"将幼儿分为几个小组，给每个小组发放若干报纸，教师运用启发性的语言激励幼儿思考报纸的玩法，并给予鼓励和表扬，使幼儿在游戏中与同伴交流玩法，尝试别人的玩法，体验游戏的乐趣。通过幼儿的集体思考和个别创新，发现了报纸很多不同的玩法。例如，把报纸揉成团，在地上滚，这个游戏可以两个幼儿一起玩，也可以多个幼儿一起玩；四个小朋友撑起报纸，把小球放在撑起的报纸上滚动，这个游戏必须是多个幼儿一起合作才能完成的，每个幼儿都必须有积极的责任感和集体荣誉感，才能顺利地完成游戏；把报纸进行折叠，变成自己喜欢的模型，对于这个游戏，幼儿可以根据自己的经验和喜好，用报纸去折叠或拼搭自己喜欢的东西，幼儿做这个游戏的时候很专注，很有成就感；把报纸卷成小棍，扮孙悟空做搏斗游戏，这个游戏很新颖、独特，吸引了很多幼儿的注意力，特别是小男孩非常喜欢，他们争相效仿，参与到游戏中来。最后，教师可以请全体幼儿一起做游戏，让幼儿自己选择喜欢的游戏，教师将幼儿重新分成四个小组，进行游戏竞赛。在游戏中，幼儿自主参与意识被充分地调动起来，游戏热烈而有序地开展，幼儿在游戏中获得了快乐与满足。

本次活动主要包括健康、语言、社会、科学、艺术等各个领域的内容，不仅有利于健康，发展幼儿的体能，而且提高了幼儿的语言表达能力。教师要通过尝试提高幼儿参与活动的兴趣和信心，通过幼儿和同伴的合作交流，使幼儿体验到集体合作的快乐和满足，强化了幼儿的集体意识和责任感。

游戏是对幼儿极有意义的一个学习过程和学习方式，孩子非常热衷游戏，正因为孩子具有这样的热情，才会在游戏中成长，他们并不只是单纯地玩得高兴，而是专心地投入这件事当中，只有这样专注的投入才会产生让孩子震撼的感动和喜悦。我们成人了解幼儿的最好办法就是本着尊重与爱护每一个幼儿的态度，通过观察幼儿在游戏和生活中的种种表现，通过对话、互动、家园合作、有效沟通等多种途径来全面获取信息。

我们在"重视幼儿的学习品质"的同时，也要保护孩子好奇、好问、好动的天性。让孩子在活动中自我激励、追求卓越、向往成功，对学习上进，乐此不疲，长期坚持就能习惯成自然。

第三部分： 总结与分析

一、立足实践，才能言之有物

从节选的论文来看，我们不难发现，教师们所写的论文都离不开自己的教育实践，如陈倩蔚老师一直对数学领域特别感兴趣，曾经担任过数学科组长的她从不曾停止对数学教育的研究。自从我园引入情境数学后，她就一直在研究情境数学在使用过程中的利与弊，不断地引领教师们在数学领域中思考和探索。在研究过程中，她发现了操作图标对幼儿学习数学有着特别的价值，为此，她写下了论文《小班数学教学中操作图标的运用策略研究》，通过小班数学教学中操作图标运用的现状、类型及运用三个方面，突出了操作图标在数学教学中的重要作用与意义，并基于实践对操作图标的有效运用提出了具体的建议。又如董敏老师一直致力于幼儿阅读能力的研究，为了充分发挥家长的力量，让更多的家长参与亲子阅读，她所在的班级创新开展了图书袋漂流活动，让传统的图书漂流焕发出新的生命力，并撰写了论文《以"图书袋漂流"为切入口培养幼儿的阅读习惯》，在文章中讲述了图书袋漂流活动的具体做法，这些做法有效地突破了图书漂流活动的局限性，更好地发挥了亲子阅读的作用，将这种好的做法进行发扬和传承。再如黄春燕老师一直注重为孩子创设良好的班级成长环境，在班级管理过程中，将标识的运用发挥得淋漓尽致，在她所在的班级中，各类物品均设置了精致耐用的标识，不但使物品能够做到物尽其用，而且在此过程中培养了幼儿良好的生活习惯和学习习惯。黄春燕老师通过论文《标识性环境创设对幼儿良好行为习惯养成的作用》，将她宝贵的经验总结了出来，让更多的班级和孩子受益。论文的撰写不是空穴来风，只有立足于实践，才能写出真正的好文章。

二、只有透过现象看本质，才能言之有理

在开展课程改革的过程中，我们勇于创新，积极探索，如在开展了户外自主游戏后，我们将所经历的一些做法进行了提炼和总结，撰写了《幼儿户外自主游戏的高效组织与指导策略》《幼儿园户外自主游戏材料投放的策略》等论文，从不同的侧面反映了课程改革的历程。在帮助教师提升专业水平的过程中，我们又总结出了一些好的做法，撰写了《促进乡镇幼儿园教师专业成长的策略探索》《幼儿园级组内专题教研促教师专业成长》等论文。在学习《指南》的过程中，教师们写下了《指南实施的基本原则——浅谈幼儿的学习品质培养》《贯彻指南精神，实现教师引导语的有效运用》等论文。每一次论文的撰写都是一次对教育实践的重新认识以及对教育观念的洗礼。只有不断地审视教育现象，才能透过现象看本质，真正掌握教育的规律，才能为幼儿创设良好的成长环境。

当然，以上论文只是从某个侧面反映了我们课题研究成果的一小部分，研究成果的最终落脚点是教师不同方面的成长，通过教师的成长促进幼儿的全面发展。从论文的质量上来看，我们仍然还有很大的提升空间，如同对话永无止境一样，我们坚信，在前进的路上，只要足够努力，就一定会有进步与收获！

第四部分： 温馨小策略

一、勤记录

俗话说："拳不离手，曲不离口。"要想写出好文章，就要经常练笔，勤于思考，这样才会慢慢形成自己的观点。为此，我们在平时的教研活动中，也尽量地通过各种方式，让教师们尝试将自己的所思所想用文字的方式记录下来。

二、激发内动力

写作需要有内动力才能坚持下来，我们希望通过课题研究的方式，从外到内激发出教师们写作的内动力，让她们感受到写作的好处，这样她们才能把这种好习惯保持下去。

三、对话、反思后写作

写作只是教师专业成长的一个方面，我们希望以写作的这个点来促进教师们在不同的方面都能得到发展。我们相信，通过对话及不断反思，在永不停止的学习道路上，教师们会用自己的行动弹奏出幼教人最美的乐章！